종교현상학 입문

Gerardus van der Leeuw
Inleiding tot de Phaenomenologie von den Godsdienst
© Haarlem: De Erven F. Bohn N.V., 1948

Translated by Bong-Ho Son and Hee-Sung Keel
© Benedict Press, Waegwan, Korea 1995

종교현상학 입문
1995년 10월 초판 | 2025년 4월 4쇄
옮긴이 · 손봉호/길희성 | 펴낸이 · 박현동
펴낸곳 · 성 베네딕도회 왜관수도원 ⓒ 분도출판사
찍은곳 · 분도인쇄소
등록 · 1962년 5월 7일 라15호
04606 서울 중구 장충단로 188(분도출판사 편집부)
39889 경북 칠곡군 왜관읍 관문로 61(분도인쇄소)
분도출판사 · 전화 02-2266-3605 · 팩스 02-2271-3605
분도인쇄소 · 전화 054-970-2400 · 팩스 054-971-0179
www.bundobook.co.kr

ISBN 978-89-419-9521-0 94200
ISBN 978-89-419-8651-6 (세트)

종교학 총서 6

종교현상학 입문

게라르두스 반 델 레에우 지음
손봉호 · 길희성 옮김

분도출판사

목 차

역자 서문 ··· 9
독일어 및 네덜란드어 제1판 서문 ······································ 13
네덜란드어 제2판 서문 ·· 15

서론 ··· 17
제1절: 방법 ··· 18
제2절: 종교현상학의 역사 ·· 31

신 ··· 33
제3절: 힘, 원시적 태도 ·· 34
제4절: 힘, 사변적 태도 ·· 41
제5절: 힘있는 사물. 주물숭배 ··· 51
제6절: 힘있는 세계. 성스러운 나무와 돌, 성스러운 물과 불 ··········· 57
제7절: 하늘과 천체 ·· 67
제8절: 성스러운 동물 ·· 72
제9절: 의지와 형상. 정령숭배 ··· 78
제10절: 어머니와 아버지 ·· 90
제11절: 구세주 ··· 96
제12절: 선조들과 왕들 ·· 102
제13절: 귀신들과 천사 ·· 109
제14절: 형상과 이름 ·· 114

제15절: 최고 존재 ……………………………………………… 120
제16절: 다신숭배 ……………………………………………… 125
제17절: 유신론과 범신론 ……………………………………… 132

인간 ……………………………………………………………… 139
제18절: 성스러운 삶 …………………………………………… 140
제19절: 왕, 무의, 샤만, 사제, 예언자를 통한 힘의 현현 …… 147
제20절: 성별된 성스러운 인간과 귀신들린 인간을 통한 힘의 현현 …… 154
제21절: 성스러운 공동체: 결혼, 가족, 친족, 부족, 민족 …… 158
제22절: 성스러운 공동체: 결사, 종파, 교회 ………………… 165
제23절: 성스러운 공동체: 국가, 인류, 성도들의 공동체 …… 170
제24절: 인간 영혼 ……………………………………………… 173
제25절: 불사와 부활 …………………………………………… 180

신과 인간 ……………………………………………………… 189
성스러운 행위 I. 외적 행위 ………………………………… 190
제26절: 정화, 제사, 성례 ……………………………………… 191
제27절: 성스러운 시간 ………………………………………… 200
제28절: 성스러운 장소 ………………………………………… 204
제29절: 성스러운 말 …………………………………………… 209
제30절: 터부, 명령, 관습 ……………………………………… 220
성스러운 행위 II. 내적 행위 ………………………………… 227
제31절: 종교적 경험 …………………………………………… 228
제32절: 탈아 …………………………………………………… 230
제33절: 회심 …………………………………………………… 232
제34절: 신비주의 ……………………………………………… 239
제35절: 신앙 …………………………………………………… 247

신과 세계 ········· 251
제36절: 주술과 제의 ········· 252
제37절: 이론 ········· 258
제38절: 신학 ········· 266

역사적 형태들과 사람들 ········· 273
제39절: 뚜렷한 고유의 형태가 없는 종교들 ········· 274
제40절: 종교의 역동성 ········· 276
제41절: 뚜렷한 고유의 성격을 지닌 종교들 ········· 279
제42절: 창시자와 개혁자 ········· 283
제43절: 교사와 중보자 ········· 285

인명 색인 ········· 287

역자 서문

이 『종교현상학 입문』은 네덜란드의 유명한 종교학자 게라르두스 반 델 레에우(Gerardus van der Leeuw, 1890~1950)의 네덜란드어 저서 *Inleiding tot de Phaenomenologie van den Godsdienst* (Haarlem: De Erven F. Bohn N.V., 1948)를 번역한 것이다. 이 책은 본래 1924년에 *Inleiding tot de Godsdienstgeschiedenis*(『종교사 입문』)로 출간되었던 것이나, 그후 저자의 본격적인 종교현상학 저서 *Phänomenologie der Religion*(1933; 영역본 *Religion in Essence and Manifestation*, 1938)이 나옴에 따라 수정·보완되어 다시 출판되었다. 반 델 레에우의 종교현상학의 요체를 담고 있을 뿐 아니라 그의 해박하고 심오한 종교 이해를 보여주고 있는 저서로서, 그의 주저를 대하기 전에 읽기 적합한 책이다.

반 델 레에우는 헤이그(Hague)에서 태어나 성장했으며, 라이덴(Leiden) 대학에서 샹뜨삐 드 라 쏘쎄이(P. D. Chantepie de la Saussaye, 1848~1920), 크리스텐센(W. Brede Kristensen, 1867~1953)과 같은 저명한 종교학자들 밑에서 종교사학을 공부했다. 고대 이집트 종교를 전공했으며 1916년 라이덴 대학에서 박사학위를 취득한 후, 1918년부터는 그로닝겐(Groningen) 대학에서 종교사학과 신학을 가르치기 시작했다. 네덜란드 개혁교회의 목사인 그는 교회의 전례(liturgy) 문제에도 많은 관심을 가지고 관여했으며, 1945~46년에는 네덜란드의 교육, 예술, 과학 담당 각료로 봉직하기도 했다. 그는 1950년에 당시 새로 결성된 국제종교학회(International Association for the History of Religions)의 초대 회장이 되었으나, 불행히도 그해에 세상을 떠났다.

반 델 레에우의 학문적 관심은 종교학, 철학, 신학, 예술 등 다방면으로 전개되었으며, 약 650개에 이르는 저술 및 글을 남겼다. 위에 언급된 그의 스승들 외에도 그는 종교학 내지 종교사상 면에서는 슐라이어마허(F. Schleier-macher), 옷토(R. Otto), 쇠더블롬(N. Söderblom), 하일러(F. Heiler) 등으로부터 많은 영향을 받았으며, 철학에서는 딜타이(W. Dilthey), 훗썰(E. Husserl), 야스퍼스(K. Jaspers)의 영향, 그리고 심리학에서는 스프랑거(Eduard Spranger)와 빈스방거(Ludwig Binswanger)의 영향이 컸다. 그러나 다방면에 걸친 그의 학문적 업적 가운데서 현재까지도 높은 평가를 받고 있는 것은 역시 그의 종교학적 업적, 특히 그의 종교현상학적 연구들이다. 사실 "종교현상학"(Phenomenology of Religion)이라는 용어는 그와 더불어 크게 학계에 유행하기 시작했으며, 종교현상학 하면 그를 연상할 정도로 종교현상학의 보급과 정착에 끼친 그의 영향력은 거의 절대적이다. 그러면 종교현상학이란 무엇인가?

현재 종교학계에서는 종교현상학이란 말이 학자에 따라 다양한 의미로 사용되고 있어 혼란스러운 면이 없지 않다. 아주 넓게는 종교에 있어서 진리나 가치 문제를 접어두고 종교현상에 대한 객관적·기술적(descriptive) 접근을 하는 연구 태도 일반을 가리키는 말로, 따라서 종교학 일반과 별 차이가 없는 뜻으로 사용되는가 하면, 샹뜨뻬 드 라 쏘쌔이나 크리스텐센 등의 종교학자들에 있어서는 유사한 종교현상들을 범주별로, 유형별로 체계적으로 비교·연구하는 비교종교학과 동일한 뜻으로 사용된다. 더 제한된 의미로는, 위와 같은 비교종교학을 수행하는 한 특정한 학문적 방법론 내지 태도를 지칭하는 말로 사용되며, 반 델 레에우의 종교현상학은 바로 여기에 속하는 것으로서 종래의 비교종교학을 이론적으로, 방법론적으로 체계화시키고 심화시켰다는 평가를 받고 있다. 다만 한 가지 처음부터 유의해야 할 점은 반 델 레에우가 훗썰의 철학적 현상학에 영향을 받은 것은 사실이나, 그의 종교현상학은 결코 훗썰의 현상학적 방법을 순수하고 철저하게 종교 연구에 적용한 것은 아니라는 사실이다. 이미 언급하였듯이, 반 델 레에우의 학문에는 인간의 정신적·문화적 현상을 연구하는 데 있어서 이해(verstehen)를 강조한 딜타이의 해석학이나 1920년대의 야스퍼스, 스프랑거, 빈스방거 들의 심리학적 방법도 커다란 영향을 미쳤다.

그리하여 그의 종교현상학은 철학적 현상학뿐만 아니라 다분히 심리학적 측면도 강하며, 다른 한편으로는 슐라이어마허, 옷토 등 종교 경험의 직관적·체험적 이해를 강조하는 흐름도 강하게 작용하고 있다.

반 델 레에우 종교현상학이 궁극적으로 지향하고 있는 것은 타인, 타종교의 종교현상의 의미를 이해하는 일이며, 이것은 곧 외적 현상들의 배후에 있는 내적 종교 경험의 체험적 이해를 뜻한다. 그러나 문제는 타인의 종교 경험이 결코 우리에게 직접적으로 주어지지 않는다는 점이다. 따라서 반 델 레에우는 타인의 종교 경험을 우리 자신의 체험을 매개로 하여 재구성하여 이해할 것을 제안한다. 그러기 위해서는 학자들이 종교현상을 단순히 학문적 객관성만을 가지고 대하는 것은 부족하며 종교현상들을 자신의 삶의 경험과 종교적 체험 속으로 깊이 끌어들여 공감적(empathy, einfühlen)으로 이해해야 한다고 주장한다. 그러나 이같은 노력은 결코 자신의 주관성을 앞세운 자의적인 해석을 정당화해 주는 것은 아니다. 현상학적 연구 태도는 아무리 자기에게 낯선 종교현상을 대한다 하더라도 그 현상의 진리성이나 사실성의 문제는 어디까지나 괄호 속에 넣어두는 현상학적 판단 유보(epoche)의 자세를 취해야 한다. 현상학자의 관심은 오직 현상의 종교적 의미 이해일 뿐이기 때문이다. 반 델 레에우에 의하면, 종교현상의 본질적 의미는 그 현상들이 지니는 구조 속에서 드러난다. 따라서 현상학자는 일차적으로 유사한 종교현상들 자체가 드러내 보이고 있는 본질적 의미를 직관(Wesensanschauung)을 통해 파악해야 한다. 다만 이러한 직관이 자신의 삶과 종교적 경험과는 무관하게 진행되는 초연한 대상적 인식이 아니라, 자신의 전 인간적 경험을 동원한 따뜻한 공감적 이해여야 한다는 것이다. 이와 더불어 현상학자는 자신이 도달한 의미 파악을 구체적 사례들로 다시 돌아와 검증하는 작업도 게을리해서는 안된다고 한다.

이러한 반 델 레에우의 방법론적 입장이 과연 실제 종교현상들의 연구에서 구체적으로 어떻게 작용을 하며 어떠한 효력을 발생하는지는 결국 그 자신의 종교현상학적 연구 결과를 담고 있는 저술들을 통하여 확인될 수 있을 뿐이며, 이러한 확인도 어떤 객관적 기준에 따를 성질의 것이라기보다는 결국 그의 서술을 읽는 독자들의 마음 속에 과연 그의 해석이 얼마만한 공감력과 설득력을 지니는가에 달려 있다. 이러한 뜻에서 이『종교현상학 입문』은 종교학의 한 방법론에 대한 책으로서 읽기보다는 그것을 통하여 인간의 종교적 현상과 삶 그 자체를 얼마나 더 깊이 이해할 수 있는가 하는 관점과 관심에서 읽어야 할 것이다. 반 델 레에우는 이 책에서 한 특정한 종교나 문화권, 한 특정한 시기나 시대의 종교현상을 대상으로 하지 않고 동서고금을 막론하고 보편적으로 발견되는 인간의 여러 종교현상들을 범주별로 묶어서 다루고 있다. 그의 예리하고 통찰력 깊은 논의는 현대인도 어쩔 수 없는 종교적 인간(homo religiosus)의 후예임을 부각시켜 주며 우리 삶의 감추어진 종교적 차원에 대한 자각을 새롭게 해준다.

  공동작업으로 이루어진 이 번역은, 손봉호 교수가 일차적으로 네덜란드어 원어로부터 번역한 다음 본 서문의 필자가 독어본(*Einführung in die Phäno-menologie der Religion*, 1961)과 대조하여 수정을 가하는 식으로 이루어졌다. 본문 가운데 독자들의 이해를 돕기 위하여 괄호 속에 "역자 주"를 삽입했으며, 주로 인용된 인물들에 대한 간단한 소개가 많다. 인물 확인에는 일역본『宗敎現象學 入門』(東京大學出版會, 1979)이 많은 도움이 되었다. 괄호 속에 넣은 지명이나 인명 등 고유명사들의 표기는 가능한 한 영어식 표기를 사용했으며, 전문용어의 경우 영어 혹은 독어를 괄호 속에 넣었다. 저자가 워낙 해박한 지식으로 많은 고전들을 자유로이 인용할 뿐만 아니라 논의도 종종 암시적이고 축약적이어서 내용을 확실히 이해하여 번역했다고 장담하지 못할 부분들이 없지 않다. 앞으로 잘못이 발견되는 대로 수정·보완할 것을 독자들에게 약속한다.

1995. 2. 22.
길 희 성

독일어 및 네덜란드어 제1판
서 문

이 『종교현상학 입문』은 불완전하고 너무 짧게 되는 것을 면하기 어려웠다. 본서에 인용된 많은 것에 못지않게 중요한 사실들이 누락될 수밖에 없었다. 책 전체에 비로소 생명의 열기와 힘을 줄 수 있는 예들의 수가 제한될 수밖에 없었으며 다루어진 예라 할지라도 많은 경우에는 자세히 기술하기보다는 암시하는 정도로 그칠 수밖에 없었다.

이 소책은 일반인이 이해할 수 있는 짧은 입문서이자 본격적인 현상학을 위한 하나의 준비 작업일 뿐이다. 여기에 다루어진 자료들을 어느 정도라도 알고 있는 사람이라고 할 것 같으면 얼마나 많은 자료들이 유보되었는가를 거의 매 페이지마다 감지할 수 있을 것이며, 각 항목이나 개개의 문장들의 배후에조차 하나의 논문이나 상당량의 자료 수집이 있음을 추측할 수 있을 것이다.

바로 이와 같은 잠정적 성격이야말로 아마도 이 책을 지금까지 사람들이 별로 들어가 보지 않은 영역으로 안내해 주는 첫번째 입문서가 되기에 적합한 것으로 만들는지 모른다.

1924년 11월, 그로닝겐에서

네덜란드어 제2판
서 문

내가 1924년의 서문에서 암시했던 "본격적인 현상학"은 그 후 출간되었다(『종교현상학』, Tübingen, J. C. B. Mohr (Paul Siebeck), 1933). 이 책도 역시 주제를 완전히 다루기에는 양이 충분치 못함을 나는 매일 느끼고 있다. 이런 의미에서 종교현상학은 언제나 새로이 씌어져야만 한다. 다만 첫 입문서로서는 그 책은 두말할 필요 없이 너무 크다.

나의 학생들은 나의 이 소저를 더욱 작게 만들려는 그들 특유의 이해할 수 있는 경향 때문에 "소현상학"이라고 부르곤 하지만 이 개정판은 다만 작은 책이 되려는 것만을 목표로 하지는 않는다. 몇 개의 주제를 개정하고 전체를 다시 손질하는 것은 불가피했으며 따라서 작은 책이 약간 크게 되는 것은 어쩔 수 없었다. 새로운 모습으로 나타난 이 책도 역시 많은 사람에게 도움이 되었으면 하는 마음이다. 그간에 또 "더 큰 책"의 증보 개정판도 출간되었다(『종교의 본질과 현현들 ― 종교현상학』, Paris, 1948).

1948년 2월, 그로닝겐에서

서 론

제 1 절

방 법

샹뜨삐 드 라 쏘쌔이(Chantepie de la Saussaye, Pierre Daniel, 1848~1920. 네덜란드의 개신교 신학자, 종교학자 — 역자 주)의 『종교사 교본』은 마땅히 널리 알려진 좋은 책으로서, 초판 제1권에서 **종교현상학**에 대한 간단한 개관을 하고 있다. 그 책이 나온 이후로 종교사의 일반적인 개관이나 특히 전문 단행본에서는 그런 방식으로 종교사를 취급하는 경우가 많아졌다. 나는 이 "현상학"을 종교사를 다루는 한 방식이라고 부른다. 왜냐하면 종교현상학은 자체의 어떤 독자적 영역을 가지고 있는 것이 아니라 종교사에서 취급되는 동일한 사실들을 특유의 방식으로 취급하기 때문이다. **종교사**란 무엇보다도 사실을 확정하는 데 관심을 기울인다. 즉, 어떤 특정한 종족이나 교회, 종파, 혹은 인물이 어느 시기에 어떻게 행동하고 생각했으며, 어떤 교리를 내세웠으며, 어떤 신화들을 만들어 냈으며, 그리고 어떤 의례 행위를 행했는가를 알아보려는 것이다. 즉, "언제", "어디서", "무엇"에 대해서 물어보는 것이다. 그러므로 종교사학자는 한 특정한 종교에만 관심을 쏟는 것이 지혜롭다. 적어도 그 종교를 믿는 한 민족의 언어, 역사, 문화를 완전히 연구한 다음에야 비로소 그 종교에 대한 상당히 믿을 수 있는 분명한 사실들을 올바로 가려 낼 수 있을 것이다. 종교사학자는 한 시대의 내적·외적 역사 전체를 터득할 수 있어야 그 시대의 한 종교현상을 그 내적 근원에 있어서 서술할 수 있을 것이다. 한 인물의 전기를 쓸 수 있고, 문서고를 뒤진다든가 해서 충분한 자료를 섭렵하고 나서야 그는 그 인물의 종교적 통찰과 경험을 올바로 평가할 수 있을 것이다. 인간의 일생은 짧고 능력에는 한계가 있으므로 이런 식으로 연구하자면 한 학자가 하나 나 둘의 종교, 시대, 인물 이상을 취급하지는 못할 것이다.

종교사가 이와 같은 사실 연구를 무시할 수 없다는 것은 자명하다. 그것은 종교사에 있어서 필수불가결하고 아무리 애를 써도 충분하지 못한 기초 작업일 것이다. 그러나 그것이 좀더 진정한 역사가 되려면 거기서 한걸음 더 나아가야 한다. 그렇지 않으면 종교사가는 마치 자재만 옮기고 집은 짓지 않는 사람과 같이 되고 말 것이다. 자료를 수집하는 것보다 더 필요한 일은 없을 것이다. 그러나 거기에 머물러 버린다면 그보다 더 쓸데없는 일도 없을 것이다. 이에 대하여 벌써 1893년에 베디어(Bedier, 1864~1937. 프랑스의 언어학자, 문학사가 — 역자 주)가 학자들에게 재치있게 경고한 바 있다: "한 가설이 방향을 제시해 주지 못한다면 그대들의 자료 수집은 아무 가치가 없을 것이다. 어떤 가설을 가지고 활동하라. 비록 그 가설이 그대 자신이나 다른 사람에 의하여 부정되어도 괜찮다. 어떤 가설을 확정하기 위해서나 부정하기 위해서 자료를 수집하라. 그러나 부디 단순히 자료 수집을 위한 자료 수집은 하지 말아라. 그럴 비에는 차라리 우표 수집이나 해라." 반대로 사실들을 우리가 정리하는 구조는 계속해서 사실들에 의하여 검증되어야 한다. 우리의 학문이 사실들로부터 만들어 내는 개념적 총체는 거듭거듭 사실들과 대조되어야 하고 새로운 사실과도 대면할 수 있어야 한다. 그러는 가운데서 심지어 사실들에 의하여 그 개념이 전체를 파악할 능력이 상실될 위험이 있더라도 그래야만 한다. 수집된 자료는 어떤 관점에 의하여 정리되어야 하며 종교에 대한 일반적인 관념을 기준으로 하여 그 자리가 매겨져야 한다.

종교현상학의 특성은 바로 이와 관련되어 있다. 한편으로는 그것은 **체계적** 성격을 가지고 있어서 종교사와는 구별되나, 다른 한편으로는 아무 **규범적** 성격이 없어서 종교철학이나 신학과 구별된다. 물론 종교현상학은 종교현상의 가치나 진리성에 대한 질문이 결코 중요하지 않다고 보지는 않는다. 종교현상들 가운데 스스로 진리라고 하는 주장을 무시하면 도저히 이해되지 않는 것이 많음을 종교현상학은 충분히 알고 있다. 그러나 종교현상학은 진리와 가치 문제에 대해서는 판단을 하지 않는다. 즉, 그들을 괄호 속에 넣어버리고 판단을 보류한다(판단정지, Epoche). 그래서 종교현상학은 종교들 가운데 어느 것을 선택하지도 않고, 더군다나 모든 종교들로부터 일종의 종교의 핵을 뽑아내거나 "자연"종교(natural religion)를 만들어 내어서 그것만이 참 종교이자 모든 종교의 최대공약수인 것처럼 주장하지도 않는다. 종교현상학은 진리의 문제를 **신학**이나 **종교철학**에 일임한다. 신학은 종교현상을 계시의 빛 아래서 조명하고, 종교철학은 종교적 인식의 기초를 연구한(인식론) 다음 종교적 사실들이 지닌 가치에 대하여 판단하고(가치론) 마지막으로 그들이 옳은가 그른가에 대하여 판단한다(형이상학).

현상학은 또한 **종교심리학**과도 다른 길을 걷는다. 종교심리학은 종교적 사실들이 심리학적으로 그리고 발생학적으로 어떻게 형성되며, 그 배후에 어떤 보편적인 감정, 경향 혹은 심리적 콤플렉스가 숨어 있는가를 연구한다. 우리가 하고자 하는 일은 신학, 철학 그리고 심리학이 하는 것과 다르고 그보다 훨씬 더 겸손한 것이다. 우리는 다음과 같은 질문을 **하지 않는다**. 즉, 종교현상이 사실을 반영하는가, 진리인가, 어떤 가치를 지니고 있는가, 어떻게 그런 현상이 생기게 되었는가 등의 질문을 하지 않는다. **단 한 가지** 하는 질문은 종교현상이 어떤 모양으로 나타나며 어떤 방식으로 우리들에게 보이는가이다.

현상학은 객관적인 사실성과 주관적인 평가 사이에서 제3의 것을 찾는다. 즉, 현상의 의미 혹은 의의를 검출한다. 현상이 사실인가, 항상 남아 있는 가치를 지닌 것인가 혹은 지나가 버릴 가치를 지닌 것인가 하는 문제는 현상학에서 전혀 상관이 없다. 현상학은 다만 그 의미만 물어볼 따름이다.

그러므로 종교현상학은 사실에만 머물 수 없다. 단순한 사실은 무질서에 불과하다. 그러나 사실을 그저 정리만 하는 것만으로도 충분하지 않다. 주소록이나 외투 보관소같이 되지 않으려면 현상학은 사실의 정리 배후에 일정한 이해 가능성과 체계를 정립하지 않으면 안된다. 다시 말해서 현상학은 주어진 사실의 구조를 알려 한다.

그러므로 종교현상학도 하나 혹은 두어 가지 종교에 국한하여 연구하는 것은 안전하지 못하다. 물론 종교들 가운데는 가장 원시적인 것으로부터 가장 현대적인 것까지 존재해 온 모든 종교적 행위, 사상, 표상들을 다 포함하고 있는 것도 있다. 예를 들면, 그리스 종교와 그리스도교가 그렇다. 그외에 어떤 특정한 정신적 성향을 가장 전형적으로 그리고 비교적 순수하게 대변하는 것도 있다. 불교가 그런 종교다. 그러나 우리가 세부적 나열을 피하고 자유로운 시각을 얻고자 한다면 우리는 달리 접근해야 한다. 우리는 제사란 무엇인가, 주물(呪物)이란 무엇인가, 신비주의란 무엇인가를 묻고자 한다. 그러기 위해서 우리는 우선 종교생활의 대상들을 먼저 분류함으로 어떤 행위가 제사가 되며, 어떤 숭배의 대상이 물신이 되며, 어떤 경건성이 신비주의로 되는가를 알아보아야 한다. 그러고는 다양한 종류의 현상들의 상관관계를 찾아보아서 서로 동일한 종류의 것을 같이 모으고 반대되는 것을 분리시켜야 한다. 그러나 우리들이 사용하는 방법을 결코 종교현상들을 어떤 공식으로 환원한다든가 전체를 큰 틀과 표제어들을 지닌 어떤 완결된 체계 속에 집어넣는 것으로 이해해서는 안된다. 그런 체계도 유용하기는 하겠지만 어디까지나 보조적인 수단일 뿐이다. 그런 체계란 모든 체계가 다 그렇듯이 현실을 다 망라할 수도 없고, 우리로 하여금 더 잘 이해하게조차 만들지 못한다. 체계가 가지고 있는 공식이나 용어들은 우리가 옷을 걸어 둘 수 있는 옷걸이나 물건을 넣어 둘 수 있는 서랍과 같은 것이다. 그러나 명칭을 사용하는 것이나 어떤 위치를 제시하는 것은 이미 구조적인 사고방식으로서, 여러 사실들을 하나의 살아 있는 전체, "살아서 발전해 나가는 하나의 두드러진 형태" 속으로 집어넣는 일이다. 우리는 현상들을 구조 안에 넣음으로써 파악하며 그들의 고유한 본질에 접근하려 하는 것이다.

그러므로 우리의 의도는 대상들을 분류해서 그 본질에 따라 가능한 한 완전히 기술하려는 것이다. 그때문에 우리는 거듭거듭 그리스도교나 유대교의 역사를 포함한 종교사의 예를 빌릴 수밖에 없다. 그러나 종교현상학자는 좁은 의미의 종교사학자처럼 한 종교나 한 그룹의 종교에만 국한할 수 없다. 종교현상들의 동일성이나 유사성은 어떤 하나의 신앙고백이나 국가의 경계 안에서 끝나지 않기 때문이다. 그래서 우리는 계속해서 특수한 것들과 접촉함으로 보편적인 것에 도달하며, 역으로 보편적인 시각으로부터 특수한 것을 보려고 시도하는 것이다.

그렇게 하는 데 있어서 우리는 종교심리학이나 종교사학의 도움을 무시할 수 없다. 사실들을 분리하고 연결하는 것, 사실을 기술하는 것은 모두 사실들의 외적 현상과 의미를 알아야 가능하며, 외적 현상은 역사적으로, 그리고 그 의미는 심리학적으로 연구되는 것이다. 이에 반하여 우리는 언제나 종교사에 앞서 정지 작업을 한다. 만약 우리가 한 현상의 고유한 성격을 파악하는 데 성공하면, 우리는 일단 "이것은 저런 것이 아니고 이런 것이다"라고 말할 수 있게 되며, 그 다음에는 자연히 "그 가치가 무엇인가?" "얼마만큼 진리인가?"라는 질문이 일어난다. 그런 질문은 우리가 취급해야 할 문제가 아니므로 우리는 거기서 후퇴한다. 그러나 우리의 연구는 아마도 종교철학자들이 논하는 것들에 대하여 좀더 명확한 관념을 제공하게 될 것이다. 그리고 이것은 언제나 쓸데없는 일은 아니다.

우리의 연구 영역을 어떤 **이름**으로 부를 것인가는 그렇게 중요하지 않다. 벌써 여러 가지 제안이 쏟아져 나왔다. 단순히 "일반 종교사" — 즉, 세세한 부분을 따지는 것이 아니라 일반적인 관점으로 고찰한다는 뜻으로. 그러나 사람들은 이미 이 말을 보통 세계 종교에 대한 개관이란 의미로 사용하고 있다 — 라 하자는 제안이 있는가 하면, 아주 멋지게 들리는 "종교 관념의 형태론", "선험심리학" 혹은 "형상론"(Eidologie)이라 하자는 의견도 있다. 그러나 우리는 당분간 "현상학"이란 이름을 유지하려 한다. 이 이름은 역사적 복합체들과는 대조적으로 개별적 현상들을 강조하기 때문이요, 우리의 연구를 지난 십여 년간 인간학·예술학 등에 적용해서 상당한 성과를 올린 현상학과 동일한 선상에 세울 뿐 아니라 우리의 연구로 하여금 훗설(Husserl), 야스퍼스(Jaspers), 쉘러(Scheler) 등이 기초를 놓았고 후자에 의해 이미 종교에도 적용된 현상학적 방법에 더 깊이 뿌리박게 할 것이며 더 넓은 시야를 가지게 할 것이기 때문이다.

그래서 이 책은 종교현상학 입문이 되겠다. 그러나 한 가지 말해 두어야 할 것은 현상학은 흔히 요구되듯 종교적 행위, 의례, 관습 등의 외적인 것에 국한될 수가 없다는 사실이다. 적어도 그것이 죽은 대상들을 다루는 데 만족하지 않고 종교의 본질에 파고들려면 그외에도 종교적 문학, 찬송, 기도, 자서전 등의 문헌들에 나타나는 여러 가지 정신적인 흐름에 대해서도 관심을 기울이지 않을 수 없으며, 그것들을 제의나 그에 관계된 것들 못지않게 정확히 기술해야만 한다. 제사, 성례, 사제나 주술사 못지않게 환상, 예언 그리고 신비주의, 범신론, 정령숭배 같은 정신생활의 유형들도 종교현상의 세계에 속한다. "외적인 것"은 처음에는 "내적인 것"이었으며, "내적인 것"이 바깥으로 나오는 것이다. 괴테가 말한 바,

> 내적으로 가치있는 것이 외적으로도 인정받는 것
> 이것이 자연의 내용이다.

앞에서 말한 것으로 충분히 인식되겠지만, 우리는 현상의 본질을 그 현상의 역사적 근원에서 찾으려 하지 않는다. 그렇게 하지 않는 것은 이 근원이란 역사적인 방법으로나 심리학적 방법으로도 알 수 없기 때문이다. 그리고 어떤 현상의 "근원"이라고 인정되는 것은 아득한 옛날보다는 오히려 연구하는 사람의 주위에서 발견되는 것이 보통이다. 그리고 어떤 현상의 본질이란 것을 반드시 그 현상의 최초의 형태에서만 찾는 것은 올바른 방법이 아니다. 예를 들어 기도가 무엇인가를 알려면 물론 원시인들이나 가장 고대 민족들의 기도의 형태를 알아보아야겠지만, 그에 못지않게 고도로 발달된 불교에서나 현대의 우리 그리스도교에서 사용하고 있는 기도도 살펴보아야 하는 것이다.

어떻게 보면 이 말은 우리가 앞으로 연구하는 방법과 상충되는 것 같다. 왜냐하면 우리는 종교의 "원시적인" 형태에 많은 관심을 기울일 것이고, 또한 잘못된 이름이지만 "자연" 종족과 고대인들의 종교 형태에 관심을 기울일 것이기 때문이다. 그러나 이렇게 하는 것은 결코 "원시적인 것"에서 바로 근원적인 것을 발견할 수 있다고 생각해서가 아니다. 그리고 사실 무엇이 "원시적인 것"인가를 역사적으로 확정하기는 매우 어렵고, 어디에선가 우리가 발견하는 소위 "원시적인 것"이 그 이전에 이미 상당한 고등문화를 거친 것이었는지 역사적으

로 확인하기도 어렵다. 고등문화를 거친 것이라면 그것을 "원시적"이라 하기는 어렵지 않겠는가? 우리가 앞으로 "원시적"이란 형용사를 사용할 때는 우리의 것과는 다른 어떤 독특한 사고방식이나 표상방식에 근거한 종교적 삶의 자세를 의미할 것이고, 그런 것은 미개 민족 가운데는 어디서나, 그리고 고대 민족에게서도 많든 적든 발견되며, 심지어 오늘날 우리들 자신의 정신생활 심층에서도 어느 정도 살아 있다. 어떤 것이 원시적인 정신 형태인지는 우선 이 책 전체에서 나타날 것이다. 그것은 사실 역사적으로가 아니라 오히려 심리학적으로 구획지을 수 있는 현상이다. 우리가 이 문제에 대해서 모든 관심을 기울이는 이유는 "원시"인들과 "현대"인들의 대조와 상호 관계를 통해서만 우리의 정신적 그리고 종교적 삶에 대한 올바른 이해가 가능하다고 믿기 때문이다.

앞으로 우리는 "근원적"이란 말을 계속 사용할 것인데, 그것은 우리가 어떤 현상의 역사적 근원을 발견했기 때문이라고 이해하지는 말기 바란다. 그것은 다만 어떤 현상을 이해하려고 애쓰는 과정에서 어떤 것에 선행되어야 하는 단계를 발견했다는 것을 뜻할 뿐이다. 즉, 우리가 찾는 것은 시간적 선후 관계가 아니라 이해의 선후 관계다. 우리가 찾는 것은 아담의 종교가 아니고 카인이나 아벨의 제사도 아니다. 오히려 우리가 발견하는 현상들을 연구해서 그들 사이의 상호 관계를 우리가 이해할 수 있도록 하는 것이다. 여기서 우리가 우리의 이해 능력, 우리의 시야와 경험의 한계성을 벗어나지 못한다는 점은 분명하게 염두에 두지 않으면 안되는 사항이다. "현상학적 태도"를 발견하는 것이 우리가 계속 겪어야 할 어려움이다. 우리 자신이 체험하는 것과 역사가 우리에게 제공하는 "사실" 사이에서 우리는 항시 "제3의 영역"을 찾으려고 노력해야 하는 것이다. 이 영역에서는 사실의 객관성이나 체험의 주관성 그 어느 것도 가장 중요한 규범으로 인정되지 않고, 오히려 이해 가능성, 우리에게 나타나는 것들의 "의미", 그리고 우리로 하여금 그 현상의 "본질"까지 파고들게 할 수 있는 의미가 가장 중요한 규범이다. 이 "본질"이란 구조며, 현실에서는 완전히 실현될 수 없고 오히려 우리로 하여금 현실을 비로소 이해하게 하는 "주형"(鑄型)이다.

"사실성"은 "순수한 체험"만큼이나 우리가 파악하기 어렵다. 사실성은 우리가 뚫고들어갈 수 없는 단단한 것이요, 순수한 체험은 아무 내용이 없다. 사실의 연구나 내적 성찰을 위해서는 어떤 형태 혹은 구조가 필요하다. 그래서 우리의 연구 방법은 우리가 다른 민족, 시대, 인물들이 소유했던 종교적 경험에 대해 역사적으로 알 수 있는 것과 우리 **자신의 경험**으로 아는 것과를 계속해서 서로 비교하고 맞춰 보는 것이다. 우리에게 낯선 것은 다만 우리 자신의 것을 통해서 접근할 수 있을 뿐이다. 우리가 끝내 공허한 추상이나 죽은 사실만으로 만족하지 않으려면 종교사에서 발견되는 개념을 우리에게 "이해 가능한 관계" 속에서, 즉 비록 그것이 이미 우리의 정신적 삶 속에 결코 전적으로 동일한 방식으로 주어지지는 않지만 우리에게 무엇인가를 말해 주는 어떤 심리적 상태 속에서 볼 수 있어야 하는 것이다. 우제너(Usener, Hermann, 1834~1905. 독일의 고전학자 — 역자 주)의 말대로, 연관된 현(弦)들이 공명하도록 해야 한다. 그리하여 "너 자신을 알라"는 말이 우리 연구에 가장 중요한 자리에 서 있다. 현상들 속에서 우리 자신의 정신생활과 연관되어 있는 것을 따라서 느끼고 그 안으로 감입(感入, einfühlen)하려는 노력을 하지 않는 한 우리는 현상의 본질 속으로 침투하지 못하고 언제나 그 바깥에 서 있을 것이다.

이런 방법은 위험한 것이라고 할 것이다. 사실 어떤 의미에서 그것은 위험하다. 더욱이 여기서 주장하는 심리적 방법이 어떤 완성된 종교적 혹은 학문적 원칙을 미리 세워 놓고 사실들이 거기에 맞는지를 검토하는 것과는 전혀 거리가 멀다는 점, 그리하여 이 방법의 목적이 찬성이나 반대에 있는 것이 아니라 이해에 있다는 점을 분명히 해두어도 위험하다. 그러나 아무 위험도 감행하지 않으려면 우리는 차라리 심리학과 역사 서술을 완전히 포기하고 통계나 연대기, 분류표나 연대표에 국한해야 할 것이다. 그렇게 한다면 확실하기는 하겠지만 얼마 나아가지는 못한다. 엄격한 학문이 되기 위해서 그렇게 한다면 더 엄격하게 될지는 모르지만 그렇다고 해서 더 학문적이 되지는 않을 것이다.

현상학적 방법을 우리는 세 가지 행위로 나눌 수 있다: **체험하는 것** (erleben), **파악하는 것**(begreifen), 그리고 **말하는 것**(sprechen)이다. 체험이란 숨겨져 있는 것이다. 무함마드가 메카에서 메디나로 피신했을 때 그가 정확하게 무엇을 체험했는지 우리는 결코 알 수 없다. 그러나 이와 꼭 마찬가지로 우리는 우리 자신의 체험도 완전하게 재생할 수 없다. 우리가 그 체험을 붙잡아 보려는 순간 그것은 항상 과거의 것이 되어버리고 지금의 우리 자신이 아닌 다른 사람의 것이 되고 마는 것이다. 다른 말로 해서 우리 자신의 체험도 우리는 재구성하지 않으면 안되는 것이다.

다른 사람의 것이든 우리 자신의 것이든 체험된 것을 재구성하는 것을 우리는 파악한다고 말한다. 우리는 실제로 체험된 것을 잡아보려고 한다. 즉, 그것을 이념적 구조들(ideelle Strukturen)이나 도식들(Schemata)을 통해서 포착하고자 하는 것이다. 이 구조나 도식은 결코 추상적인 것이 아니고 파악의 행위를 통해서 우리에게 다시 체험되는 것이다. 그리고 만약 우리가 이 체험에 대하여 말할 수 있고 그것에 대해 증언할 수 있다면 우리는 우리 방법의 목적을 달성했고 현상들의 본질을 우리에게 가능한 한 이해한 것이다.

마지막 단계, 즉 말하는 것(현상학의 "학", — "logy" of phenomenology)은 세 가지 단계 가운데서 결코 무시할 만한 것이 아니다. 그것은 우리들 자신만의 말이 아니라 다른 사람의 말도 함께 말하는 것이요 대화(Dialektic)인 것이다. 파악한다는 것은 이런 공동의 말함 속에서 말할 때 비로소 실현되는 것이다. 나와 함께 말하는 다른 사람이 나의 잘못을 고칠 수 있고, 나도 그의 잘못을 고칠 수 있는 것이다.

본래 이것이 이미 언급한 다름아닌 **판단중지**(epoche), 즉 현상학적 유보인 것이다. 현실을 이해하기 위해서는 우리는 현실로부터 물러서야 하고, 그 현실을 진리 그리고 현실로서 "한복판에 있도록" 해야 한다. 우리는 무질서한 현실로부터 돌아서서 그 현실에다 어떤 구조를 제공하고 의미를 제공한다. 이런 방식으로 비로소 우리는 현상의 "본질"을 발견하게 되는 것이다. 물론 발견된 구조로부터 우리는 즉시 사실로, 그리고 자신들의 체험으로 돌아온다. 그리고 형태 없이 무질서한 현실과 구조가 주어진 현실과의 이와 같은 상호작용이 현상-**학**(logy), 즉 현상에 대해서 말하는 것을 가능하게 하는 것이다.

물론 여기서 전제하고 있는 체험이란 어디까지나 자신의 체험과 연결되어 있다. 내가 나폴레옹의 내면적인 경험을 논할 수 있다면 그것은 어디까지나 내가 그 경험을 할 수 있거나 적어도 감입 혹은 감정 모방이 가능하기 때문이다. 물론 다른 사람들의 정신적 삶을 상상해 보는 것, 감정을 모방해 보고 같이 느껴 보고 하는 데는 어려움이 있다. 아무리 철저하게 감정을 이입하고 아무리 정확하게 내성(內省)을 실시한다 하더라도 타인의 정신적 삶의 지극히 미약한 한 조각 정도만을 발견할 수 있을 것이고 또 어떤 경우는 전혀 아무것도 찾지 못할 수도 있다. 그러나 이 어려움은 사람들이 생각하는 것보다는 훨씬 적고 성격도 다르다. 다르다고 하는 이유는, 여기서 문제가 되는 것이 구태여 우리들의 연구에만 국한되는 게 아니라 사실 인간이 직면하는 보편적인 어려움이기 때문이다. 즉, 우리가 다른 사람 하나하나가 실로 독자적인 감정·생각·성향을 가진 "타인"이라는 것, 그리하여 한 사람과 다른 사람들 사이에 오고가는 말은 항상 애매하여 그저 적당히 불확실하게 이해될 뿐이며 따라서 두 사람 사이의 가교는 항상 불안한 것일 수밖에 없다는 사실을 깨달을 때 직면하는 어려움이다. 그럼에도 불구하고 이 "타인"이 동시에 나와 관계되어 있다는 사실을 부인할 사람은 아무도 없을 것이다. 그런 의미에서 인간에 의한 것치고 우리들에게 전적으로 낯선 것이란 있을 수 없다는 사실도 인정할 수 있을 것이다. 그리고 그 어려움의 정도도 얼핏 보기보다는 적다. 즉, 우리는 종종 우리 스스로 체험한 것, 어쨌든 의식적으로 체험할 수 있었던 것보다는 훨씬 더 많이 이해하는 것 같다. 그리고 겉보기에는 우리에게 전혀 낯선 것 같은 것이 우리 영혼의 어느 숨겨진 구석에서 희미하게 메아리침을 발견한다. 우제너가 바로 지적한 것처럼, 인간적인 모든 것은 우리들로부터 아무리 멀리 떨어진 것같이 보이더라도 항상 우리와 관계되어 있고, 우리는 낯선 것을 이해할 수 있을 때까지 스스로를 키워 나가며 그럼으로써 우리들 의식 속에 잠들어 있는 것을 일깨우는 것이다.

그래서 우리들의 방법이 지닌 여러 가지 위험에도 불구하고 우리는 가능한 한 조심스럽게 연구된 사실을 근거로 하여 "체험된 구조 연관"("erlebter

Strukturzusammenhang" – Dilthey)을 통하여 사실들의 핵심으로 파고들어가 보려고 한다. 사실에 의한 교정 못지않게 우리들 자신들의 체험도 매우 중요한 교정을 해줄 수 있다. 현상학은 어떤 역사적 주제에 관한 환상이 아니다. 오히려 현상학은 "모든 명제와 공식들이 … 반드시 체험의 내용으로 보증되어야 한다는" 의미에서 "지극히 근본적인 경험론"(Max Scheler)이다.

불가피하게 내성을 요할 수밖에 없는 현상학 자체에 대하여 우리는 분명하게 이해할 필요가 있다. 우리는 한편으로는 모든 것을 자신의 체계에 따라 독단적으로 구성하지 않도록 조심해야겠지만, 또 다른 한편으로는 자연과학적인 의미의 "객관성"을 가졌다는 환상에 빠지지 않도록 조심해야 할 것이다. 또 우리가 이 방법으로 희생의 제물이 되지 않도록 해야 하는 것은 종교를 유혹적이고 잘못된 방식으로 신화나, 교리, 혹은 의례 가운데 어느 하나의 현상으로만 설명해 버리는 학파들과 쉽게 연결되지 않도록 하는 것이다. 더 나아가 우리가 가까이해서는 안될 것은 종교현상들을 주로 자연이나, 인간의 사회나, 원시적인 과학 등 그 자체로는 매우 중요하나 비종교적인 현상으로 설명해 버리려는 연구방식들이다. 우리는 그런 요소들이나 그와 비슷한 것들이 종교에 미친 영향을 결코 부정하려는 것은 아니나, 우선은 종교적 현상의 본질을 종교 자체에서 찾아보고자 한다. 슐라이어마허(Schleiermacher, Friedrich, D. E., 1768~1834. 독일의 유명한 개신교 신학자, 철학자 — 역자 주) 이후로 종교도 인간의 정신생활에 하나의 "독자적 영역"을 가질 권리를 소유하게 된 것이다.

물론 종교의 독자성만으로 문제가 끝나는 것이 아니다. 우리는 여기서 종교가 무엇인가 하는 정의의 문제를 시도하지는 않겠다. 그런 정의는 대부분 너무 일반적이라서 아무 내용이 없거나 혹은 너무 제한적이어서 응용하기 어렵다. 다만 바라는 것은 이 입문 전체를 통해서 종교의 본질이 다소 분명해지는 것이다. 그러나 방법에 관한 문제이기 때문에 한 가지 여기서 언급되어야 할 점은,

종교는 결코 종교적 경험으로 환원되지 않는다는 점이다. 경험은 일차적으로 다른 것을 전제로 하는데 우선 무엇보다도 계시를 전제로 한다. 더 쉽게 말해서 경험(Erfahrung)이란 언제나 이 "Er"(획득 — 역자 주)가 지향하는 어떤 대상을 전제로 하고 있다는 것이다. 이 대상에 대해서 우리는 여기서는 아직 그 이름을 말할 수 없다. "신"이란 이름도 여기서는 너무 제한되어 있다. 그러나 우리가 자신있게 말할 수 있는 것은 그 대상이 종교인에게는 항상 주체라는 사실이다. 이것은 마치 문법상의 목적어가 논리상의 실제의 주어인 것과 마찬가지이다. 그것이 먼저이기 때문이다.

그러므로 종교는 두 가지 양상으로 나타난다. 즉, 종교는 삶을 확장시키고 고양시키고 심화시켜서 그 극한에까지, 혹은 그것을 초월하는 것에까지 이르게 하는 것으로 나타나는가 하면, 그것은 또한 삶의 영역에 속하지 않는 어떤 다른 것이 삶 속으로 침입하는 것으로도 나타난다. 어떤 경우에는 전자가, 그리고 어떤 경우에는 후자가 더 뚜렷하게 나타난다. 수평적인 선이 있는가 하면 수직적인 선이 있다. 곧 종교성이 있고 계시가 있는 것이다. 그러나 그 어느 하나도 다른 것을 동반하지 않고는 존재하지 않는다. 양자를 우리는 구원이란 이름으로 종합한다. 인간은 이 구원을 자신의 종교에서 찾으나 그 구원은 다른 곳으로부터 온다는 것을 알고 있다. 이 후자에 종교의 핵이 있고 그것 없이는 종교가 존재할 수 없다. 인간적인 것의 경계는 "신적인 것"의 시작이다.

그러나 종교에 있어서 계시의 문제를 현상학이 취급할 수 없음은 자명하다. 그것은 하나의 현상이 아니기 때문이다. 그것은 스스로를 "나타내지" 않는다. 만약 그것이 다른 현상들처럼 스스로를 나타내 보인다면 그것은 이미 계시가 아닐 것이다. 계시 자체에 대해 말하는 것은 신학의 과제이다. 그러나 현상학이 꼭 명심해야 할 것은 현상학이 밝혀내고 이해하려고 하는 현상들은 그것들이 가지고 있는 계시의 요소를 감안했을 때 비로소 인식될 수 있다는 사실이다. 세속적인 예를 들자면 그것은 마치 우리 집 안의 전선을 조사하는 것과 같다. 나는 어디까지나 나의 조사 영역을 우리 집으로 한정해야 한다. 나는 우리 집 밖의 전선이나 송전소를 조사할 수는 없다. 그러나 그럼에도 전선이 집 밖에서 시작되어 우리 집 전선에까지 연결되어 있다는 사실을 무시하고는 집 안에 있는 전선의 기능이나 고장을 전혀 이해할 수 없을 것이다. 현상학은 종교의 송전소를 연구할 수 없고, 그런 것이 있는지조차도 모른다. 그러면서도 현상학자가 항상 염두에 두어야 할 것은 그런 것이 종교 자체에 있어서나 인간의 종교적 체험에 있어서 기본적이라는 사실이다. 그렇지 않으면 마치 시작도 끝도 없는 전선을 손에 들고 있는 것과 같이 될 것이다. 마틴 부버(Martin Buber)는 이것을 다음과 같이 아름답게 표현하였다: "나의 책도 신앙이 아니라 다만 신앙을 둘러싼 지식에 대해서 말한다. 이것이 뜻하는 바는, 신앙을 둘러싼 지식을 올바르게 체득할 수 있는 것도 오직, 하나의 대상으로서는 결코 주어질 수 없는 세계의 끝에 눈길을 돌렸을 때만 비로소 가능하다는 것이다. 신앙은 거기에 자리잡고 있는 것이다."

제 2 절

종교현상학의 역사

종교사도 연천한 학문이지만 종교현상학은 그보다 더 연천하다. 역사적 자료로부터 현상들의 특정한 범주를 유도해 내려는 최초의 시도는 계몽주의 시대에 일어났고 계몽주의 정신에 의하여 수행되었다. 드 브로쓰(Brosses, Charles de, 1709~1777. 프랑스의 사상가 — 역자 주)는 주물숭배(呪物崇拜, fetishism)에 대하여 매우 예리한 분석을 한 책을 썼는데(1760), 거기서 그는 주물숭배를 정의했을 뿐 아니라 종교의 전 영역을 통하여 주물숭배의 요소를 추적했으며, 심지어는 신앙과 전통에 의하여 안전지대로 보호되고 있었던 성서의 역사와 그리스-로마의 역사조차도 주저하지 않고 건드렸다. 여기서는 현상이란 것이 전면에 부각되어 있으며, 18세기 사상의 유행이라 할 수 있는 인간 정신의 통일성이 전제되어 있다. 즉, 같은 생각이 세계 어디서나 같은 현상들로 나타난다는 것이다.

종교의 전 영역에 걸쳐서 이러한 방법이 처음으로 적용된 것은 괴팅겐(Göttingen) 대학 교수 크리스토프 마이너스(Christoph Meiners, 1747~1810)에 의해서였고, 그 다음으로는 유명한 문필가요 정치가였던 벤자민 콘스탄트(Benjamin Constant, 1767~1830)에 의해서였다. 마이너스는 모든 현상학의 원리에 대한 고전적인 규정을 내렸다: "모든 종교의 역사를 다 추적한다는 것은 불가능할 뿐 아니라 그리 권장할 만한 일도 아닌 이상, 종교사가가 할 수 있는 것은 알려진 종교들, 특히 다신숭배적인 종교들을 **말하자면 그 구성요소들로 분해하여** 그 기본적인 부분들이 고대 및 현대의 민족 종교들에서 과거 어떤 상태에 있었으며 현재 어떤 상태에 있는가를 살피는 일 뿐이다."

19세기 종교 연구에서는 체계화나 종합보다는 자료 연구와 문헌 해석에 강조점을 두었다. 19세기 말에 이르러서야 비로소 우리 나라 사람 틸레(Tiele, Cornelis Petrus, 1830~1902. 네덜란드의 종교학자, 신학자 — 역자 주)의 뒤를 따라 여러 나라의 학자들에 의하여 씌어진 소위 "종교사 입문들"에서 새로이 현상학적 시도가 나타난다. 그후에야 비로소 전문 현상학적 저술들이 줄을 이어 나타났다. 하일러(Heiler, Friedrich Johann, 1892~1967. 독일의 종교학자, 신학자 — 역자 주)는 기도에 대해서, 옷토(Otto, Rudholf L. K., 1869~1937. 독일의 신학자, 종교학자, 철학자 — 역자 주)는 성스러움이란 개념에 대하여, 윌(Will, Robert, 1869~1959. 프랑스의 신학자 — 역자 주)은 제의에 대하여, 그리고 페따조니(Pettazoni, Raffaele, 1883~1959. 이탈리아의 종교학자 — 역자 주)는 죄의 고백에 대하여 저술을 내어서 유명하게 되었다.

　본격적인 현상학은 역시 샹뜨뻬 드 라 쏘쌔이의 유명한 교본에서 처음으로 시도되었다. 그러나 불행하게도 그의 그 훌륭한 현상학적 개관은 2판과 3판에서는 제거되고 말았다. 겨우 제4판에서야 그 부분은 레만(Lehmann, Johannes Edvard, 1862~1930. 덴마크의 종교학자 — 역자 주)이 쓴 간단한 현상학으로 메워졌다. 레만은 이미 『종교의 역사와 현재』(*Die Religion in Geschichte und Gegenwart*)라는 사전에 "종교의 현상 세계"란 제목의 현상학적 개관을 쓴 일이 있었다. 그리고 분트(Wundt, Wilhelm, 1832~1920. 독일의 심리학자 — 역자 주)는 그의 소위 "민족 심리학적" 관점에서 하나의 상세한 종교현상학을 제공한 바 있다.

　최근에는 종교현상학이 네덜란드에서 주로 많이 연구되고 있다〔오빙크(Obbink), 블레이커(Bleeker), 반 델 레에우(van der Leeuw)〕.

신

제 3 절

힘, 원시적 태도

우리는 표제에서 종교의 대상을 간단하게 "신"이라 해놓았다. 그러나 우선 우리가 염두에 두어야 할 것은 종교에 있어서 "신"은 문법적으로는 목적어지만 논리적으로는 주어라는 사실이다. 인간이 자기의 종교를 행사하는 것은 사실이나, 어디까지나 자신과 다른 무엇 혹은 타자와의 접촉을 근거로 해서 행사한다. 이 접촉이 일차적이다.

  그 다른 무엇 혹은 타자란 무엇인가? "신"이다. 그러나 여기서 무엇보다도 기억해야 할 것은 우리가 이 "신"이란 용어를 당분간 매우 넓은 의미로 사용한다는 점과 그리스도교에서 공식적으로 내세운 신의 모습이나 심지어 그리스 종교의 신의 모습에서 발견되는 모든 특성들을 일단 무시하고 있다는 사실이다. 어떤 것을 경건의 대상으로 삼기 위해서 인격성이나 도덕성이나 혹은 다른 어떤 뚜렷한 성격 규정이 반드시 필요한 것은 아니다. 따라서 우리는 신이란 이름이 우리에게 생각나게 하는 모든 것을 가능한 한 제거한 후에야 "신"에 대해서 논할 수 있을 것이다. "종교의 대상"에 대하여 어떤 막연하지만 확실한 느낌을 표현할 때 사람들은 "역시 사람은 **무언가**를 믿어야지" 혹은 "**무언가** 있겠지"라고 말한다. 그 "무언가"는 무엇이라도 좋다. 교회나 성서가 말하는 하느님이나 유령도 될 수 있고 그리스도교에서 말하는 내세나 도덕적인 세계 질서도 될 수 있다. 당분간은 우리도 그저 사람들을 따라서 "무언가 있는 것" 정도 이상으로 정의하지 않는 것이 좋을 것이다. 물론 이것은 별로 많은 것을 말하는 것은 못되지만 그래도 이미 "무언가"를 말하고 있다. 그것은 적어도 일상적인 것과는 다른 영역을 말해주고 현재의 질서와는 어떤 모양으로든지 다른 질서를 말해준다. 물론 아직은 그것이 초자연적이라든가, 영적이라든가, 혹은 초월적이라고 말해주지는 않는다. 그러나 이런 표상들의 씨앗은 희미한 가운데 숨어 있다: 무언가가 있다, 뭐 좀 다른 게 있는 것 같다. 이 다르다는 것도 보통의 것들과 두꺼운 벽으로 갈라져 있을 필요가 없다. 그것은 점차 보통의 것들로 옮겨갈 수 있다. 그러나 그것은 무언가 좀 "다른 것"이다. 그것은 강력하고, 인간은 그것을 필요로 하든지 귀찮아하든지 어쨌든 무시해 버릴 수는 없다. 그러나 "절대 의존의 감정" 같은 것은 여기서 아직은 전혀 문제가 되지 않는다. 사람은 이 "무언가"를 소유해 버리거나 지배하거나 거의 잊어버릴 수도 있다. 그러나 그것은 또다시 눈에 띈다. 왜냐하면 만약 우리가 이 "무언가"에 이름을 붙이면 그것은 "눈에 띄는 것", 비범한 것이라는 이름일 것이다. 이런 의미에서 종교는 사실 놀라움으로 시작된다고 할 수 있다. 즉, 일상적이 아닌 것, 특별히 강력한 것, 매우 드문 것, 혹은 눈에 뜨이게 큰 것에 대한 놀라움에서 비롯되는 것이다.

이에 대해서는 할 말이 별로 없기도 하고 상당히 많기도 하다. 그러므로 루돌프 옷토(Rudolf Otto)는 "누멘"(numen) 혹은 "누멘적인"(numinos)이란 개념을 신과 신적인 것에 대한 개념들로서 유행하게 했다. 이 개념들은 거의 아무 내용도 없다. 종교적인 의미도, 도덕적인 내용도 없다. 그런데도 그것은 매우 분명하게, 여기에 일상적인 것과 "다른" 무엇이 있으며, 여기서 인간은 어떤 다른 차원으로 들어간다는 것을 보여준다. 쐬더블롬(Söderblom, Nathan, 1866~1931. 스웨덴의 신학자, 종교학자 — 역자 주)은 이 "다른 것"(성)과 보통의 것(속)의 차이에 근본적인 대립이 있음을 보고 거기에 종교가 근거해 있다고 하였다. 물론 사람은 이 대립을 제거하고 이 다른 것을 완전히 지배해 버릴 수도 있다. 앞으로 살펴보겠지만 주술에서 그런 현상이 나타난다. 그러나 이것은 그다지 중요하지 않다. 이 다른 것에 대하여 무언가를 하기 전에 사람은 먼저 그것을 만나야 하고 경험해야 한다.

그러므로 최근의 몇몇 학자들처럼 "주술"이 이 다른 것에 대한 경험보다 앞선다고 하는 것은 잘못이다. 사실은 이 다른 것에 대한 경험이 우선적이다.

또 다른 입장에서 보아도 전통적인 관점이 옳다는 것이 나타난다. 하지만 그것을 말한 사람이 생각했던 것과는 다른 방식으로 말이다. 막스 뮐러(Max Müller, 1823~1900. 독일의 인도학자, 종교학자 — 역자 주)는 사람이 하느님에 대한 지식을 가지기 전에 먼저 신적인 것을 알고 있으며 신들에게 이름을 붙이기 전에 커다란 미지(未知)의 것 앞에 머리를 숙인다고 한다. 물론 뮐러가 이런 주장을 하면서 같이 섞어놓은 감상적인 낭만주의나 독일 관념론의 요소는 일단 무시되어야 한다. 사실로 받아들여야 할 것은 인간이 종교 발전 과정의 아주 초기 단계에, 즉 인격적인 신들에 대해서 생각하기 이전에, 이미 어떤 비인격체적 **힘**과 상대하고 있다는 점이다.

"신"을 가리키는 많은 표현들은 본래 로마 사람들의 누멘(numen) 혹은 인도의 브라흐만(brahman)과 같이 비인격체적 의미를 가지고 있었다. 셈족어의 엘(El)도 그런 중립적 의미(vox media)를 가지고 있다. 한편으로는 그것은 "하느님", "귀신"의 뜻을 가지고 있고, 다른 한편으로는 그저 "힘"이라는 의미를 가지고 있다. 창세기 31,29에 "너를 해할 엘(el)이 내 손에 있으나"는 "너를 해할 힘이 내 손에 있으나"의 뜻이다. 많은 종족들의 종교적 표상들 속에는 그런 비인격체적 힘이 상당한 위치를 차지하고 있는 것 같다.

1891년 영국 선교사 코드링톤(Codrington, 1830~1922)은 멜라네시아(Melanesia)인들에 대하여 책을 쓰면서 이 오세아니아(Oceania) 종족이 가지고 있는 한 특이한 표상에 관심을 기울였는데, 바로 **마나**(mana)라고 불리는 것이다. 그는 그것을 일종의 힘으로 서술하고 있는데, 물질적인 것은 아니면서 우리가 이해하는 바 정신적인 것도 아닌 힘을 뜻한다 하였다. 그것은 "어떤 의미에서 초자연적인 것", 즉 비범한 것으로서, 자연 세계와 초자연적 세계를 엄격하게 구별하지 않는 그 원시인들에게는 초자연적인 것의 위치를 차지하는 것이다. 그 힘은 어떤 물건을 그 물건이 되게 하고, 어떤 사람을 그 사람이 되게 하며 어떤 짐승을 바로 그 짐승이 되게 하는 힘이다. 만물은 마나를 지닐 수 있으며 어떤 것이 거대하든지 혹은 매우 강력하든지, 혹은 위험하든지 하면 사람들은 많은 마나가 임재해 있음을 인식한다는 것이다. **멜라네시아의 종교 전체는 자신을 위해 이 마나를 얻는 데에 있다.** 혹은 이 마나로 하여금 자기의 이익이 되도록 하려는 데에 있다. 이 힘은 전력과 비교하면 가장 좋을 것 같다. 어떤 사물이 마나를 지니면 이 힘은 유용한 방향 혹은 위험한 방향으로 사용될 수 있는 것이다. 그것으로 많은 일을 성취할 수 있으나 항상 조심해야 한다. 마나를 가진 사람이나 물건은 뜨겁다고 멜라네시아 사람들은 말한다. 보통 과실나무도 물론 힘을 가지고 있으나 그런 경우에는 마나와 관련시키지 않는다. 그러나 열매가 곱절이나 열린 과실나무는 "마나 나무"라 한다. 이웃 폴리네시아(Polynesia) 사람들은 40 이상의 숫자를 "마나 숫자"라 한다. 우리가 "아주 많다"고 할 것을 그렇게 표현하는 것이다. 코드링톤이 "어떤 의미에서 초자연적인 것"이라고 정의한 것이 입증되는 것을 알 수 있다.

그러나 그것은 어디까지나 "어떤 의미에서" 그렇다. 마나로 충전된 물건이나 사람을 신적이라고 표현할 수는 없다. 오히려 "힘있는", 혹은 흔히 "효력있는"이나 "성과있는"이라고 하는 것이 더 좋을지 모른다. 전사는 마나 때문에 전쟁에서 성공을 거둔다. 그러나 계속해서 전투에서 지면 그 사람이 마나를 잃어버렸다고 사람들은 결론을 내린다. 호카르트(Hocart) 섬 원주민 하나는 "일이 되면 마나고 일이 안되면 마나가 아니다"라고 했다. 이것은 앞으로 거론하겠지만 원시종교의 경험적 성격과도 관계가 있다. 원시인들은 추상적인 개념이나 이론을 만들지 않는다. 그저 특별하게 강력한 인물이나 사물을 대하면 거기에 마나가 있다고 인정할 뿐이다.

이 마나라는 관념이 알려지자 얼마 안가서 "마나"와 다소 비슷한 표상들이 세계 여러 곳 여러 시대 여러 종류의 종교들에서도 나타난다는 사실이 알려졌다. 마린드 아님(Marind-Anim)족(뉴기니아)에게는 **데마**(dema)란 것이 있는데 모든 것이 데마가 될 수 있다. 사람이나 사물이 이상한 행동을 하거나 이상한 모양을 가짐으로써 다른 것과 구별되면 그것은 데마가 된다. 예를 들어, 많은 지혜를 가지고 온갖 초자연적인 성격을 가진 것으로 간주되는 조상들도 데마인 것이다. 수(Sioux) 인디언족에게는 **와칸다**(wakanda)란 것이 있다. 그것은 힘있거나, 성스럽거나, 오래되었거나, 거대하거나, 죽지 않는다든가 하는 특별히 눈에 띄는 모든 것을 지칭하는 말이다. 그 말을 그들은 해, 달, 주물,

장식품, 특정한 나무나 장소에 사용하고, 그리고 우리들이 어렸을 때 인디언들의 이야기에서 들은 것과 같은 법을 제정해 주는 전능하고 "위대한 영"에 대해서도 사용한다. 말을 "와칸다-개"라고 부르는데 그것은 개에 비해서 말이 월등하게 크기 때문이다. 비슷하게 이로쿼이(Iroquois)족에게는 **오렌다**(orenda) 혹은 **오렌다들**(orendas)이 있는데, 그들은 강력한 힘을 뜻하며 자연에서 서로 다투는 것으로 되어 있다. 오렌다를 가장 많이 가지고 있는 자를 신이라 부른다. 동부 카나다의 알곤킨(Algonkin) 인디언족은 **마니투**(Manitu)를 섬기는데 그것은 그들의 위대한 영을 뜻하지만 동시에 보통이 아닌 모든 것을 뜻하기도 한다. 마니투 주머니는 마술 사제가 사용하는 마술 주머니를 뜻한다.

우리가 어릴 때 들은 이야기들 가운데 천일야화(千一夜話)가 있는데 거기에는 **바라카**(baraka. brk "축복하다"란 어원에서 파생)란 말이 나온다. 그것은 비인격체적 힘, 즉 무엇을 그 무엇으로 만드는 힘을 뜻한다. 예를 들어, 성인을 성인으로 만드는 힘 같은 것이다. 병이 난 부인은 병을 고치기 위하여 유명한 성인의 "바라카"를 얻으려 한다. 이슬람교 학생은 메카에서 가장 공부를 잘할 수 있다. 그것은 그 거룩한 장소의 "바라카"가 지식의 습득을 쉽게 하기 때문이다.

이것으로 예를 그만 들겠다. 다만 두어 마디 첨가하고 마치겠다. 모든 것을 그것으로 만드는 이 비인격체적 힘에서 우리는 일원론 혹은 범신론의 시초를 찾을 수 있다. 매우 조심스럽게 표현하자면, 우리 현대인들로 하여금 일원론적인 범신론으로 이끄는 바로 그런 관점이 원시인들로 하여금 오늘날 우리가 마나 — 전문용어가 되어버린 — 라고 부르는 힘을 상상하게 만든 것이다. 마나를 모든 것에 혼을 불어넣는 신적인 힘으로 서술하는 것은 옳지 않다. "신적"이라고 한다면 좀 지나친 것이고, "비범하다"고 한다면 대체로 충분하나, "신비스럽다"고 한다면 너무 강하다. "모든 것"이라고 하는 것도 좀 지나친 표현이다. 무엇보다도 마나는 결코 보편적인 힘이 아니다. 그것은 항상 특정한 사람 혹은 물건과 관계되어 있다. 보통 사람이나 물건과 관계해서는 힘이란 말을 쓰지 않는다. 원시인들은 이론가들이 아니다. 그리고 힘은 결코 어떤 "정신적"

인 것이 아니라 항상 매우 구체적인 것으로 생각된다. 오늘날 우리가 특이한 속성이라고 부르는 것을 원시인들은 엄청난 힘이라고 생각한다. 아프로디테(Aphrodite)가 헬레나(Helena)에게 준 목걸이에는 아프로디테의 경박함과 관능성이 오랜 시간이 흐른 뒤에도 남아 있고, 어떤 이집트의 신은 냄새를 발함으로써 자신의 신성을 나타낸다. 마치 그리스도교의 순교자가 "거룩한 향기 속에" 거하는 것처럼. 마나는 그러므로 결코 추상적인 것이 아니다. 마나 와칸다 등의 보편성에 대한 질문은 아직 제기되지 않는다. 그러나 하나 부정할 수 없는 것은 바로 이런 어떤 의미에서 초자연적인 것 — "자연적인 동시에 초자연적이며 감각적 세계 어디에나 편만하여 있으며 이 감각적 세계에 대해서 이질적이자 동시에 내재적인"(Hubert-Mauss) — 이 분명히 우리의 일원론적 범신론과 같은 선상에 놓여 있다는 점이다. 덜 원시적인 단계에서 더 예리하게 관찰하면 이 힘의 보편성이 더 강조되는 것을 본다. 옛날 스칸디나비아인들에게는 그것은 "영혼" — 일종의 "마나 표현" — 으로서 돌을 단단하게 만들고 새로 하여금 날게 하지만 동시에 돌과 새를 존재하게 하는 것이다. 그러나 모든 것이 항상 구체적인 것으로 남아 있고 경험적으로 표상되거나 취급된다. 방가이(Banggai) 군도에서는 적을 맞으러 갈 때는 적의 "용기"를 중화시키기 위하여 개를 제물로 바치는데 "용기"와 "비겁"은 매우 구체적인 힘으로 간주되기 때문이다.

다른 말로 해서 원시인들은 마나 개념에 우리가 정신적이라고 말하는 것과 물질적이라고 말하는 것이 합쳐져 있다고 보았다. 힘이란 정신적이며 물질적인 것이다. 그래서 불교 신자가 의무로서 고행을 행하면 천신(天神)의 보좌를 따뜻하게 한다고 한다. 온기란 것과 고행이란 것에 동일한 단어(tapas)를 사용한다. 정신적인 성취는 온기처럼 곧 사람이 가지게 되는 구체적인 힘인 것이다. 인도네시아의 군도 세람(Ceram)에서는 불결한 집, 혹은 감염된 집을 "따뜻한" 집이라고 부르는데 그것은 어떤 힘이 거기에 작용한다고 보기 때문이다. 멜라네시아에서도 마나로 채워진 물건이나 사람은 "뜨겁다"고 한다. 숨바(Sumba)에서도 간통이나 근친상간을 범하면 "땅을 너무 뜨겁게 했으므로" 의례를 통하여 땅을 식혀야 한다고 믿는다.

이런 표상에는 도덕적인 문제도 함축되어 있다: 마나는 비범한 성격만 가지고 있을 뿐 도덕적인 요소는 가지고 있지 않다. 사모아(Samoa)에서는 마나 힘으로 병을 고칠 수 있지만 동시에 불행들도 마나 때문이라고 생각한다. 멜라네시아인들은 독화살에도 마나가 들어 있지만 선교사들로부터 얻은 서양 약품 속에도 마나가 들어 있다고 본다. "오렌다"로 저주도 하고 축복도 한다. 콩고인들이 믿고 있는 반인격체적 "마나 신" 잠비(Nzambi)는 선교사들이 편리하게 어떤 때는 하느님의 이름으로, 어떤 때는 악마의 이름으로 번갈아 사용할 수 있었다. 그것이 원주민들에게 어떤 인상을 주었는지는 알려지지 않고 있다.

반대로 고대 게르만족이나 멜라네시아인들은 "진리"는 작용하는 힘이 있고 거짓은 무력하다고 생각했다. 솔로몬 군도에서는 어떤 사람이 고기를 많이 잡을 것이라고 예언하고 실제로 많이 잡으면 그는 마나를 소유한 것이고, 어획량이 나쁘면 그가 거짓말을 한 것이다.

다양한 물건이나 인간에게 여러 정도로 내재하는 이 에너지는 비인격체적이고 하나의 힘인만큼 도덕과 관계가 없다. 전류에 비유될 수 있는 이 힘은 상당한 양이라야 드러나게 마련인데 그때는 "보통 아닌 것"이 되고 그것은 곧 "초자연적" 성격을 얻게 된다. 바로 이런 성격이 학자들로 하여금 지금 우리가 논하는 바 최초의 신 관념을 "힘의 숭배"(dynamism)라고 부르게 한 것이다.

제 4 절

힘, 사변적 태도

마나에 비교될 수 있는 "힘"은 문화가 고도로 발달된 민족이나 상당한 정도로 발달된 민족들에서도 발견할 수 있다. 거기서는 힘에 대한 표상 가운데 항시 잠재해 있다가 사변의 정도가 커짐에 따라 전면으로 등장하는 하나의 경향이 있는데, 그것은 원시적 형태의 경험론이 원시적 형태의 일원론으로 변천하는 것이다. 물론 이 일원론은 어떤 체계를 뜻하는 것은 전혀 아니고 따라서 종교철학과는 아무 관계가 없다. 그러나 어쨌든 온갖 종류의 힘들을 하나의 힘과 연결시키려는 경향이 강력하게 나타나는 것은 부인할 수 없다. "범신론자들과 일원론자들은 태고적 전통의 유산들이다"(Pierre Saintyves, 1870~1935. 프랑스의 민속학자 — 역자 주).

브라흐만(brahman)은 우리들에게 인도 신비주의의 독특한 사변의 대상으로 알려져 있다. 인도 종교의 권위자의 한 분인 올덴버그(Hermann Oldenberg, 1854~1920. 독일의 인도학자, 불교학자 — 역자 주)에 의하면, 브라흐만의 뿌리는 우리가 지금까지 논의해 온 것과 같은 원시적 표상에 놓여 있다는 것이다. 그것은 "동시에 『베다』(Veda)의 말로서 속된 말과는 대립적인 『베다』의 말에, 그리고 속된 인간과는 달리 그 말을 소유하고 아는 바라문[사성 계급 가운데 최고 계급으로서, 힘으로서의 브라흐만과 같은 어원을 지닌 단어이다. 구별하기 위해서 한자 음역 바라문(婆羅門)으로 표기하였다. 범어로는 brāhmaṇa — 역자 주]들에 내재하는 성스럽고 켕기는 힘이다. … 그것은 유동체로서 … 한편으로는 성스러운 잠언이나 주문들 혹은 그와 비슷한 종류의 의례 속에 구현되는가 하면 다른 한편으로는 그 힘을 소유한 바라문 계급 속에 구현된다."

앞으로 우리가 더 자주 볼 수 있겠지만, 여기서도 일종의 힘의 분화현상을 볼 수 있다. 마치 **크샤트라**(kshatra) 힘이 제2계급인 귀족을 귀족으로, 즉 크샤트리아(kshatriya)로 만들듯이 브라흐만도 사람을 사제, 즉 바라문으로 만드는 것이다. 귀족의 무기는 세속적인 것으로서 병거, 창, 활과 화살이며, 사제들의 무기는 영적인 것으로서 제사 도구들이다. 바라문은 무엇보다도 성스러운 경전을 안다는 사실 때문에 "브라흐만의 소유자"가 되는 것이다. 이 경전은 힘으로 "장전되어" 있는 강력한 말들이기 때문이다(이로쿼이족의 "오렌다"도 역시 노래를 뜻하기도 한다):

"언사는 브라흐만이다."
"『리그 베다』의 구절도 한정되어 있고, 찬가의 구절도 한정되어 있고,
제사의 언귀들도 제한되어 있으나, 브라흐만은 한계를 모른다."
"신들은 브라흐만을 말한다."

이 본래적 의미의 "힘의 말"(29절 참조)을 통해서 그 힘을 소유한 사람은 신비롭고 초자연적인 힘을 행사한다. 여기서 인도적 사변이 등장하여 이 원시적인 마나를 세계를 움직이는 한 힘으로 만드는 것이다. 『리그 베다』에 의하면 사제는 "그의 브라흐만을 통하여 신들로 하여금 갈기 긴 말을 타고 '쏘마' 잔치(신들의 식사)에 가도록 한다". 그가 행사하는 그 힘의 말, 특히 성대한 제사를 드리면서 하는 그 말을 통하여 사제는 신이나 사람에 전혀 의존하지 않는 비인격체적 힘으로써 전세계를 지배할 수 있다. 신들의 형상이나 인간의 인격성은 뒷전으로 물러나고 성스러운 힘이 세계를 지배하는 것이다.

그리하여 하나의 특수한, 경험적으로 확인할 수 있는 힘이 세계의 신적인 힘으로 되어버린 것이다. 특수한 힘이든 세계의 힘이든 이 힘은 그것을 지닌 사람을 그 사람으로 만든다. 루돌프 옷토가 지적한 대로, 『오디세이아』(*Odyssey*)에 나오는 돼지치기 유마이오스(Eumaios)는 "신적"이라고 되어 있는데 그것은 돼지를 잘 치기 위하여 필요한 특별한 기술이 고대에서는 신적인 것이 아니

면 불가능하다고 생각했기 때문이다. 그러기에 그 힘은 거의 주술적 힘에 가까운 것이다.

인도에서는 잘 알려진 금욕을 통한 구원의 실천적 길도 역시 하나의 주술적 유동체처럼 여겨지는 특수한 힘을 요구한다. 고행을 통해서 **타파스**(tapas, 열)가 발생하는데 — 멜라네시아에서 마나가 들어 있는 물체의 열을 연상케 한다 — 그 열은 때때로 신들에게까지도 공포를 자아내는 것으로 되어 있다. 여기서도 역시 모든 분리된 것들을 하나로 결합하는 비인격체적 힘에로의 경향을 보이고 있는 것이다.

세계를 침투하고 있는 이 신적 에너지는 많은 종교들에서 법칙으로 이해된다. 여기에 오해가 생길 수 있다. 이 법이란 어떤 인격적 신이 우주를 다스리는 일종의 헌법 같은 것을 말하는 것이 아니다. 더군다나 사건들을 총괄하는 추상적 공식으로서의 현대적 자연법칙과는 거리가 멀다. 여기서 말하는 법은 살아 있는 신적 힘으로서 사물의 확고하고 규칙적인 진행 속에서 스스로를 나타내는 힘을 뜻한다.

세계의 힘에 대한 이러한 생각은 중국에서도 찾아볼 수 있다. 중국 사람들도 고대 로마인들처럼 그들의 신에 인격적 형태를 부여하지 않았다. 거기서는 **도**(Tao, 道)가 곧 법으로서, 그것에 따라 모든 것이 일어나는 만사의 영원한 배경이요, 우주의 가장 심오한 핵이다. "인간은 땅을 법하고, 땅은 하늘을 법하며, 하늘은 도를 법하고, 도는 자연을 법한다"(『도덕경』 25장). 이 조용한 힘이 무엇을 행한다고 주장해서는 안된다. 그것은 도를 너무나 인격적으로 생각하는 것이 될 것이다. 그러면서도 모든 것이 그것을 통해 이루어진다. "도는 영원히 행함이 없으나(無爲) 하지 않는 것은 아무것도 없다"(『도덕경』 37장). 마나의 무도덕적 성격이 여기서도 나타난다. 모든 것은 자연적으로 이루어지며 어떤 노력도 필요없다. 왜냐하면 행위란 응축된 성스러움을 손상시키기 때문이다. 신비적인 동기를 지닌 말이다. "위대한 도가 쇠하면 인(仁)과 의(義)*가 있

---

* 유교의 전형적인 덕목.

고, 지혜와 꾀가 나타나면 위선이 생긴다"(『도덕경』 18장). 소리도 없이 행함도 없이 인간 속에서 작용하는 이 신적 에너지의 신비적·정적주의적 도덕은 공자의 도덕주의와는 정반대의 입장에 선다. 공자에게는 인과 효, 그리고 지혜로운 행동이 모든 것이었다. 그는 또 도를 배울 수 있는 덕으로 만들었다.

『베다』의 종교에서는 **르타**(ṛta)가 중국의 도에 해당된다. 신의 법과 세계의 운행이 합쳐진다. 신들이 주는 도덕적 법칙과 자연현상이 동일한 원칙에 서 있다: 『리그 베다』에는 신들을 향하여 "당신들의 법(ṛta)은 세계의 운행(다시 ṛta) 뒤에 숨어 있으며, 당신들이 하늘의 말을 마차로부터 푸는 곳에 영원히 굳게 서 있습니다"라고 말하고 있다. 곧, 하늘 가운데 모든 세계 운행의 중심이자 우주의 심장이 있는 곳이다. 여기서도 생명의 원리는 역시 비인격체적이나, 다만 마나나 와칸다에 비해서 훨씬 더 이론적으로 인식된다. 이 원리는 종종 신들의 법으로 간주되나, 신들은 바로 자신들의 법 뒤로 물러선다. 신들이 완전히 사라질 필요는 없으나 그들의 역할은 훨씬 덜 중요하게 된다. 여기서는 인간의 종교적 열망은 인격적 신들의 환심을 사려는 것이 아니라 신적이고 확실한 규칙성의 안정을 추구한다: "우리가 믿을 수 있도록 해와 달은 규칙적으로 차례대로 운행하나이다, 오 인드라여!" 이런 형태의 신앙은 더 현대적인 발전 단계에서도 다시 등장한다. 여기서는 도덕적으로 선한 것보다는 적합한 것, 올바른 것보다는 규칙적인 것을 찾는다. 도덕이란 우주의 법칙과 일치하는 것에 있다: "르타를 고수하는 자는 정말로 르타를 얻나니, 르타의 힘은 광폭하고 호전적이다. … 르타는 원수들의 힘도 제압하고 … 르타의 지식은 거짓을 파헤친다."

이란에서는 르타에 해당하는 것이 **아샤**(asha)인데 질서, 자연의 운행 혹은 규범을 뜻한다.

그리스의 정신도 비슷하다. 자의적이요 너무나도 인간적인 아름다운 올림푸스 신들이 불러일으킨 도덕적 회의는 모든 것을 지배하는 신적 에너지의 비인격체적 안전성에서 그 피난처를 찾게 한다. 이른바 그리스적 "숙명론"이란 하나의 지어낸 얘기일 뿐이다. 우리가 비극의 주인공들에서 만나는 필연성이란

44 신

추상적이 아닌 살아 있는 에너지로서 그 비인격체적 힘에 있어서 매우 구체적인 것이다: 즉, 신(*ho theos*)이 아니라 신적인 것(*to theion*)이다. 물론 모이라(*moira*)는 어떤 특정한 신으로부터 나오는 것인 한 처음에는 단순히 신적 에너지였다. 아이스킬로스(Aeschylus)의 작품에서도 모이라는 제우스(Zeus)로부터 나오고, 『오디세이아』에서도 신들의 모이라가 페네로페(Penelope, 오디세이아의 정숙한 아내 — 역자 주)의 구애자들을 죽인다. 어떤 때는 모이라가 각 인간의 생명의 에너지 원천으로서 인격적으로 간주되기도 한다: 탄생의 여신인 아프로디테를 맏이(나이 많은)로 하는 세 모이라들은 신화나 동화에 나오는 어떤 특정한 사람의 생명을 보호하는 운명의 여신들 혹은 요정들에 속한다. 그러나 그외에도 모이라는 또 하나의 전혀 다른 의미를 얻었다. 종교적 그리스인들은 수많은 지방 누멘들(*numina*)이 우글거리는 가운데 모이라 속에서 그 통일성을 발견했다. 이 지방신들은 시인들이 분류하고 대가족으로 정리한 결과 많은 무리가 가해지고 어색하게 되어 안정감과 확고한 힘이 약해진 것이다. 그리하여 모이라는 "신적인 것"(*to theion*)과 나란히 신들이 활동하는 바탕과 근거가 된 것이다. 모이라는 이보다도 더 중요한 또 다른 성격을 가진다. 수많은 지방신과 여신들을 어떤 체계로 통일시키기 위해서는 여러 신적 신화들은 윤리성보다는 통일성을 더 강조할 필요가 있었다. 예를 들어, 제우스는 많은 자녀들의 아비가 되고 많은 아내들의 남편이 되어야만 했다. 올림푸스 신들의 계보에서 나타나는 부도덕성은 심각하게 생각하는 사람들로 하여금 신들의 지배 일반에 회의를 품게 만들었다. 선한 신들이 어떻게 인간과 세계를 이토록 불공정하게 취급할 수 있는가? 이와 같은 욥(구약성서 욥기의 주인공 — 역자 주)의 회의로부터 그리스 사람들을 구출한 것은 바로 이 비인격체적 모이라의 안전한 법칙성이었다. 아프로디테도 헤라도 어쩔 수 없는 모이라의 무감각성에서 그들은 궁극적인 통일성뿐만 아니라 이 뒤죽박죽이 된 세상에서 정의의 궁극적 승리를 보장받는 것이다. 그래서 아이스킬로스의 프로메테우스(Prometheus)는 제우스의 포악으로부터 구출되어 정의로운 미래를 약속받는다:

누가 필연성의 의자를 돌리는가?
모이라들과 항상 깨어 있는 에리니에스(Erinyes)가 아닌가?
그렇다면 제우스는 이들의 위대한 힘보다 약하단 말인가?
미리 정해진 것은 제우스도 피해 나올 수 없다.

만약 여기서 세계를 지배하는 법칙이 도덕성을 보장하는 것이라면 그리스에서는 그 역으로 도덕이 세계의 법칙에 흡수되는 또 다른 관점이 나타난다. 이오니아(Ionia) 철학자들 — 소크라테스 이전 — 은 모든 현상을 하나의 근원(archē)으로 환원시켰는데 그것은 최초의 힘이자 동시에 최초의 물질이었다. 따라서 하나의 에너지로서, 다른 발전 단계에서의 마나라 할 수 있다. 에페소(Ephesus)의 위대한 사상가 헤라클레이토스(Heracleitus)는 이 힘-물질을 전체-일자(一者)로 만들었는데 그 안에 모든 것이 포함된다. 무한한 변화("모든 것은 흐른다"), 규칙적인 이행 속에서 그 힘은 생명으로 나타난다. 그러나 그 변화는 법칙에 맞추어 일어난다. 겉으로 드러난 분리와 갈등 뒤에는 조화가 놓여 있다. 운동 뒤에 평정이 놓여 있다. "떨어져 나가던 것이 하나로 합치고, 여러 가지 음에서 가장 아름다운 조화가 생겨나며, 모든 것은 투쟁을 통하여 생겨난다"; "모든 것에서 하나, 하나에서 모든 것이"; 우주의 불은 정기적으로 켜졌다가 꺼지나 항상 동일하게 남아 있으며, 신이나 인간에 의해서 창조된 것이 아니다. 삶과 죽음은 단지 과정일 뿐, 이것도 역시 하나이다. "위로 올라가는 길이나 밑으로 내려가는 길이 하나요 동일하다." 그것은 영원히 법칙적이다: "헬리오스(Helios, 태양신)는 그 경계를 넘지 않는다; 디케(dikē, 정의)의 집행인 에리니에스에게 걸릴 것이다."

스토아 철학에서도 동일한 생각이 발견된다. 거기서는 법칙, 혹은 결정된 것(heimarmene)이 우주의 **로고스**(logos)로 작용한다. "그것에 따라 모든 이루어진 것은 이루어졌고, 이루어지는 것은 이루어지고, 그리고 이루어질 것은 이루어질 것이다"(Chrysippos). 모든 것을 이끌고 모든 것을 지고 가는 이 조용한 힘, 이 신적 에너지를 유리피데스(Euripides)만큼 아름답게 서술한 사람은

없을 것이다:

> 땅을 짊어지시고, 땅 위에 보좌를 정하신 당신,
> 영원히 파악할 수 없는 존재시여.
> 신, 혹은 자연법칙이라고 당신을 일컫는 것이 더 좋을는지요,
> 당신을 나는 세계의 이성이라고 부르리이다.
> 나 당신께 경배하며 예배하리.
> 당신은 조용히 걸으시며
> 인생을 그 합당한 목적지로 인도하시도다.

비슷하게 한 『우파니샤드』(*Upanishad*)에서도 말한다: "땅 위에 유하되 땅과는 다른 존재, 그에 대해서 땅은 아무것도 모른다. 땅은 그의 육체이니 그는 땅을 내적으로 조정한다. 그것은 내면에서 조정하는 당신의 영혼이며 영원불멸하다." 또 다른 『우파니샤드』에서는 말하기를 "일자(一者)는 부동적이지만 생각보다도 더 빠르며, 신들도 그를 따라잡지 못한다. … 가만히 서서 달리는 다른 자들을 앞지르며, 바람(atman)이 그 안에서 일한다".

마지막으로, 이 힘은 심리학적으로도 매우 중요하다. 원시인들은 자신의 힘과 자기 것이 아닌 다른 힘을 엄격하게 구별하지 않는다. 자신의 "영혼"은 다른 영혼과 마찬가지로 자신에게 하나의 힘이요, 다른 사람의 힘도 또한 영혼이다. 모이라(*moira*)는 현대 그리스어로 미라(*mira*)인데, 영혼을 뜻한다. 고대 게르만어의 함잉약스(hamingjax)는 처음부터 영혼이자 힘이었다. 그리하여 신, 영혼, 힘은 흔히 뒤섞이는 것이다.

정신적이고 물질적인 힘, 신으로부터 인간에게, 은혜를 입은 사람으로부터 그의 형제에게 흘러가는 어떤 유동체로서의 신적 생명에 대한 표상은 신약성서를 잘 아는 사람들에게도 생소하지 않다. 영, **프뉴마**(pneuma)는 신약에서 인간을 새로운 피조물로 만드는데, 주 그리스도와 연결됨으로써 단순히 비인격체적인 신적 힘이라는 표상을 초월한다: 주님은 영이시다(2고린 3,17). 그럼에도

불구하고 여기서 프뉴마는 유동체로 이해되는 것이 옳다: 그것은 인간을 "새로운 인간", 즉 "영적"인 존재로 만드는 것이다. 베터(G. P. Wetter)는 신약성서에 많이 나타나며 흔히 "은혜"라고 번역되는 **카리스**(charis)도 역시 보편적인 신적 힘을 뜻하는 것임을 보여주었다. 스테반(사도 6,8)은 은혜(charis)와 힘(dunamis)이 충만하여 백성들 사이에 기적을 행한 것으로 되어 있다. 여기서 힘은 아직 일반적인 의미로 하느님이 인간에게 부여하는 기적적 힘을 뜻하나, 바울로는 카리스라는 말을 특별히 믿음의 힘을 뜻하는 것으로 사용한다: 주께서 그에게 말씀하시기를 "내 은혜가 네게 족하도다. 이는 내 힘(dunamis)이 약한 데서 온전하여짐이라"(2고린 12,9). 여기서도 비인격체적인 힘이 인격체적 하느님과 연결되어 있고, 특히 그리스도와 연결되어 있다: 주 예수 그리스도의 카리스로 교회에게 문안했던 것이다.

프뉴마나 카리스 같은 영적 은사는 한 사람으로부터 다른 사람으로 전이될 수 있다(예를 들어 안수함으로). 그러나 이것은 교회가 스스로를 카리스의 소유자로 간주하면서 달라졌다. 즉, 하느님에 의하여 교회에 부여된 특수한 힘, 특별한 은사라는 뜻으로서의 카리스다. 초대 그리스도 교회는 이 점에 있어서 바울로나 복음서 기자들의 인격적 종교로부터 원시인들이 가지고 있었던 비인격체적 힘의 표상으로 되돌아갔다고 할 수 있다. 원시인들이 집단에 가입하는 성별을 받을 때나, 헬라인들이 밀의 종교에 참여하기 위해 성별을 받을 때 다시 태어나고 새로운 힘으로 충전되는 것처럼 그리스도인들도 세례를 받을 때 교회가 가지고 있는 힘에 참여하는 것이다. 로마 가톨릭의 성례에 관한 교리는 결국 "예수 그리스도의 은혜"를 거의 완전히 비인격체적인 영적·물질적인 힘으로 만들었으며, 사람들은 그것을 많든 적든 소유할 수 있고, 교회는 그 무한한 재고에서 그것을 마음대로 나누어 줄 수 있는 것처럼 만든 것이다.

다시 인도로 돌아가보자.

비인격체적 힘으로서의 **브라흐만**은 인도의 사변에서 힘, 우주의 영혼이 된다. 그것은 자아, 즉 **아트만**(atman)과 대치되나, 이 자아는 우주 속에 해체되기를 갈망하는 자아다. 이와 같은 신비적 관점은 브라흐만과 아트만, 즉 만물의 소재와 나의 소재를 "전체-일자"와 동일시하는 것에서 그 가장 높은 경지에 이른다. 언뜻 보기에는 세계가 자아와 대치된 것 같고 자아가 세계와 대치해 있는 것 같으나, 그것은 다만 외양으로만 그럴 뿐이다: tat tvam asi(그대가 바로 그것이다). 제사를 통하여 세계를 지배하는 힘이 바라문에게 주어진다는 사상이 발전의 다른 단계에서 여기에 다시 나타나는 것이다. 외적인 힘과 내적인 힘은 결국 하나다.

우리는 따라서 좀더 이론적인 관점이 실천적이고 종교적인 것 우위에 서게 되면 마나적인 힘이 일원론적 경향을 강하게 띠는 것을 볼 수 있다. 그럴 가능성은 이미 원시 단계에서도 나타남을 보았다. 외견상 다(多)의 세계로 보이는 것이 근본적으로 하나임을 깨달음으로써 구원을 얻는 인도적 구원론에서는 "인도적 마나 신앙을 나타내는 말인 브라흐만이 『우파니샤드』와 관념론적 일원론의 표어가 되고 말았다"(Söderblom).

모든 시대를 통하여 인간은 생동적 인격체보다는 비인격체적 힘을 선호했다. 현대의 많은 종교운동들도 비록 흔히 전체-일자의 관념으로 형태를 바꾸었지만 역시 힘에 대한 표상의 연장이거나 그 한 단계라 할 수 있다. 앞으로 이 책에서 반복해서 거론되겠지만 우선 생각나는 것 가운데 하나를 들어본다면, 요즘 많이 읽혀지고 많은 영향을 끼치고 있는 트라인(Trine, Ralph Waldo, 1866~1958. 미국의 철학자 — 역자 주)의 『무한의 장단에 맞추어』(In Tune with the Infinite)를 들 수 있다. 이미 "평화, 힘 그리고 넘침의 충만"이란 부제부터가 많은 것을 얘기해 주고 있다. 여기서 뜻하는 힘과 넘침도 마나와 같이 분화되지 않은 것이다. 그것을 통하여 사람들은 경건하고 선하며, 또 건강하고 성공적으로 되는 것이다. 무한과의 조화를 통하여 사람들은 경건도 배우고 부유하게 되는 기술도 배우는 것이다.

이러한 맥락에서 다음과 같은 문장은 설명을 필요로 하지 않는다: "어떤 의미에서 이 전체 우주에는 법칙 이외에 아무것도 없다. 만약 이것이 사실이라면, 모든 것 뒤에는 이 법칙들을 만든 **힘**이 필연적으로 존재할 것이며, 그것은 만들어진 법칙들보다 더 강력할 것이다." 트라인은 그 힘을 신이라 부른다. 신의 생명과 인간의 생명은 근본적으로 동일하다. 다만 정도의 차이만 있을 뿐이다. 힘은 다만 **하나**다. 인간의 힘은 골짜기에 있는 저수지로서 저 높은 곳에 있는 무진장의 저수지, 곧 신으로부터 물을 공급받는 것이다. 물은 동일한 물이나, 다만 양에 있어 차이가 날 뿐이다. 마나에 대해서 이보다 더 잘 서술할 수 있겠는가? 원시적 사고는 항상 다시 살아나고, 심지어 가장 현대적인 종교에서도 다시 나타난다.

제 5 절

힘있는 사물, 주물숭배

아이들은 어른들이 오만하고 뭐나 되는 줄 아는 것에 대하여 불만을 털어놓는다. 어른들은 심지어 자기들만이 사랑하는 주님을 독차지할 권리가 있다고 생각한다. 꼬마대장 한스의 생각으로는 주님이 어떤 어른과도 함께 계시는 것을 본 적이 없는데 바로 이게 문제라는 것이다. 어른들은 일에 너무 쫓기고 정신이 없어 사랑하는 주님을 쉽게 잃어버린다는 것이다. 사실 그들은 주님에 대해서 별로 관심도 없다. 아무래도 우리 아이들이 주님을 맡을 수밖에 없다. 사랑하는 주님이 없으면 큰일이니까 말이다. 우리가 모두 일곱이니까 한 사람이 하루씩 주님을 맡으면 주님은 내내 우리와 함께 계실 것이고, 거기다가 주님이 어디 계시는가도 우리가 정확하게 알게 되어 좋을 것이다. 그런데 어떻게 주님을 맡지? 그보다 더 쉬운 게 어디 있어! 모든 게 하나하나 주님일 수 있지. 적어도 그 물건에게 그렇게 말하기만 하면 되는 거지. 그리하여 아이들은 어머니의 골무가 은빛으로 빛나고 너무 예쁘니 사랑하는 주님으로 삼자고 했다. 아이들은 차례차례로 주님을 끼고 다녔는데, 꼬마 마리가 그만 사랑하는 주님을 잃어버렸지. …

이것은 릴케(Rilke)의 동화지만, 주물숭배(呪物崇拜, fetishism)의 심리를 잘 표현해 주고 있다. 신이라고 말만 한다면 모든 것이 신이 될 수 있다. 특히 아름답게 빛나면 신이 될 수 있는 것이다. 신을 주머니에 넣고 다닐 수 있다는 것은 얼마나 멋진 일인가? 호라시우스(Horatius)의 표현대로 그야말로 신을 품에 안고 다니는(in sinu ferens deos) 셈이다.

  비슷한 이야기가 또 하나 있다. 아프리카의 흑인 한 사람이 다음과 같이 말한다: "어떤 사람이 아주 중요한 일을 하기로 작정하면 우선 신에게 찾아가서 그 계획을 인정해 주기를 요구한다. 그때 그는 제일 먼저 보이는 것을 택한다. 개, 고양이 혹은 다른 어느 동물도 괜찮다. 가다가 부닥치는 무생물이라도 상관없다. 돌멩이, 나무토막 같은 것. 그는 그 자리에서 그것에게 선물을 주고, 그가 작정한 것이 성취된다면 항상 그를 섬기겠다고 엄숙하게 선언한다. 만약 성공한다면 그는 꽤 도움이 되는 신을 하나 발견한 셈이요, 그 신에게 그는 매일 제사를 드릴 것이다. 만약 그 일이 성취되지 못하면 그 신은 아무 가치도 없는 것으로 알아 그전처럼 그저 하나의 물건으로 취급되고 만다." 또 다른 흑인이 중요한 탐험 여행을 가다가 돌에 걸렸는데 그는 "아이고 당신이오?" 하고 말하면서 그에게 성공을 가져다줄 신이 된 그 돌을 집어 가지고 갔다.

인간이란 자기의 목적을 달성하기 위하여 어떤 힘을 찾는다. 그래서 힘으로 가득 차 있는 대상을 찾는데 가능하면 들고 다닐 수 있는 것을 찾는다. 호머의 그리스인들이 말하는 "신"과도 상관없고 어떤 영과도 관계없다. 어떤 다른 존재의 힘의 축적을 통해 자기 자신의 힘을 증가시키는 것만이 목적이다. 그러므로 사람이 스스로 주물을 하나 만들 수 있는 것이다. 아프리카 흑인들의 주물은 유명하다. 주물(fetish)이란 말 자체도 그들의 용어로부터 유래된 것이다[인공적이라는 뜻, 포르투갈어로 주술의 도구를 가리키는 feitico라는 말, 그리고 라틴어 *facer*에서 유래되었다. 드 브로쓰(de Brosses)는 이미 마술적, 주술에 걸린, 신적 혹은 신탁을 주는 물건(chose fée, enchantée, divine ou rendant des oracles)이라 했는데 올바른 지적이다]. 그 이후로 이 용어는 동물숭배 혹은 귀신숭배 전부를 지칭하는 것으로 확대 사용되었으나, 힘으로 가득 찬 대상을 숭배하는 것으로 국한하는 것이 바람직하다. 그런 힘을 지닌 물건들은 개인들만 도와 주는 것이 아니라 직분을 지닌 자, 가정, 심지어 국가도 도와 주는 것으로 되어 있다. 개인의 힘이 주로 주물에 집중되어 있는 것과 같이 직분, 가정, 부족, 국가의 힘도 특정한 성물에 있다고 생각한다. 우리가 어릴 때 들은 인디언 이야기에는 추장이나 주의(呪醫)의 약주머니가 등장한다. 푸에블로 인디언인 주니(Zuni)족 사제들이 가지고 다니는 약주머니는 말할 수 없이 성스러운 것으로 취급된다. 그것은 밀봉한 커다란 독에 넣어져 사제들의 집, 가구가 전혀 없는 안방에 보존된다. 그 주머니는 양쪽이 막힌 골풀 둘로 만들어졌는데 하나는 물로 채워져 있고 거기에는 조그마한 개구리가 들어 있어 헤엄을 치고 있으며 다른 것은 곡식으로 채워져 있다. 그리고 그 둘은 가공되지 않은 솜으로 겹겹이 싸여져 있다. 그 성스러운 방에는 예식을 주관하는 제관이나, 그 가정의 나이 많은 부인이나 젊은 처녀만 들어갈 수 있는데, 그들은 매 식사 전마다 이 주물에 음식을 대접한다. 누구든지 그 방에 들어가는 사람은 가죽신을 벗는다.

사이자(Saidja)와 아딘다(Adinda)의 이야기를 통하여 우리는 푸사카(pusaka)에 대하여 아는데 이것은 말레이시아 가정에서 대대로 내려오는 성물로서 대개 별로 비싸지 않은 여러 가지 종류의 물건들로 되어 있다. 덴마크에서는 란트자우(Rantzau) 가문에 대한 이야기가 있는데, 그 가문의 번영은 몇 개의 유물에 달려 있다는 것이다. 금술을 단 옷, 란트자우 백작부인이 언젠가 해산을 도와 준 대가로서 지하신으로부터 받은 금으로 만든 대검 등이다. 게르만족의 영웅 전설에서도 어떤 옷가지나 무기들이 특별한 힘을 지니고 있거나 행운을 가져다주는 것으로 취급되었다. 나겔링(Nagelring), 미뭉(Mimung), 에케작스(Eckesax), 엑스칼리버(Excalibur) 등의 아름다운 이름을 가진 칼들이 디트리히(Dieterich), 지그프리트(Siegfried) 혹은 비일란드(Wieland)나 아서(Arthur) 등을 무적의 영웅들로 만들었다는 이야기를 우리는 알고 있다.

팔라디온(palladion)은 한 국가의 주물로서, 조그마한 팔라스(Pallas, 아테네 여신의 별명 — 역자 주) 상으로서 반은 돌이고 반은 여자 가슴 모양으로 되어 있는데 트로이 시의 구원이 거기에 좌우된다고 믿는다. 만약 팔라디온이 도난당하면 트로이는 망하게 되어 있다. 인도네시아 군도의 말레이시아 부족도 **케베사란**(kebesaran, 거대함 혹은 힘이란 뜻을 가진 말)이라는 것을 가지고 있는데, 일종의 나라의 상징과 같은 것으로서 그것에 부족의 구원이 달려 있다고 한다. 나라를 통치하는 권위가 그것과 연결되어 있어서 그것을 소유하는 사람은 전국을 다스릴 수 있는 힘을 소유한다. 셀레베스(Celebes)의 루브(Luwu)에서 네덜란드에 대한 반란이 일어났을 때 네덜란드군 사령관이 그 상징을 소유하게 되자 진압된 일이 있다. 이스라엘 백성이 언약의 궤를 빼앗겼을 때 그것이 국민들에게 얼마나 큰 낙망을 주었는가를 우리는 잘 알고 있다. 사실 언약궤는 그 자체가 하느님 자신으로서 백성과 함께 같이 갔으며 그들과 함께 일어나고 쉬었다(민수 10,35). 남아프리카의 아만데벨레(Amandebele) 종족에는 그들 나라의 팔라디온 상이라고 할 수 있는 **맘찰리**(mamchali)라고 하는 아귀 없는 바구니가 파괴된다는 것은 믿을 수 없는 일이다. 그들은 지금도 그것이 어느 다른 나라에 숨겨져 있다고 믿고 있다. 멀리 갈 것이 아니라 우리와 가까운 곳에서도 이러한 생각들이 상당히 많이 확산되어 있음을 알 수 있다. 랑케(Ranke)의 『세계사』를 보면 신성로마 제국의 상징물은 성물로 간주되어서, 그것을 경례하기 위한 행진이 이루어지며 그것이 백성들에게 보여지는 날은 경축일이 된다. 황제의 자리를 놓고 수많은 경쟁자들이 끊임없이 다투는 가운데서 누가 제국의 상징인 사과와 왕관(orb), 검과 왕홀(scepter)을 소유하느냐는 매우 중요하였다.

로마 왕 누마(Numa, 기원전 715~673, 제2대 왕)의 치하에서는 하늘에서 한 방패가 떨어진 것으로 되어 있었다. 그것이 떨어진 자리에 패권이 있다는 것을 신탁을 아는 교활한 왕은 알고 있었다. 그는 어떤 정복자가 그 방패의 가치를 알아차리고 그것을 전리품으로 가지고 가지 못하게 하기 위하여 사람들로 하여금 그와 비슷한 방패 열한 개를 만들게 하였다. 이 방패와 함께 로마에서는 "마르스(Mars)의 상"이란 창도 숭배의 대상이 되었다. 마르스는 피어나는 젊은 생명의 신으로서 자연에서는 신록의 계절인 봄에, 그리고 로마인들의 새로운 정복을 위한 의욕 속에 나타나는 신이었다. 창이란 좀 독특한 신상이다. 그것은 오히려 하나의 주물신(dieu-fetiche)적인 것이다. 아주 옛날에는 야전사령관이 전쟁을 시작하기 전에 마르스의 신전에 가서 성스러운 방패를 흔들면서 그 창을 만지며 "눈을 뜨소서, 마르스여"라고 말했다. 이들 무기들은 제국의 담보(pignora imperii)라고 불렸다. 하필 무기가 부족 혹은 제국의 주물로 작용하게 된 것은 그리 이상한 일이 아니다. 무기란 인간에게 예로부터 어떤 신비스러운 인상을 주어왔다. 마치 그 무기를 사용하는 사람의 힘보다 더 큰 효력이 있는 것 같은 인상을 주는 것이다. 연장이나 농기구들과 마찬가지로 무기에서도 특이한 초자연적인 힘이 작용하는 것이 틀림없다고 생각했다. 원시인들은 모든 것을 주술적으로 본다. 자기들 스스로가 하는 것까지도 신비로운 힘의 작용에 의한 것이라고 보았다. 자신의 연장들이 해놓은 것에 감탄한 나머지 자신이 만들어 놓은 것 앞에 절을 하는 것이다. 게르만족들의 목제 신상들은 사실 막대기나 곤봉이 발전한 것으로서 사람들이 스스로 깎아 만들어서 숭배하는 나무둥치에 불과하다. 리투아니아어에서는 아직도 **스타바스**(stābas, 게르만어에서 온 것)와 "우상"은 같은 것이다. 플루타르크에 의하면 페라에(Pherae)의 폭군 알렉산더는 자기가 삼촌 폴리폰을 죽인 창에다 월계관을 씌우고 하나의 신으로 그것에 제사를 드렸다 한다. 그리고 그것을 **티콘**(tychon)이라 불렀는데 행운을 가져오는 것이란 뜻이다. 서아프리카의 에베(Ewe)족은 갈퀴 · 망치 · 도끼 · 톱 등을 숭배하고, 미국 서북부의 틀린기트(Tlingit)족은 낚시와 낚시줄을 숭배한다. 수마트라의 토바 바탁(Toba-Batak)인들 사이에는 대장장이는 그들의 쇠 연장을, 어부들은 그들의 카누를, 사냥꾼은 그들의 총을, 그리고 목수는 그들의 연장을 숭배한다. 자바 사람들은 그들의 손수레와 다리 기둥에 꽃을 바친다. 여기서 보이는 것은 생명 에너지의 숭배로서, 그 소박성은 주물-신을 가능한 한 가까이 모시려는 노력 못지않게 감동적이다.

 이와 비슷한 노력은 모든 시대, 많은 민족 사이에 존재하는 **부적**(amulett)에서도 나타난다. 심지어 현대인들조차도 자신을 보호하는 힘을 가까이할 필요를 느낀다. 독일군이 파리를 폭격했을 때 네넷트(Nénette)와 랭땡땡(Rintintin)이란 유리 구슬로 만든 두 종류의 인형이 잘 팔렸다 한다. 우리 비행사들은 곰 인형을, 우리 운전사들은 빌리켄(billiken, 행운을 가져다준다는 구리로 만든 가면 — 역자 주)을 그들의 기계에다 달고 다닌다. 우리 현대인들이 그것들에 대해서 슬그머니 미소짓는 것은 이 원시적 유습을 조롱하는 것 못지않게 경탄하기 때문이다. 릴케가 말한 골무신은 어른들에게서도 가끔 찾아볼 수 있다. 1925년 니스에서 개최된 선교 전시회에서는 많은 주물들이 진열되었다. 상당히 많은 사람들이 돈은 얼마든지 지불하든 그것들을 사려고 했다. 판

매가 거절되자 그것을 훔치려는 사람까지 있어 약탈을 당하지 않기 위하여 삼엄한 경비까지 세웠다.

주물숭배의 또 하나의 형태는 **유골**(relic)숭배이다. 이러한 물건에 모여 있는 힘은 마나(mana)를 많이 소유했던 사람들의 힘이다. 그리스도교에서는 그런 사람을 성인이라 하고 그리스인들은 **영웅**이라 하였다. 아테네의 영웅 테세우스(Theseus)의 유골은 스키로스(Skyros)에서 자기의 고향 도시로 옮겨졌는데 도시의 운명이 그러한 위대한 인물의 힘이 집중되어 있는 유골에 의하여 결정된다고 믿었기 때문이다. 그러므로 아테네 사람들은 소포클레스(Sophokles)의 연극을 매우 좋아했다. 그것은 외디푸스(Oedipus)가 그들 가까이 콜로노스(Colonos)에 묻히는 것으로 되어 있기 때문이다. 모든 도시가 좋은 것을 조금씩이라도 가지려 하기 때문에 가톨릭 성인들의 유해들은 가끔 여러 부분으로 나뉘어진다. 그리고 그때문에 유골을 소유하려고 가끔 다투기도 한다. 불교에서도 유골에 대한 숭배가 상당히 확산되어 있다. 특히 붇다의 치아는 많은 숭배의 대상이 된다. 세일론에서는 그 치아 때문에 축제가 벌어진다. "파고다"(pagoda)란 말은 산스크리트어의 "다투 가르바"(dhatu garbha)란 말에서 잘못 파생된 말로서, 다름아닌 유골을 모신 사당을 가리킨다(20절을 보라).

성인들을 특히 이방인들 가운데서 찾으려고 노력했던 문예부흥 시대 사람들은 고대 그리스와 로마 성인들의 경우 흔히 원시적인 수단을 동원했다. 나폴리의 알폰수스(Alphonsus) 대공은 베네치아 사람들로부터 리비우스(Livius)의 팔뼈 한 조각을 겨우 빼앗아 그것을 숭배하였다. 인문주의 못지않게 감리교에서도 때때로 원시적인 관습이 보인다: 예를 들어 미국의 대중 설교가 빌리 썬데이(Billy Sunday)가 열변을 토하면서 설교하다가 부엌 의자를 때려 부수면 — 이런 일이 흔히 있었던 것 같다 — 앞줄에 앉은 사람들이 그 부서진 의자 조각을 서로 가지려고 다투곤 한다. 어떤 사람은 의자 다리를, 다른 사람은 의자 등받이를 가지고 즐겁게 집으로 돌아간다. 원시적인 의미에서나 현대적인 의미에서나 힘이 최고라는 사상이 의심없이 지배하고 있는 것이다.

제 6 절

힘있는 세계,
성스러운 나무와 돌, 성스러운 물과 불

한때는 당시 발견된 인도의 『베다』 신화의 보고에서 인상을 받아 모든 종교적 표상들은 자연현상으로 설명될 수 있다고 생각한 경우가 있었는데, 이제 그런 시대는 완전히 지나가버렸다. 모든 신은 예외없이 태양신 내지 월신이요, 모든 여신은 새벽을 신격화한 것이요, 모든 신령들은 구름을 신격화한 것이라야만 한다는 생각은 이제 옛날 일이다. 나무숭배는 모두 하늘의 나무를 예배하는 것이요, 그 나무의 잎이 구름이며, 가지는 햇빛, 그리고 열매는 별이란 설명은 이제 옛날 이야기가 되고 말았다. 그리고 특히 완전히 낡은 것으로 되어버린 또 하나의 관점은 모든 어근들이 인격체적 행동을 표현한다는 사실에 모든 종교 혹은 적어도 신화가 근거해 있다는 설명이다. 예를 들어 바다에 대해서는 "바다가 넘실거린다", 바람에 대해서는 "바람이 분다" 등의 표현을 쓰는데, 그것은 사실 바다나 바람에 관한 본래적 표현이 아니며 문자적으로 이해하면 한 인격체적 존재의 행동을 전제하는 듯하다. 그래서 옛날 사람들은 이런 표현들을 문자적으로 이해해서 바다나 바람을 실제 인격체로 오해한 것에 종교나 신화가 근거해 있다는 주장이다. 그러나 언어의 어떤 특성 때문에 종교가 시작되지는 않으며, 심지어 오해가 있었다 해도 종교가 생겨나지는 않는다. "언어의 병" 혹은 "사유의 병"으로부터 종교의 근원을 찾는 것(막스 뮐러의 설)은 편견에서 나온 것이다. 언어의 병, 혹은 사유의 병이란 미리 전제된 발전과정의 시초가 되기에는 너무 복잡하고 놀라운 현상이다. 더 중요한 사실은 종교 외적 현상들에 의하여 **종교를 설명**하려는 시도는 이제 포기되고 있다는 사실이다. 즉, 앞의 경우처럼 자연현상을 설명하려는 충동으로부터 종교를 설명하려고 하는 시대는 이제 지나가고 말았다. 인간의 종교적 의식은 언제나 자연을 향해 있었지만, 그러나 그것은 자연에서 누구에게나 다 가시적이 아닌 그 무엇을 찾아내려 한 것이었음을 학자들이 인식하기 시작한 것이다. 즉, 종교는 자연적 현상의 신적인 배경을 찾으려 한 것이다. 자연 그 자체가 아니라 자연 안에 있는 신을 찾는 것이다. 종교적 사색도, 예를 들어 이오니아 자연철학자들도 바로 자연 안의 신에 대한 것이었다. 탈레스(Thales), 아낙시메네스(Anaximenes) 그리고 헤라클레이토스(Heracleitus)는 물·공기 혹은 불로부터 모든 것을 "설명한" 현대적 자연 연구자들이 아니었고, 물·공기·불 등의 요소들 그 자체를 숭배하는 사람들도 아니었다. 그들이 생각한 근원들(archai), 즉 세계의 모든 현상이 그리로 환원되는 힘의 물질들은 원질이요 원리요 신적 에너지였다. 소위 "자연종교" — 우리가 이 용어를 구태여 사용해야 한다면 — 에서 문제가 되는 것은 언제나 자연 생명의 최종 기초 혹은 근원이었다. 자연종교에 대해서 아마도 가장 잘 이해했던 사람은 괴테였다:

무한한 자연이여, 내가 그대를 어디서 잡을 것인가?
그대의 젖가슴은 어디에 있는가? 모든 생명의 근원인 그대,
하늘과 땅이 거기에 달려 있고
시든 가슴이 그곳으로 나아가네.

일상적인 의미로서의 "불을 숭배하는 자", "태양을 숭배하는 자"는 원시인들 가운데도 없었고 현대인 사이에도 없다.

그래서 종교적인 사람은 나무와 식물들에서 자연물을 보지 않고 그것들을 직접적으로 인간의 생명과 관계해서 인간의 생명의 연속성과 평행하는 것으로, 혹은 그 보증으로서 보는 것이다. 나무숭배에 대한 그의 유명한 연구에서 빌헬름 만하르트(Wilhelm Mannhardt, 1831~1880. 독일의 민속학자, 종교사학자 — 역자 주)는 "나무가 자란다는 것을 관찰함으로써 원시인은 자신과 나무 사이에 근본적인 동질성이 있다는 결론을 내리며, 따라서 나무도 자신과 같이

영혼이 있다고 생각한다"라고 말했다. 인도네시아에서는 사람들이 식물들의 영혼 물질(21절을 보라)이 인간의 그것과 본질적으로 다르지 않다고 생각한다. 쌀의 영혼과 사람의 영혼에 같은 단어가 사용된다. 그런 생각에서 생명나무란 표상이 만들어지는 것이다. 아이가 태어날 때 나무 한 그루를 심는다. 아이와 나무는 서로 같이 자라며, 두 생명은 서로 연결된 것으로 본다. 그 가운데 하나의 흥망성쇠와 죽고 삶이 다른 하나에도 적용되는 것이다. 이런 표상은 게르만-슬라브족들의 풍속과 이야기에도 보이고, 서부 아프리카와 인도네시아, 뉴기니아와 로앙고(Loango)에까지 퍼져 있다. 『라인 지방의 집 친구의 보물상자』란 책에서 정감 넘치면서도 냉철한 헤벨(Hebel, 1760~1826. 독일의 작가 ― 역자 주)은 그의 보좌역의 소시민적 이상을 그리면서 실은 인간과 나무의 생명이 하나라는 관념의 잔재를 보여주고 있다: "내가 돈을 좀 벌어 내 땅 조각을 하나 사고, 장모의 딸을 아내로 맞아들일 수 있고, 사랑하는 하느님이 나에게 자녀를 주신다면, 나는 아이들 하나하나에게 자기 나무 한 그루씩을 지정해 줄 것입니다. 그 나무는 아이들과 같은 이름을 가져야지요. 루드비히, 요한네스, 헨리에테 등으로. 그리고 그 나무는 그들 자신의 최초의 재산이요 자본이 될 것이며, 나는 그들이 같이 자라고 같이 번성하며 해마다 더 아름다워지도록 돌볼 것입니다. 그리고 몇 년 후에는 그 녀석들이 자기들 자본에 들러붙어 그 이자를 따먹도록 돌볼 것입니다." 여자가 비옥한 땅 혹은 꽃이나 꽃봉오리에 비유되는 일은 많은 문학작품에 나타난다. 『아베스타』(Avesta)에서도, 『베다』에서도 볼 수 있고 이집트의 시와 그리스의 비극에서도 찾아볼 수 있다. 그리고 아직도 『장미 이야기』(Roman de la Rose)에서도, 민요에서도, 동화에서도, 심지어는 현대시에도 시들지 않고 살아 있다(어린이가 보았네 들에 핀 장미화!). 이런 비유는 한때 단순한 비유 이상이었다. 옛날 혹은 현대 많은 민속에서 한 화초나 나무는 식물의 세계나 인간 세계에서 자연에 있는 젊은 생명의 소지자 역할을 한다. 이미 고대 이집트나 크레타에서 성스러운 나무를 심거나 뽑아내는 것은 자연의 번성 혹은 죽음을 상징하였다. 네덜란드의 어떤 지역에는 오늘날도 오월 축제목이나 종려나무를(네덜란드어 palmpaasch) 봄 소식을 전하는 전령으로 생각하고 있다. 그리스에서는 건강을 가져다주는 오월의 가지 **휘기에이아**(Hygieia)와 **바코스**(Bakchos, Bacchus)도 신이 되기 전에는 비밀 의례에서 들고 다니던 나뭇가지였다. 비밀 의례에는 성스러운 올리브 나무 가지인 에이레시오네(eiresione)에다가 양털의 관을 씌우고 들에서 수확한 첫 열매를 달아 들고 다녔다:

> 에이레시오네는 무화과와 기름진 과자를 가져오고,
> 꿀과 상처에 바를 기름을 가져오며,
> 그녀가 마시고 잠들도록 물 타지 않은 포도주 잔을 가져온다.

복을 가져오는 자로서의 오월 가지는 사람의 모습을 취할 수도 있었다. 그러면 그것은 오월의 왕 혹은 오월의 여왕으로 그 계절의 구주(救主)가 되는 것이다(17절을 보라). 원시인이나 고대인들의 의식에는 나무와 신이 오늘날 우리에게처럼 그렇게 서로 상관없는 존재들이 아니었다. 아름다운 헬레나는 트로이 전쟁의 원인을 제공하기 전에는 하나의 성스러운 플라타너스 나무였다. 도자기에 그려진 디오니소스(Dionysus)는 아직도 반은 인간 반은 나무 혹은 기둥임을 볼 수 있다. 이집트의 구주 오시리스의 시체로부터 나뭇가지와 이삭이 솟아나온다. 순박한 민속시에는 심지어 그리스도의 구원조차도 싱그러운 자연의 구원과 관계시키지 않고는 표상할 수 없었다. 이새 가지에서 돋아난 순을 이용한 메시아에 대한 예언(이사 11.10)과 썩어지는 밀알의 비유가 그런 계기를 제공한 것이다. 십자가도 에덴 동산의 선악을 아는 나무 둥치에서 돋아난 생명나무다. 중세의 상상에는 십자가가 뿌리, 잎 그리고 과일이 달린 것으로 나타난다. 시인들은 그것을 오월 나무로 그려놓았다:

> 길 위에 세워 둔 오월목
> 높이 솟은 산 위에
> 누구든 마음대로

그 향기로운 오월 십자가를 볼 수 있네.
오월목 가지 널리 퍼지고
붉은 장미같이 아름다운 꽃이 피었네.
누구든지 거기서 자기 죄를 회개하면
이 나무 아래서 안식을 얻겠네.

그리고 17세기로부터 전해오는 아름다운 노래는 구세주를 봄과 같이 땅으로부터 불러낸다:

오 대지여, 움터라, 움터라, 오 대지여,
산과 골짜기가 온통 초록이 되도록.
대지여, 이 꽃망울을 내어놓아라,
오 구세주여, 땅에서 솟아나오소서!

태고의 종교적 사고방식과 표상이 여기에 아직 들려온다. 그리스인들의 봄의 구주인 아폴로와 디오니소스도 이와 똑같은 열정적인 갈망으로 "대지로부터" 불려나왔다. 역으로 사람들은 식물이 자라는 것을 그리스도의 삶과 고난에 연결시켰다. 프란슈꽁트(Franchecomte)에서는 밭의 생명력이 집결되어 있다고 믿는 마지막 곡식단을 **고난의 단**이라 부르고, 성별된 십자가를 꽂은 마지막 수레에 실어 집으로 수송한다.

그리하여 식물은 인간의 생명을 상징하고 식물의 생명은 인간적 형태를 취하게 된다. 원시문화에서는 식물의 영역과 인간의 영역이 아직도 분리되지 않았음을 보게 된다. 인도네시아의 어떤 지역에서는 식물을 심기 위해서 구덩이를 팔 때, 남자의 성기 모양을 한 연장이 사용된다. 남자는 구멍을 파고 여자는 씨를 뿌린다. 따라서 식물을 심는 일은 일종의 성행위인 것이다. 서부 토라쟈 지역에서는 마지막으로 벤 벼 가운데서 가장 큰 단을 "어미 벼"라 부르고 제일 작은 단을 "아비 벼"라 한다. 어떤 부족은 벼가리를 여자의 유방처럼 만들고,

붉은 벽로 젖꼭지까지 만들어 올려놓는다.

　마지막으로, 신적 생명의 소지자로서의 나무는 생명 일반의 상징이 된다. 한 지역의 성스러운 나무가 세계나무가 된다. 고대 게르만족이 상상한 세계나무인 **이그드라질**(Yggdrasil)은 처음에 가정이나 마을을 수호하는 나무로서 전 인류를 수호하는 세계나무, 혹은 세계 생명의 소지자로 변한 것이다. 사실 생명나무는 많은 종교에서 볼 수 있다. 고대 이집트인들은 하늘 동쪽에 높은 뽕나무가 있다고 믿었고, "그 위에 신들이 앉아 있다"고 생각하였다. 신들과 마찬가지로 죽은 사람들도 그 힘으로 살아간다고 생각했다. 아늑한 마을 광장에 온갖 장식을 다한 울타리에 둘러싸여 서 있는 빌헬미나(Wilhelmina) 나무 혹은 율리아나(Juliana) 나무(이들은 최근의 네덜란드 여왕들 — 역자 주)도 한때 강력한 힘을 발휘했던 종교적 표상의 희미한 자취라 할 수 있다.

　나무와 마찬가지로 특별한, 말하자면 이상한 모양을 가졌다거나 출처가 특이한 돌(운석)도 숭배의 대상이 되었다. 구약성서에도 "세운 돌"(masseben)에 기름 붓는 사실이 나타난다. 로마인들은 **주피터 석**(Jupiter Lapis)을 숭배했고, 그리스인들은 남자 성기 모양의 기둥 형태인 **길의 수호자 아폴로**(Apollo Aguieus)를 섬겼다. 프락시텔레스(Praxiteles, 아프로디테의 상을 조각한 아테네의 조각가 — 역자 주)의 헤르메스 상은 그 아름다움은 별개로 하고 길가에 있는 돌무더기 **헤르마**(herma)에서 그 유래를 발견한다. 지나가는 사람이 돌멩이나 나뭇가지를 그 돌무더기에 던지는 풍속이 있었다. 남아프리카의 아만데벨레족에게도 그런 풍속이 있다.

　그런 성스러운 돌은 사람들이 발견해야 한다. 야곱은 그가 특이한 꿈을 꾼 뒤에 그가 베고 잤던 돌이 성스러운 돌임을 확인했다. 그 돌이 "엘"(하느님 — 역자 주)의 집, **벧엘**(Bethel), 즉 신의 힘이 내재하는 곳으로 보인 것이다. 그러한 돌이 그 다음 제의나 공동체 생활에서 어떤 기능을 하게 되는 것이다. 셀레베스에는 마을의 돌이 있는데 주로 남자의 모습을 한 것과 여자의 모습을 한 것으로 되어 있다. 그 돌 위에서 군주들이 즉위식을 거행한다. 어떤 때는 그 돌이 하늘에서 떨어진 것으로 인정된다. 아테네의 아레오파구스에서는 피고가

휘브리스(Hubris) 돌 위에 서고 원고가 **아나이데이아**(Anaideia) 돌 위에 선다. 사람은 돌로부터 자신들의 힘을 획득하는 것으로 믿었다. 돌숭배의 가장 거대한 형태는 이집트의 그 거대한 오벨리스크 숭배였는데, 그것은 처음에는 남자 성기였으나, 역사시대에 들어옴에 따라 태양의 생명이 구체화된 것으로 받아들여졌다. 피라미드는 다름아닌 이 돌의 변형에 불과하다.

돌숭배에는 금속물숭배도 속해 있다. 금속도 인간의 생명과 관계가 있고, 인간의 생명 또한 금속과 관계된 것으로 믿어졌다. 금속물도 성 구별이 있고 결혼도 하는 것으로 되어 있다. 그리고 그들이 성숙하면 자식을 낳는 것으로 되어 있다. 연금술의 사고방식도 전적으로 이런 상상에 근거해 있다. 금속을 어떻게 잘 접합시켜 금을 낳도록 할 수 있게 하려는 것이었다.

인간은 평지에 살고 신들은 **산**에 산다. 바빌론과 일본에 그런 믿음이 있었다. 호쿠사이(Hokusai, 北齋)가 그린 아름다운 후지 산 그림을 알지만, 그 산은 성스러운 산으로서 여름에는 수많은 순례자들이 찾아들고 기차를 타고 그 옆으로 빨리 지나가는 사람들조차도 머리를 숙이거나 묵념으로 예배한다. 성스러운 산 후지에 오르는 것은 종교적인 행위며 영적인 안내자가 필요하다. 후지는 창조세계의 영적 중심지다. 그리스에서도 처음에는 산 그 자체가 성스러웠다. 지역마다 그 자신의 성스러운 산을 가지고 있었고 심지어는 몇 지역이 합쳐서 자체의 올림푸스 산을 가졌으나 나중에는 거대한 신들의 가족이 올림푸스 산을 덮었다. 구약에도 신들의 산들과 "나의 거룩한 자의 산"이 언급된다. 이런 표현에는 웅장하고, 세상에서 멀리 떨어져 있으며, 거대하고 고고한 산정을 숭배하는 심리적 근거가 엿보인다. 산은 우주적인 차원으로 그 크기가 확대될 수 있다. 바빌로니아와 특히 이집트인들에게는 산과 언덕이 땅의 배꼽, 태초의 언덕으로서 혼돈의 물에서 제일 먼저 머리를 쳐든 것으로 생각되었다. 산은 곧 땅 전체의 상징이 된 것이다.

잔 다르크의 재판에서 그녀는 성 카타리나와 성 말가레타가 "나무 밑에서" 자기에게 말한 적이 있는가를 말하라고 추궁을 받는다. 만약 그랬다면 그녀가 가진 영감은 이교도적이고 마귀에게서 온 것으로 판명되는 것이다. 그로 보아서 사람들은 아직도 "마술의 나무"(arbre fee)와 그 뿌리에 있는 샘이 중심이 된 옛날 종교적 세계를 염두에 두고 있음을 알 수 있다. 성스러운 나무의 그늘 아래 혹은, 성스러운 산 밑에는 성스러운 물이 솟아나는 것으로 되어 있기 때문이다. 샘물과 냇물도 항상 숭배의 대상이 되어 왔다. 열매를 맺게 하고 깨끗하게 씻는 생수는 종교적 표상 속에서 생명수가 되어 영생을 주는 것으로 믿는 것이다. 오시리스는 죽은 이집트 사람들에게 생명의 시원한 물을 제공한다. 요한 복음도 "영생에 이르도록 솟아나는 샘물"을 말하고 있다. 세례 때 사용하는 물도 정화하고 재생시키는 힘을 가진 것이다. 고대 그리스도교 의식에서는 세례수를 성별할 때 물에다 부활절 초를 꽂음으로 그 물을 "잉태"케 했는데, 이것은 분명히 성적인 상징이다.

어린이들의 동화나 전설에서도 그런 어린이다운 상상을 발견할 수 있다. **젊음의 샘**(Jungbrunnen) 혹은 **젊음의 물**(Eau de Jouvence)은 노인들을 젊게 만든다. 그런 값비싼 생명수가 동화의 주인공을 때를 맞추어 아주 쉽게 다시 살려내는 것이다.

불도 또한 거룩하다. 로마의 화로 베스타(Vesta)의 여사제들은 나라의 화덕에 물과 불을 돌보는 역할을 했다. 이것은 아득한 옛날부터 화덕에 불을 보존하고 샘에서 물을 길어오는 것이 성스러운 임무로 되어 있는 가정의 딸들의 모습을 그들의 성스러운 단체가 구현하는 것이다. 그러나 불이 제아무리 못지않게 성스러운 것이라 해도 나무, 산, 혹은 물과는 다른 성격을 가지고 있다. 사람이 불을 피운다. 그러므로 그것은 인간의 소유요 프로메테우스의 선물이다. 키플링은 그의 『밀림 이야기』(Jungle-Book)에서 짐승들 사이에서 자라고 늑대들에 의하여 성장된 아이가 마침내 범과 싸우는 이야기를 재미있게 그리고 있다. 겉보기에는 무력하기 짝이 없는 아이가 짐승들 사이에 서 있지만, 붉은 꽃, 즉 불을 가지고 범을 겁나게 하는 방법을 알고 있었다: "나는 사람으로서 여기에 붉은 꽃 조금 가져왔다. 너희 개들은 이것을 두려워하고 있다." 원시인은 불을 지필 때, 스스로의 가치를 느낀다. 스스로도 놀라는 힘을 창조하는 것이다. 수리남의 숲에서 사는 흑인이 한 유럽인에게 말했다. "물 없이는 사람이 살 수 없지요." "물론이죠, 그러나 불 없이도 못살지요"라고 유럽인은 대답했다. "천만에요. 불을 물에다 비교할 수는 없지요. 사람은 항상 불을 만들 수 있지만, 물은 저 위에 있는 분만 만들 수 있어요. 인간, 초목, 짐승 등 모든 생물은 물 없이는 살 수 없지만, 사람만 불 없이는 어렵지요."

사실, 불은 인간에게만 독특한 힘이다. 그렇다고 하여 그것이 결코 덜 신성한 것은 아니다. 그것은 인간이 발견해야 하고 보존해야 한다. 원시시대의 농부는 외로운 농가에서 그의 딸들로 하여금 화덕의 불을 제단의 영원한 불과 같이 보존하도록 하였다. 사실 제단의 불이란 것도 보통 화덕의 보통 불과 별다름이 없는 것이다. 게르만과 슬라브인들의 나라들에서는 성 요한의 날에 마른 나무 두 토막을 서로 문질러 불을 새로 만들어서 화덕에 새 불을 지핀다. 정해진 때가 아니라도 새로운 생명이 시작되어야 함을 알리는 어떤 특별한 재앙이 일어날 것 같으면, 사람들은 역시 그런 방법으로 불을 만들었다. 그것은 "위기의 불"이다. 이런 사고방식에서는 불이 곧 생명 그 자체였다. 화덕에 불이 꺼지면 온기와 빛이 사라지는 것이다. 로마 제국에서 베스타의 불이 어떤 의미를 가지고 있었는가를 우리는 안다. 플루타르코스는 만약 아테네나 델피 신전에 불이 꺼지면 다만 태양의 불로만 다시 지펴야 한다고 말하고 있다.

낫체즈(Natchez) 인디언들은 "약" 불을 보존했는데 그 불이 꺼지지 않는 한 그들 부족은 멸망하지 않는다고 믿었다. 밤에 그 불을 지켜야 할 소년이 애인에게 간 동안에 불이 꺼지고 말았다. 낫체즈족은 거의 망한 것이나 다름없다. 그러니 철학이 눈을 뜰 때 불이 **원초적 질료**(archē), 세계 생명의 원리로 인식되었다는 사실은 그리 놀랄 일이 아니다. 헤라클레이토스는 삶에서 죽음으로, 그리고 죽음에서 삶으로 끊임없이 변하는 생명을 주기적으로 꺼지고 켜지는 불에다 비유했다. 인도의 『베다』에서만큼 경건이 그렇게 열렬하게 불의 힘으로 향해 있는 것도 찾아보기 힘들다. 마찰로 말미암아 생긴 아그니(Agni)는 모든 것에 내재하는 생명의 힘으로 숭배된다. "아그니는 땅에, 나무에 있으며, 아그니는 물을 간직하고 있으며, 사람 속에, 소와 말에 있다. … 금빛 보석처럼 그것은 빛나고, 한없이 넓은 지역에 없어지지 않는 건강을 발한다. … 힘의 아들인 당신이여, 당신 안에 모든 신들이 존재하나이다. … 우리를 유혹에서, 어리석음에서, 적개심에서 그리고 모든 위험에서 벗어나게 하시고, 우리에게 부와 아들들을 내려주소서." 모든 것에 존재하는 위대한 불, 태양으로서 하늘에서 빛을 발하고, 생명의 열기로서 모든 피조물에게 생기를 불어넣어 주는 불에 스스로가 참여할 수 있다는 생각이 인도 사람들에게 매우 매혹적이었던 것이다. 그러나 그들은 두 나무 토막을 비벼서 아그니를 생성시킨다. 성전(聖典, 즉 『베다』)에 의하면, 아그니는 가장 훌륭한 사제이다. 제사를 통하여 인간은 신적 힘을 가지고 모든 것을 다스릴 수 있는 것이다.

제 7 절

하늘과 천체

우리는 헤라클레이토스의 종교적 신념이 우주 운행의 법칙성에 확고하게 근거해 있음을 보았다. 헬리오스(Helios = 태양)는 그 경계를 넘지 않는다고 확신했다. 그런 생각은 무엇보다도 천체 운행의 영원한 규칙성에서 그 출발점을 찾은 것이 분명하다. 물론 인간은 하늘에서 항상 규칙성만 본 것은 아니다. 인간은 거기서 자발적 생명이나 심지어 자의성까지도 본다고 생각했다.

마티아스 클라우디우스(Matthias Claudius, 1740~1815. 독일 시인 — 역자 주)의 말도 옳다:

> 그래서 태양은 지각이 없어,
> 무엇이 합당한지를 알지 못해,
> 그러므로 양을 이끌듯,
> 손을 잡고 이끄는 누가 있어야 해.

체스터튼(Chesterton, 1874~1936. 영국 시인 — 역자 주)은 그의 책 어디선가 말하기를 하느님이 아침마다 해를 보고 또 한번 돌라고 명령하고 저녁마다 달에게도 같은 명령을 내릴 가능성이 있다고 하였다. 원시인들은 원시림의 어둠과 두려움 속에서 해가 아침마다 돋는 것이 당연하다고 생각하지는 않았다. 빛이 다시 오는 것에 대한 감사가 너무 커서 규칙성에 대해서는 거의 생각하지 않았을 것이다. 고대 이집트인들의 신화 가운데는 태양이 화가 나서 인간을 떠나 외국으로 가버리는 이야기가 있다. 이런 사고방식에는 태양이 겨울 혹은 저녁마다 죽는다는 상상도 그다지 이상하지 않다. 그러나 바로 그렇기 때문에 태양이 다시 그 생명을 새롭게 하고 항상 다시 승리하는 것을 보는 것은 즐거운 일이었을 것이다. 항시 이 세상을 넘어서는 인간의 동경은 자신의 생명을 승승 장구하는 태양의 생명과 연결시키는 것이다. 빛을 발하는 신의 생명 갱신에서 인간은 자신의 불멸성에 대한 보증을 찾은 것이다.

이집트에서는 제5왕조(기원전 2700년 전후) 때 아주 특별할 정도로 태양을 숭배했다. 거대한 신전이 하늘의 빛을 위하여 세워졌고, 엄청나게 큰 궁정에는 입방체 위에 오벨리스크가 세워졌다. 반쯤은 어둑어둑하고 반쯤은 아주 캄캄하게 덮여진 통로를 통하여 신자들은 떠오르는 태양을 향해 입방체의 동쪽으로 나아갔다. 그러한 태양 오벨리스크는 인간의 대표자인 왕의 영혼 — 그 자체도 하나의 태양으로 간주된 — 을 하늘로 가져간다. 왕의 피라미드의 제일 윗부분(pyramidion)도 피라미드 형태를 취했는데 그것을 "왕의 영혼이 올라간다"라고 불렀다. "태양의 아들"로서 왕은 그 자신의 인격에서 인간의 운명과 태양의 운명을 연결시켰다. 뜨고 지고, 그리고 다시 태어나는 태양의 생명은 곧 인간 생명의 모델로 취급되었다. 영원불멸에 대한 소망은 가끔 죽은 사람이 태양의 배의 선원이 된다는 표상으로 표현되었다. 그는 "레(Re = 태양 신)와 같이" 살 것이다; "그의 어머니 하늘은 그가 레의 마음에 들도록 그를 매일 산 채로 낳는다. 그는 레와 함께 동쪽에서 솟아나고 서쪽에서 진다"라고 한 고대 문서는 기록하고 있다. 또 다른 문서는 "그는 살아서 서쪽에 지고, 다시금 동쪽에서 솟아나온다"라고 말하고 있다. 인간의 생명은 종교적 관점에서 보면 영원하다. 그것은 태양의 생명이요, 우주의 대순환에 참여하는 것이다. 사자는 별로도 간주되었다. 사자는 "그 형제 가운데 맏이로서 살고 있는 별"이란 표현도 있다. 밤 하늘을 지옥의 세계, 그리고 별을 죽은 자와 동일시하는 태도는 고대 이집트에서만 보이는 것이 아니라 멕시코에서도 찾아볼 수 있다.

앞절에서 이미 살펴본 바와같이 인간과 자연을 연결시킨 것은 그리스에서도 마찬가지였는데, "같이 태어남"(sungeneia)이라는 사상이 그 예다. 인간의 영혼과 별이 같이 태어난다는 생각이다. 아리스토파네스(Aristophanes)는 새로운 별이 나타나는 것을 피타고라스 학파 시인 키오스의 이온(Ion of Chios)으로 맞이했다. 복음서의 박사들도 새로 태어난 아기의 별을 보았다고 말한다. 한걸음 더 나아가서 모든 사람이 자신의 별을 가지고 있다고까지 생각한다. 별이 뜨고 지는 것이 인간의 일생을 결정하는 것이다. 여기서 점성술이 나타나기 시작한 것이다.

그러나 그럼으로써 인간의 자유와 신들의 자의성도 차차 자취를 감추기 시작한다. 땅에서 일어나는 일은 천체의 운행이 복사된 것이라는 것이다. 혹은 땅에서 일어나는 모든 것은 하늘의 글자에 의하여 해석할 수 있다는 생각이 동양으로부터 점성술적 종교체계에 도입됨에 따라 하늘에는 인간적이고 불규칙적인 것보다는 영원한 규칙성이 주목을 끌기 시작하였다. 수세기 동안 이 거대한, 그러나 인간의 의지와 힘을 마비시키는 사상은 계속 존중되고 전적으로 신봉되었다. 그것은 그리스도교의 가장 오래된 배경이 되기도 했다. 우리가 권세와 힘들이라고 번역할 수 있는 "아르콘텐"(archonten)이 일곱 하늘을 지배하는데, 그들은 일곱 행성의 "천사들"이다. 그들은 영혼들이 하늘에 가서 신적인 불의 영역, 즉 엠피레움(Empyreum)에 들어가는 것을 방해한다. 영원한 생명에 이르는 데는 딴 길이란 없다. 자신의 조그마한 생명이 신적 섭리에 포함되어 있다는 인식만이 있을 뿐이다. 그리스의 한 시인은 "나는 내가 죽어야 하는 존재로 태어났음을 알며, 허무한 존재임을 안다. 그러나 내가 나의 영으로 하여금 복잡한 별들의 궤도를 따르도록 할 때, 나는 지상의 음료를 마시지 않고 하늘의 음식으로 배불러 제우스 곁에 쉰다"라고 한다. 그럼에도 헤르메스나 미트라 숭배자들의 경전들, 영지주의자들 그리고 바울로나 키케로의 글들은 행성신들의 폭정으로부터 벗어나려는 소망으로 가득 차 있다. 알렉산드리아의 클레멘트(Clement of Alexandria, 200년 전후)가 그리스도를 "권세들의 싸움에서 구원하는 자, 천사들의 지배로부터의 구속자"로 본 것은 바울로가 "마지막 원수", 일곱번째 천사(죽음의), 즉 사미엘(Samiel)이 멸망하며 천사나 권세들이 우리를 우리 주 예수 그리스도 안에 있는 하느님의 사랑으로부터 갈라낼 수 없다고 하는 신앙과 동일한 배경에서 나온 것이다. 그리스도는 여기서 무엇보다도 우선 별들의 노예살이로부터 우리를 구원하는 구주로 되어 있다.

그후 점성술의 대 체계가 근세까지 세계관을 다스릴 때, 그리스도인들이 그것을 용납할 수 있었던 것은 오직 그들이 단테와 더불어, 하느님을 정점으로 하여 위계질서를 이루고 있는 권세들의 운행 가운데서 하늘로부터 땅에 내리는 하느님의 사랑(caritas) 자체를 보았기 때문이다.

아무 사색이 개입되지 않아도, 즉각적인 인상이 사람들을 태양숭배로 유도한다. 민담이나 동화에서 태양의 성은 전형적인 신들의 왕국이며 태양의 금은 영원한 생명의 보물이다. 이집트에서는 태양의 빛이 종교적 의미에서 "구원"이란 말과 같은 뜻을 가지고 있다. 모든 생명과 따스함의 원천인 태양은 많은 민족과 여러 시대에 동경의 대상이 되었다. 이집트에서는 태양숭배가, 이단자요 자기가 섬기는 신의 예언자인 아크나톤(Achnaton, 기원전 1350년 전후)의 숭고한 보편주의, 장대하고 내면적인 종교에서 절정을 이루었다:

> 당신은 일자(一者)인 당신으로부터 수백만의 모습들을 만드십니다.
> 도시들, 마을들, 전답들 그리고 길과 냇물을.
> 그러나 당신이 낮에 땅을 비추실 때,
> 모든 눈은 당신을 바라봅니다.
> 그리고, 당신이 가시더라도,
> 당신은 아직도 내 마음에 계십니다.
> 당신의 아들, 왕 외에는
> 당신을 아는 이 없나이다.

통치와 태양은 같이 간다. 안토니우스는 클레오파트라에게서 낳은 쌍둥이를 헬리오스(Helios = 태양)와 셀레네(Selene = 달)라고 불렀는데 그렇게 함으로써 그들을 세계의 지배자로 결정한 것이다. 빛은 승리하기 때문이다. 빛이 승리하므로 인간도 역시 승전한다. 이 생각은 이집트에서 가장 거창하게 발전되었다. 그러나 그런 입장은 달빛이 흔히 햇빛을 대신하고 있는 원시인들에게도 많이 나타난다. 빛이 태어나는 것은 모든 생명의 시작이며 그의 재생은 죽음으로부터의 구원이다.

볼(Boll, 1867~1924. 독일의 언어학자 — 역자 주)은 아크나톤의 「태양송가」를 소포클레스의 『안티고네』(*Antigone*)에 나오는 "태양의 빛, 금빛 낮의 눈"이란 합창과 비교하는데, 아씨시(Assisi)의 **빈자**(poverello, 성 프란치스코)의 밝은 노래도 비슷하게 들린다:

> 주여, 찬송을 받을지어다 당신은, 모든 피조물과 함께,
> 특히, 나의 주여, 나의 형제 태양과 함께.
> 그는 낮을 가져오고, 당신은 그를 통하여 비추나이다.
> 그는 아름답고, 커다란 눈을 뜨고 빛을 발하며,
> 지존하신 당신의 모상을 지닙니다.
> 주여, 찬송을 받을지어다 당신은, 자매들인 달과 별들로 인해,
> 당신은 그들을 하늘에다 만들어 두었습니다. 맑게, 귀하게 그리고 아름답게.

이것은 자연의 법칙성에 대한 생각과는 거리가 멀다. 하늘과 그 모든 영광이 하느님의 사랑에 의해 직접적으로, 인간적으로, 아니 형제와 같이 가까이 다가오는 것이다.

제 8 절

성스러운 동물

종교사에서 좀 기이하게 보이는 것 가운데 하나가 동물숭배다. 어떻게 인간이 동물들에게서 신적 도움을 기대하고 동물들에게 신적 존경을 보일 수 있을까? 현대인들로서는 이해하기 어려운 것이다. 이집트인들이 숭배하는 짐승의 머리에 사람의 몸뚱이를 한 신의 형상은 우리에게는 매우 괴상하고 어리석게 보이며, 중세에는 짐승들도 잘못을 저지르면 재판소에 나와 재판을 받았다는 얘기는 우스꽝스럽게 들린다. 그러나 그런 동물재판이 변호사와 모든 절차를 갖추고 1845년에 프랑스에서 개최된 일이 있다. 이러한 것을 이해하기 위해서는 우리는 짐승과 사람 사이에 거리가 없었던 시대의 사고방식으로 돌아가지 않으면 안된다. 동화에서는 사람과 짐승 사이에 결혼이 자주 이루어진다. 원시인들에게는 그것이 도무지 이상하지 않다. 파푸아(Papua)인 하나는 자기 조상이 도마뱀이었다고 하면서, 비둘기와 검은 앵무새와도 친척이라고 말한 일이 있다. 인간은 항상 인간이 아니다. 많은 **마나**를 지닌 인간은 종종 자기가 원하는 동물로 변할 수가 있다. 인도네시아에서는 늑대 사람과 범 사람이 민간신앙에서 큰 역할을 한다. 피부는 모습을 바꾸는 수단이 된다. 공작부인 동화에서는 공작부인이 백조 웃옷을 입고, 남자는 곰의 가죽을 뒤집어씀으로 곰이 된다. 토고(Togo)의 관리 하나가 어린 개들이 있는 자기 집을 노리는 하이에나를 발견했는데, 하이에나는 자기가 여자이니 부디 쏘지 말라고 애원했다. 현장에 쫓아간 증인들은 하이에나의 발을 가진 한 여자가 나타나는 것을 보았다. 너무 급해서 아직 완전히 인간의 형태로 바꾸지 못했기 때문이다. 이런 일에 대한 믿음이 얼마나 강했던지, 꽤나 교육을 받은 사람과 심지어 그리스도인들까지 섞인 30명의 서부 아프리카인이 이 하이에나 여자를 보았다고 맹세하였다. 지나가던 유럽인이 발가벗은 흑인 여자밖에 못 보았다고 해도 막무가내였다. 페트로니우스(Petronius)는 어떤 병사와 함께 여행을 떠난 한 해방된 노예의 이야기를 썼다. 길을 가다가 공동묘지에 이르자 그 병사는 옷을 벗고는 갑자기 늑대가 되어 울면서 숲속으로 들어가 버렸다. 그의 여자 친구로부터 노예는 듣기를 늑대 한 마리가 와서 양을 다 잡아죽였는데, 마침 하인이 창으로 늑대의 목에 상처를 입혔다고 한다. 집에 돌아와 보니 자기와 같이 여행을 떠난 친구가 목에 상처를 입고 피를 흘리며 침대에 누워 있었다. 혈통을 동물로 거슬러 올라가는 것은 **토템숭배**(totemism)라는 관념 복합체의 매우 중요한 부분을 차지한다[이 말은 인디언 언어에서 유래된 것으로 1791년 영국 통역 존 롱(John Long)에 의하여 학문적 술어로 처음 사용되기 시작했다]. 이집트의 왕들은 돼지 부족에 속해 있었다. 즉, 그들은 돼지들이었다. 자신들의 조상이 동물이라는 이런 생각은 많은 아프리카나 아메리카, 그리고 다른 부족들 사이에서도 찾아볼 수 있으며, 그런 사고방식은 아직도 어떤 도시나 가문의 문장(紋章)이나 이름에 그 잔재가 남아 있다[스위스의 베른은 곰, 로마는 암늑대, 즉 오르시니(Orsini)]. 동남 아프리카의 아만데벨레(Amandebele) 부족에 속한 한 소년은 어떤 소의 젖은 절대로 짜지 않는다. 그 암소는 그에게 너무 벅차기 때문이다. 자기 "어머니"의 젖을 짜기가 두려운 것이다. 오스트레일리아의 쿠르나이(Kurnai)족의 성년식에는 소년에게 짐승 한 마리를 보여주면서 "이분이 너의 형님이다. 해롭게 하지 말라"고 말한다. 그 동물은 자기 동생을 보호해준다.

 토템숭배의 표상 범위는 사실 이보다도 더 넓다. 몇 마디로 그것을 다 말하기는 어렵다. 이 문제에 대해서 가장 식견이 많은 프레이저(Frazer, James George, 1854~1941. 영국의 민속학자 — 역자 주)는 토템숭배의 설명으로 적어도 세 가지 서로 다른 이론을 수년에 걸쳐 제시했다. 이런 상황에서 자신있게 무엇을 말한다는 것은 매우 어렵다. 그러나 매우 중요한 생각, 어쩌면 가장 핵심적인 생각이 토템숭배의 뿌리에 작용하고 있지 않나 생각된다. 즉, 가족 혹은 부족 등 어떤 인간 단체의 공동체적 생명력이 나무라든가 동물이라든가 그 공동체 바깥에 있는 어떤 물체에 응집되어 있다는 생각이 깔려 있다 해도 사실에서 그렇게 멀리 떠난 것은 아닐 것이다. 영혼의 소지자, 혹은 더 정확히 말해 집단적 영혼 물질(Seelenstoff, 24절을 보라)의 소유자로서 가장 자주 사용되는 것이 동물이다. 국가의 상징물에서와 마찬가지로 공동체의 번영이 이 힘의 소지자에 달려 있다는 것이다. 바-롱가(Ba-Ronga, Delagoa-baai)족은 물소에 대한 이야기를 하는데, 물소는 "평지의 천 가지 요술사"로서 "우리 모두의 생명이 그에게 달려 있다"고 주장한다. 만약 그 물소가 죽으면, 그 부족에게는 모두가 자살하는 길 외에 아무 다른 해결책이 없다. 토템 동물과 공동체 사이의 유대가 그저 어떤 연관성 정도로 가볍게 생각되기도 한다. 그러나 그것은 매우 불완전하고 미숙한 설명이다. 생명, 특히 공동체의 생명이 어떤 뛰어난 생명 소지자에 의하여 안전하게 보존된다는 종교적 사고가 그 속에 있는 것이 분명하다.

   이 모든 것은 어떤 이론이나 사색이 아니라 결국 하나의 독특한 종교적 체험에 의한 것이다. 그것은 공동체의 토템뿐만 아니라 개인 토템숭배에 있어서도 개인과 동물 사이에 특수한 관계가 있음을 인정하는 것으로 알 수 있다. 이 개인적 토템숭배를 아즈텍(Aztec)어에서 비롯한 용어로 **나구알숭배**(nagualism)라고도 부른다. 이 현상은 주로 아메리카 인디언들과 아프리카인들 사이에 많이 나타난다. 인디언 소년들은 외로운 산에서 나구알이 꿈이나 환상 가운데 나타나기를 기다린다. 그들의 일생은 그때부터 그들이 거기서 본 것, 예컨대 큰 회색 곰이라든가 다른 동물과 밀접하게 연결된다. 그 동물은 그들의 수호영인 동시에 일종의 제2의 자아이다. 콩고의 판(Fan)족은 어떤 식물이나 표범을 나구알로 삼는데 **엘라넬라**(elanela)라고 부른다. 나구알은 그것을 가진 사람의 삶과 너무나 밀접하게 연결되어 있어 심지어 거의 동일하다고 해도 될 정도다.

   위에서 우리는 뛰어난 생명의 소지자에 대해서 말했는데, 그것은 사람들이 보기에는 동물들이 사람과 동일한 것이 아니라 오히려 더 높고 더 강하다고 보기 때문이다. 많은 동물이 본능, 속도, 힘에 있어서 사람을 능가하기 때문에 그런 생각은 그다지 놀랄 것도 못된다. 거기에다 두 가지 사실이 더 작용한다.

하나는 동물 일반, 예를 들어 뱀이나 다른 많은 동물의 습성이나 모양이 매우 신비롭다는 사실이다. 그리고 두번째로는 사람이 생존하는 데 있어서 동물에 의존한다는 사실이다. 그리고 비록 단지 물질적인 생명이라 할지라도 모든 생명은 원시인들에게 있어서는 종교적인 신적 생명으로 나타났기 때문에 짐승을 신적 생명의 소지자로 숭배한 것은 그렇게 이상하지 않다. 그들이 짐승을 사냥하고 나서 눈물을 흘리면서 용서를 빈 다음 먹어버리는 것이 우리들에게는 이상하게 보인다. 그러나 이미 그리스인들도 오늘날 많은 원시족에서 발견되는 그런 의례를 지켰다. 그것은 생명에 대한 어떤 느낌의 표현으로서, 먹는 것이 단순히 필요해서라든가 즐기기 위해서만이 아니라 인간보다 우월한 동물이 사람을 위하여 속죄의 제물이 된다는 느낌인 것이다. 여기서 소위 토템 식사란 것이 생겨났는데, 평소에는 건드릴 수 없는 성스러운 동물을 엄숙하게 먹는 의례이다. 그렇게 함으로써 동물과 사람의 일체성이 더욱 강화되는 것이다. 일종의 원시적인 성찬식(sacrament)인 것이다. 그리하여 길야크(Giljak)인들은 곰잔치를 벌였는데, 매우 조심스럽게 키운 성스럽고 숭배의 대상이 되는 곰을 죽여서 애도하면서 먹었다. 동물을 식물(食物)로 죽이는 것, 가축으로 길들이는 것 등은 동물을 착취하는 것이 아니라 오히려 많은 조심스러운 예방조치를 통해서만 접근할 수 있는 성스러운 세계와 접촉을 하는 행위인 것이다.

예를 들어 『베다』가 소에 대하여 그렇게 종교적인 면을 강조한 것이 우리에게는 어리석게 보인다. 그러나 거기서 그들은 그 놀랍고 다른 어느 것에도 환원시킬 수 없는 생명의 근원을 느끼는 것이다. 페르시아인들은 이런 생각을 거대하게 확장하였다. "소의 영혼"은 하늘에서 모든 동물의 생명을 쥐고 있는 아후라 마즈다(Ahura Mazda) 곁에 있다고 믿는다. 페르시아 농부들의 삶에서 가장 중요한 것이 하늘에 그 실체를 두고 있는 것이다.

마지막으로 동물숭배는 또 다른 면에서 매우 중요하다. 잘 알려진 바와같이 크세노파네스(Xenophanes)는 사람이 자신의 모습대로 신을 만든다고 하였다: "에티오피아 사람들은 그들의 신이 검고 코가 뭉툭하다고 주장하고, 트라키아 사람들은 그들의 신이 푸른 눈과 붉은 머리를 가졌다고 한다. 만약 소나 말이나 사자가 손이 있어서 사람처럼 예술작품을 만들 수 있다면, 말은 말처럼 생긴 신을 만들 것이고, 소도 그와같이 할 것이다." 포이어바흐(Feuerbach) 등 많은 현대 사상가들의 생각도 이 방향으로 흘렀다. 하이네의 시 가운데 나오는 아타 트롤(Atta Troll)이라는 곰의 재미있는 신 관념을 생각해 보자:

저 위, 별들의 궁창에 있는
황금 보좌 위에
온 세상을 지배하면서, 당당하게
거대한 북극 곰 하나 앉아 있네.

그러나 이런 생각은 전적으로 옳은 것이 아님이 드러났다. 의심할 여지 없이 인간은 신적인 것을 인간적 모습으로 생각하려는 경향을 가져왔다. 그러나 그와 동시에 신적인 것을 바로 비인간적으로 혹은 인간 이외의 모습으로 생각하려는 경향도 항상 가지고 있었다. 특히 신과 합일하는 황홀경 속에서 모든 인간적인 것을 제거해 버리려는 것을 목표로 삼는 탈아적 유형들의 종교에서는 신을 오히려 동물로 표상하는 경향이 있다. 그리고 그 신을 섬기는 사람 자신들도 동물이 되는 것이다. 포도주의 신이 아니라 술취함의 신인 디오니소스는 탈아경적 춤의 신이요, 한밤중에 치러지는 성찬식의 신으로서 그는 아득한 옛날부터 그리스 여인들에 의해 황소로 숭배를 받았고, 광란 속에서 사람들은 그 생육을 먹었다. 이것은 너무나도 직접적인 통교로서 그 탈아적 정열은 비록 우리에게 역겨운 것이 사실이나 우리의 이해를 자아내기도 한다. 해방을 갈망하는, 즉 모든 일상적인 것에서 벗어나기를 갈망하는 영혼은 낮을 피하고 추운 겨울 밤을 자신의 열기로 데우며 맑은 이성보다는 무의식 세계의 컴컴한 깊음을 선호하며, 신적인 것을 보장해 주는 듯 모든 속박으로부터의 해방을 동물적인 것에서 찾는 것이다. 유리피데스는 그의 『바카이』(*Bacchai*)에서 테베(Thebes)의 여자들이 산에서 신 앞에 미쳐 날뛰는 것을 멋있게 서술하고 있다. 자녀들은 집에 두고 그들은 산짐승들에게 그들의 젖꼭지를 물렸다. 도자기에 그려진 그림들이 그들의 열광을 우리에게 놀랍도록 아름답게 보여주고 있다.

우리들의 동화는 "동물이 말할 수 있는" 때를 알고 있다. 사람이 동물들 속에서 신들을 숭배하던 때였다. 그리스의 가장 오래된 제의적 노래 가운데는 엘리스(Elis)의 여자들이 디오니소스를 "존엄한 황소"라고 부르고 있다. 아티카 남자가 늑대를 죽이면 그를 장례하기 위해서 집회를 열었다. 즉, 늑대에게 속죄제물을 드린 것이다. 그리스적 천재의 창조력에 의해 찬란한 아폴로의 형상으로 통일된 여러 가지 형상들 가운데는 이 늑대 신도 들어 있다. 델피(Delphi)에서는 아직도 옛 늑대 형상의 자취가 남아 있다.

동물들은 곧 침묵하게 되었으며 그들의 신성을 잃어버렸다. 기껏해야 그 가운데 작은 일부가 "위대한" 신의 속성으로서 유지되고 있을 뿐이다. 사람들은 가능한 한 신화와 제의에서 동물적인 것을 합리화하여 제거하였다. 이러한 과정의 가장 전형적인 예 중의 하나가 로물루스(Romulus)와 레무스(Remus)를 본래 전설이 말해주고 있는 대로 암늑대(lupa)가 젖을 먹이는 것이 아니라 한 창부(역시 lupa)로 하여금 먹이도록 한 것이다.

제 9 절

의지와 형상. 정령숭배

타일러(Tylor, Edward Burnett, 1832~1917. 영국의 유명한 인류학자 — 역자 주)에 의하여 고전적 형태를 갖춘 정령숭배(animism)는 하나의 완결된 체계이다. 그에 의하면 인류의 모든 종교생활 발전의 근원이 거기에 있고, 확실한 기초가 거기에 있다는 것이다. 우리들이 유물론자나 범신론자이듯, 원시인들은 정령숭배자였다. 의심의 여지 없이 그 나름대로 천재적이었던 타일러의 통찰은 많은 영향력을 행사하였다. 다년간 "정령숭배"가 원시적인 체계임을 의심하는 사람은 아무도 없었고, 심지어 그 표현은 원시적 사고방식 일반을 가리키는 용어로 사용되었다. 지금도 우리는 이런 뜻으로 이슬람교도나 힌두교도와는 대비되는 뜻에서 "정령숭배자들"에 대하여 이야기하고 있다. 그리고 우리가 타일러가 뜻했던 것과는 다소 다른 뜻으로 그 말을 이해한다면 그런 표현에 반대할 이유가 없다. 타일러는 아주 특정한 체계로 정령숭배를 이해했으며, 오늘날 우리들은 더 이상 그것을 그대로 수용할 수는 없다.

  타일러의 이론은 두 가지 사실에 근거해 있다. 첫째는 원시인들도 죽은 육체와 살아 있는 육체를 당연하게 구별했다는 것, 그리고 둘째는 우리의 꿈에 다른 사람들이 몸을 가진 형체로 나타나고, 우리 자신의 육체는 잠들어 누워 있는데도 불구하고 꿈속에서는 우리 자신이 먼 여행을 떠난다는 사실이다. 여기서 내리는 결론은 영혼 혹은 정신이라는 어떤 실체가 있어서 죽을 때 육체를 떠난다는 것, 그리고 잠자는 동안에는 "꿈 영혼"의 형태로 육체와는 독립된 위치를 차지한다는 것이다. 죽음으로부터는 아무도 돌아오지 않지만, 꿈 이야기는 할 수 있다. 오스트레일리아 쿠르나이(Kurnai)족의 한 원주민은 이것을 이렇게 표현했다: "꿈속에서 내 영혼은 멀리 가 있다. 내가 잠을 자면 나는 먼

나라에 가서 낯선 사람들을 만나고 심지어 죽은 사람과도 이야기한다." 많은 형태로 나타나고 있는 잠자는 병사들의 이야기는 매우 유명하다. 한 병사가 꿈에 자기 동료의 입에서 조그마한 동물 하나 — 보통 쥐나 족제비 — 가 기어나와 조그마한 개울가로 초조하게 왔다갔다하는 것을 보았다. 첫번째 병사가 칼을 빼어 그 개울 위에 놓았더니 그 동물이 칼을 타고 개울 건너편으로 가서 사라졌다. 얼마 후에 그 동물이 갔던 길로 되돌아와서 동료의 입으로 다시 들어갔다. 그 동료 병사가 깨어서 말하기를 그가 꿈에 여행을 갔다왔는데 큰 강 위에 놓인 매우 좁고 경사가 심한 다리를 건너 먼 나라를 보고 왔다는 것이다.

따라서 우리로 하여금 생명 있는 존재가 되게 하고, 죽을 때나 꿈속에서는 우리를 떠나 독립적으로 행동하는 "영들"이 있는 것 같다. 원시인들이 궁금하게 여긴 많은 자연현상의 원인도 타일러에 의하면 역시 이들 "영들"이다. 원시인들의 논리는 대개 다음과 같았을 것이다: "내가 하는 모든 일이 내 속에 있는 영에 의하여 이루어지듯 — 물론 죽거나 잠을 자면 모든 행동은 중단되지만 — 내 주위에 일어나는 모든 일도 그들 속이나 배후에서 작용하는 영들의 의지에 의하여 이루어질 것이다." 여기에 또 전제되는 것은 자연에 생동력을 주고, 비를 내리고 열매를 맺게 하거나 가뭄이 들게 하는 것은 죽은 사람들의 영이거나 자연 그 자체의 고유한 영들일 것이라는 생각이다. 오류로, 즉 잘못된 유추(類推)에 의하여 모든 것에 자기 자신에서처럼 "영혼"이 깃들어 있는 것으로 결론을 내리는 것이다. 그래서 오늘 우리들에게는 전혀 생명이 없는 것으로 인식되는 자연현상까지도 영들에 의하여 이루어지는 것으로 설명되는 것이다.

사실 원시인들의 세계는 영들로 가득 차 있다. 이것은 『쿠란』(원문에 Koran으로 되어 있으나 Korea 한국을 잘못 표기한 것. 제13절에 동일한 인용문이 나오는데 한국으로 되어 있음 — 역자 주)에서 아직도 잘 볼 수 있다: "영들이 하늘 전역과 땅 한치까지 모두 지배하고 있다. 그들은 길가에서, 나무나 바위나 산 위에서, 골짜기와 강에서 사람들을 기다리고 있다. 밤낮으로 영들은 사람들의 말을 엿듣고, 사람들 주위를 배회하며, 그들 머리 위로 날아다니며 땅에서 나와 그들에게 접근한다. 자기 집에서도 영들로부터 피할 수 없다. 영들은 벽에도 있고 들보에도 있다. 그들이 온갖 곳에 다 있다는 사실은 하느님의 무소부재성(無所不在性)의 슬픈 흉내이다." 마지막 문장을 제외하고는 이 말은 많은 원시 민족들에도 해당된다.

그러나 정령숭배 이론에서 원시인들을 이런 표상들로 이끄는 힘은, 앞으로 분명해지겠지만, 인과적 설명의 필요성 때문이다. 그러니까 지적인 필요성 때문이라 할 수 있다. 타일러 자신이 이 점에 있어서 전혀 의심의 여지를 남기지 않는다. 어린아이들이 생명이 없는 물건들의 "행위"를 자기 자신의 행위에 유추해서 설명하는 것과 같이 원시인들도 그렇게 했다.

이것은 말하자면 "생각하는 사람들"에 의하여 만들어진 일종의 원시철학이다. 그것은 하나의 심리학적 가설, 즉 영혼과 육체, 정신과 물질의 대립에 근거해 있다. 이런 소박한 철학에 대해서 타일러는 "상당한 정도로 일관성있고 합리적인 원시철학"이며 "결과를 보고 원인을 찾는 합리적인 추리"라고 칭찬까지 하고 싶은 마음이었다.

따라서 우리는 정령숭배에 대한 구식 이론을 "정령들이란 '인격화된 원인들'이다"라는 타일러 자신의 말로 가장 적절하게 요약할 수 있다.

타일러의 이런 이론에 대해서 그후, 그리고 최근에 많은 비판이 일어났다. 소위 **전 정령숭배론**(preanimism)이 나타난 것이다. 물론 그것이 어떤 긍정적 효과를 가져왔는지는 말하기 어려우나, 타일러의 정령숭배론에 대한 비판들을 종합하는 이름으로는 문제가 없는 표현이다.

첫째 반대는 구식 정령숭배론의 **합리주의**에 대해서이다. 타일러와 그에 동조하는 사람들은 종교를 외적 세계 및 삶의 가혹한 요구들을 통하여 종교적 의식에 이르른 인간의 내면적 삶의 없어서는 안될 사실로 보지 않고, 소위 "영혼"이라고 부르는 현상의 지각 없이는 결코 생겨날 수 없었을 하나의 자의적인 사변 정도로 본 것이다. "그에 의하면 종교란 어느 정도 하나의 자연과학적 계산이다"(Preuss, Konrad Theodore, 1869~1938. 독일의 인류학자 — 역자주). 사실 타일러는 정령숭배에서 종교를 발견한 것이 아니라 하나의 원시철학 혹은 원시심리학을 발견한 것이다.

영혼에 대한 이론은 종교에 의하여 영향을 받을 수 있고, 종교에 영향을 끼칠 수도 있다. 플라톤이나 영혼창조설(creationism) 같은 것을 보면 알 수 있다. 그러나 영혼에 대한 이론은 그 자체로서 종교를 만들지는 못한다. 만약 그렇게 할 수 있었다면, 원시인의 꿈속에 나타난 친구와의 관계도 역시 이미 종교가 되어버렸을 것이다.

인과적인 설명의 요청에서 생겨난 근원에 대한 이론은 물론 종교적인 요소들과 쉽게 관계를 맺을 수 있지만 — 창조에 대한 교리가 그 예가 아닌가 생각한다 — 그러나 그 자체가 결코 종교를 가능하게 하는 것은 아니다. 정령숭배 이론을 주창한 사람들은 신을 인과적 설명의 필요에 의해 제1원인으로 보는 것이 종교적이라고 여겼던 사람들이 범했던 똑같은 오류를 범한 것이다. 그러한 신 관념이 실로 종교적이 될 수 있는 것은 사실이나, 그것은 오직 인과적 설명 외의 또 다른 필요에 의하여 신이 이미 단순한 원인 혹은 "인격화된 원인" 이상의 것이 되어 있어야만 가능한 것이다.

19세기의 시대 정신, 즉 합리적이고 자연과학적인 정신이 아마도 이러한 잘못에 많은 책임을 져야 할 것 같다. 불과 몇 년 전에 네덜란드의 니우원하우스(Nieuwenhuis) 교수가 정령숭배와 관련해서 "자연철학"과 "삼단논법" 등을 논함으로써 아직도 구식 이론을 추종한다는 것을 보여주었지만 일반적으로는 이제 그 이론은 전환을 맞게 되었다.

이러한 전환은 정령숭배의 이론이 **실제 사실에 비추어 보아도** 여러 가지로 오류가 있음을 보여주고 있다. 어린아이와 이론적인 정령숭배자 사이의 유추도 전적으로 맞는 것은 아니다. 어린아이들은 원시인들과 마찬가지로 자기들이 가지고 노는 물건이 무조건 영혼을 가지고 있다고 생각하는 것은 아니다. 그리고 어린아이들이 어떤 이론을 가지고 있는 것도 아니다. 인형이나 곰이 마치 영혼이 있는 것 같은 반응을 어린이에게 불러일으키는 것은 감정에서 나온 것이다. 즉, 화가 났을 때나 놀이의 즐거움을 느낄 때 그런 반응을 불러일으키는 것이다. 뒤르깽(Durkheim)이 지적한 대로, 만약 곰 인형이 어린이를 문다면 어린이는 오히려 매우 놀랄 것이다.

피아제(Piaget)의 연구는 "어린이 정령숭배"에 대해서 좀더 분명하게 알게 해주었다. 역시 인과관계가 작용하는 것은 사실이나, 그것은 자연과학적인 인과관계가 아니다. 구체적이라기보다는 오히려 도덕적인 인과관계가 작용한다고 할 수 있다. 피아제가 실험 대상으로 삼은 어린이 가운데 하나는 돌은 물에 잠기고 배는 뜨는 이유는 배가 돌보다 "훨씬 똑똑하기" 때문이라 했다. 돌은 "자기가 해야 할 일을 하지 않는다". 태양도 역시 따뜻하게 만들기 때문에 "똑똑하다". 또 태양은 빛을 발하기 때문에 살아 있다. 그런데 촛불은? 물론 빛을 발할 때는 살아 있고, 빛을 발하지 않을 때는 살아 있지 않다. 산은 아무것도 하지 않기 때문에 산 것이 아니고, 나무는 열매를 맺을 때만 살아 있다. 여기서 우리가 볼 수 있는 것은 인과관계가 이익과 많은 관계가 있다는 사실이다. 물건은 그들이 해야 할 일을 하는 동안에는 "그저 물건"이 아니다. 피아제에 의하면, 타일러가 주장하는 것처럼 정령숭배가 영혼에 대한 믿음의 탄생을 의미하는 것이 아니라, 적어도 어린이들에게 있어서는 오히려 영혼에 대한 의식의 결여로 인해 생기는 결과인 것이다. 어린이들은 자기 스스로가 물건과 자기 정신과의 관계를 만들고 있다는 사실을 알지 못하고 자기가 물건을 살아 있는 것으로 만들고 있다는 사실도 모른다. 그래서 그는 물건이 살아 있다고 생각하는 것이다. 그러나 그의 자의식이 강해지면 정령숭배는 죽고 만다.

따라서 어린이와 원시인 사이에 어떤 종류의 유사성이 있다 하더라도, 그것은 정령숭배가 하나의 소박한 철학이라는 결론으로 이끌지는 못한다. 그것은 오히려 정령숭배를 삶의 표현으로 해석하도록 할 뿐이다. 인간 주위의 물건들이 영혼을 가지고 있다고 보는 것은 어떤 논리적 귀결이 아니라 감정의 표현인 것이다.

정령숭배 이론의 두번째 잘못은 원시인을 일종의 철학자로 본 것이다. 그들은 철학자가 아니며 이론적인 관심은 그들에게 결코 중요하지 않다. 일반적으로 사람들은 "왜", "어떻게"를 묻는 지적인 능력을 지나치게 과장하는 경향이 있다. 사실 그런 것은 소수의 높은 위치에 있는 사람들에게 국한되어 있다. 대중은 그런 것에 전혀 관심이 없다. 벌써 아득한 옛날부터 사실로 알려진 유전

(遺傳)이란 사실에 대해서 심지어 서유럽 문화도 겨우 최근에야 이론적으로 탐구하기 시작했다. 세계 역사 전체를 두고 볼 때, 사람들이 태양의 크기가 100원짜리 동전보다 크다는 사실을 발견한 것은 그렇게 오래 전이 아니다. 이것이 사실이라면, 원시인들이 어느 정도의 이론적 관심을 가졌을 것이라 하는 것은 기대하기 어렵다.

사색이 가능하려면 어느 정도의 안정과 평안이 필요하다. 그런 안정과 평안을 원시인들이 가질 수 없었던 것은 분명하다. 그들은 주위 세계에 비해서 너무나 연약했기 때문에 생존을 유지하기 위하여 온갖 어려움을 겪어야 했으며, 계속해서 생명의 위협을 받아 위기가 계속되는 상황인데, "이해관계에 초연한 사유"가 가능할 리 없다. 우리도 우리의 생명이 위협을 받고 위기상황에 놓이면 그런 여유가 없을 것이다. 우리가 과거 십 년의 경험으로 충분히 확인할 수 있었던 것은 전쟁이 계속되는 동안에는 이해관계에 초연한 이론적 사유를 즐길 여유가 거의 없다는 점이다. 우리 개인의 생명이 위협받을 때도 마찬가지다. 배고플 때 사람들은 철학하지 않는다. 정신적으로도, 우리는 종교적으로나 심미적으로 매우 흥분했을 때는 철학하지 않는다. 모든 육체적·정신적 위기에서는 우리 속에 있는 원시적 본능이 우위를 점하는데 그것은 우리가 논리적으로 생각하지 않는다는 말이다. 일상생활의 절박한 필요가 인과적 설명에 대한 요구나 사색에 대한 욕구보다 더 중요한 자리를 차지한다. 위기가 지배할 때 우리는 논리적으로 추리하지 않는다. 배가 고프면 강도질을 하든지 기진맥진하고, 우리의 생명이 위협을 당하면 우리는 방어태세를 갖춘다. 음악의 아름다움에 우리 영혼이 큰 감동을 받으면 우리는 눈물을 흘리고, 하느님의 임재를 느끼면 우리는 무릎을 꿇고 경배한다. 그러나 우리는 논리적으로 따지지 않는다.

따라서 우리는 정령숭배를 원시인의 논리에서 설명할 것이 아니라 그들이 처한 위기에서 설명해야 할 것이다. 그들에겐 모든 것이 실제적이지 사변적이 아니었다.

그외에도 또 비판할 점이 있다. 타일러 학파의 정령숭배 이론에는 죽은 자의 영들과 자연의 영들간의 관계에 대한 분명한 설명이 없다. 모든 것에 영혼이 있다는 믿음을 죽은 자의 영, 즉 유령에 대한 믿음으로 설명할 수 있을 것인지에 대해서 전혀 분명하지 않다. 유령으로 정령숭배 일반을 설명한다면 그것은 물론 잘못된 것이다. 그러나 죽은 자의 숭배, 즉 **조상숭배** 혹은 **영혼숭배**는 정령숭배에 매우 중요한 위치를 차지한다. 그것이 너무 중요해서 일상생활이나 신문에서 정령숭배란 말이 나오면 대개 **조상숭배**를 뜻할 정도가 되었다. 이것은 혼란을 야기시킨다.

영들, 심지어 죽은 자의 영혼이라 하여 모두 숭배의 대상이 되는 것은 아니다. 다만 살아 있을 때 비상한 생명력을 보인 사람들의 경우에만 그런 것이다. 예를 들어 부족의 안녕을 잘 돌보아준 부족장, 병을 고치고 비밀스런 의례에 대하여 특별한 지식을 지닌 주술사, 고도의 생식력을 지녔던 가장과 같은 사람들이다. 그러나 어린이나 보통 남녀의 영혼은 원칙적으로 숭배하지 않았다. 그래서 정령숭배가 단순히 이론적으로 영들이 존재한다는 확신에 근거한다면 **조상숭배**는 물론 정령숭배의 하나로 보아야 할 것이다. 그러나 정령숭배가 실천적·종교적 의미로서의 숭배라면 죽은 사람을 숭배하는 것은 전혀 다른 사실에 근거한 것이므로 정령숭배의 범주 밖에 속한다. 합리주의는 이 점에서도 역시 허점을 드러내는 것이다.

마지막으로 정령숭배 이론에 대한 가장 강력한 비판은 원시인들의 정신생활에 비인격체적 힘이 매우 중요한 역할을 한다는 사실이 발견되었다는 것이다(3절을 보라). 정령숭배(animism)와 더불어 힘의 숭배(dynamism)도 있는 것이다.

그리하여 종교의 기원에 대한 일반적 이론으로서는 정령숭배는 도저히 인정될 수 없는 것으로 드러났다. 그러나 정령숭배라는 용어를 어떤 인격적으로 생각된 영에 의해 생기를 부여받는다는 현상에 한정한다면 그것은 종교사에 나타나는 독특한 현상으로서 그 자체의 이름을 가질 만하며 종교적으로 매우 중요한 현상이다. 그러나 더 좋은 것은 인격이니 영혼이니 하는 용어를 모두 제거하고, 정령숭배의 실제는 다음과 같다고 주장하는 것이다. 즉, 이 세상에는 우리가 보통 말하는 바 "물건"(Dinge)이라는 것은 없고, 다만 "존재"(Wesen)만이 있을 뿐이다. 즉, 모든 것은 그들 자신의 형상과 의지를 지니고 있다는 것이다. 그렇다면 정령숭배도 다양한 종류의 힘의 숭배와는 대조되는 독자적인 성격을 주장할 수 있는 것이다.

힘의 숭배와 정령숭배의 차이를 보여주는 전형적인 예 넷을 들어보겠다. 그들은 서로 연관이 없는 예들이다. ① 불을 내뿜는 산, 신비로운 어둠을 지닌 숲, 거대하고 위험한 강물 등은 성스럽다. 즉, 그들은 많은 **마나**(mana)를 지니고 있다. ② 아메리카의 어떤 선교사가 배에서 선장으로부터 귀신이 살고 있다고 하는 어떤 동굴에 대하여 경고하는 얘기를 들었다. 나중에 알고 보니 그 동굴은 암초였다. 귀신은 인격적으로 이해된 것이었으나, 아직도 **마나적** 장소와 분리해서 생각되지는 않았던 것이다. ③ 미국의 한 강에 여울이 있었는데 사람들은 거기에 영들이 살고 있으며 그 소리는 멀리서도 들을 수 있다고 했다. 멋모르고 근처에서 잠이 든 사람도 그 소리에 깜짝 놀라 깰 정도였다는 것이다. 이 경우에는 귀신들의 인격성은 자유로운 존재로서 마음대로 자리를 옮길 수 있는 것으로 여겨진다. ④ 알곤킨(Algonkin)족과 다른 부족에서는 영들이 선과 악, 혹은 인간사를 다스린다고 믿는다. 이것은 완벽한 정령숭배다.

알파하(Alpach)에서는 방금 크리스마스 빵을 만들고 아직 손에 반죽이 잔뜩 묻은 처녀로 하여금 과일나무를 끌어안도록 하는데, 그것은 성스러운 빵의 힘이 나무에 옮겨져 열매를 많이 맺게 하기 위함이다. 우리는 이것을 힘의 숭배라 부른다. 그러나 우커르마르크(Ukermark)의 농부들이 과일나무에게 열매를 많이 맺으라고 타이른다든가, 산호해의 도부(Dobu) 섬 주민들이 얌나무에게 조용히 이야기하며 얌나무는 사람과 같아서 여자처럼 자식을 낳을 뿐만 아니라 밤에 산보도 하며 자주 불러주기만 하면 많이 자란다고 믿는다든가, 아라비아 학자가 과일을 맺지 않으려는 과일나무에게 충고를 하고 부드럽게 표피를 두들기면서 생각을 바꾸라고 타이르며 말을 듣지 않으면 베어버리겠다고 하는 것은 모두 나무에 인격성이 있다고 보는 것이고, 우리는 그것을 정령숭배라 부른다.

일상생활에서 일어나는 감정의 충동, 먹어야 하는 필연성, 기아의 위기와 가뭄 재해 등의 압력을 받아 주위의 사물 가운데 힘으로 가득 차 있는 것들을 인격적인 의지를 지닌 것으로 보게 되면 우리는 그것을 정령숭배라 하는 것이다.

니게르(Niger) 강은 백인들을 전혀 보지 못했기 때문에 처음으로 한 유럽인이 통행하려 하자 물 위에 짙은 안개를 쳐서 못하게 했다.

물론 우리는 이런 것보다 더 좋은 것을 배워서 알고 있다. 그러나 외부의 영향에 의해 감정이 극도로 흥분된 상태에 다다르면 우리도 역시 정령숭배자들이다. 아직 전기가 없을 때(1917년) 나의 목사관에는 카바이트 등을 사용하였다. 그런데 그것이 어떤 때는 잘 타다가 어떤 때는 가물거렸다. 그래서 우리집에는 등이 꺼지면 그 말 안 듣는 램프에게 아주 친절하게 달래보는 재미있는 습관이 생겼다. 우리는 그렇게 하는 것이 도움이 되고 등불이 힘있게 그리고 안정되게 탄다고 상상하였다. 빛이 필요했던 위기상황에서 우리는 말하자면 정령숭배자들을 흉내내고 있었던 셈이다. 벽에다 머리를 부딪칠 때 우리가 하는 짓, 혹은 우리가 하는 말을 우리는 모두 잘 알고 있다. 감정은 고도로 흥분하고 잠시나마 우리는 강력한 정령숭배자가 되는 것이다. 영혼이 흥분을 하고 복수 의욕이 충만할 때 우리는 화풀이를 위해 또 하나의 어떤 의지를 찾아내는 것이다. 망치로 자기 손가락을 칠 때 **성직자들**은 어떤 말을 할까 알고 싶어하는 한 영국 평신도의 호기심은 좀 무례한 것같이 보이지만, 그의 호기심이 충족되었다면 그것은 틀림없이 망치의 정신성 혹은 인격성에 대한 정령숭배적 사고방식의 여러 가지 재미있는 면을 드러내 줄 것이다. 농담은 그만두고, 자극에 의한 감정의 흥분은 자신의 것과는 다른 어떤 의지나 영혼을 상상하게 된다. 매일매일 가축과 같이 일해야 하는 농부는 가축이 자신과 마찬가지로 영혼이 있다고 본다. 그래서 어떤 지역에서는 오늘날까지도 농부의 죽음을 가축들에게 "통보"하는 풍습이 있다. 캄챠달(Kamtschadal)인들은 개가 말을 잘 할 수 있으나 그렇게 하지 않는 이유는 자긍심 때문이라고 한다. 아프리카의 어떤 부족은 원숭이가 말할 수 있으나, 말하면 일을 시킬까 해서 입을 다문다고 생각한다. 계절이 바뀔 때 일어나는 감흥, 추수 때의 위기, 봄이 왔을 때의 기쁨 등은 어떤 영, 귀신, 혹은 신으로 결정(結晶)화된다. 그리스의 부족들은 남쪽으로 이동한다. 그때 확실하지는 않지만 어떤 힘, 이동의 힘이 그들을 도와 주며 이 힘은 돌로 형상화된다. 즉, 아구이에우스(Aguieus)라는 주물이 되는 것이다(6절 참조). 먼 곳으로의 이동으로부터 오는 어려움과 동요, 기쁨과 즐거움, 끝없는 변화와 그치지 않는 불안 등이 돌을 그것에 빌고 감사할 수 있는 인격체, 곧 이동의 신 아폴로 아구이에우스(Apollo Aguieus)로 만드는 것이다.

"감정의 긴장"(strain of emotion)이 숲에는 숲의 요정(dryad)들이 살도록 하고, 냇물에는 물의 요정(nixie)들이 살도록 한다. 거친 자연의 축복과 저주를 받는 농부들의 감정, 그들의 어려움과 환희가 뤼베잘(Rübezahl)이란 형상과 다른 많은 산신령들을 만들었다. 원시 수공예인의 내적 흥분이 그의 연장에 영혼이 있는 것처럼 생각하게 하며, 그 잔재가 영국 선원들로 하여금 배에 대하여 마치 여자에 대해서처럼 말하게끔 하는 것이다. 그리고 같은 감정의 잔재 때문에 기관사나 비행사는 자기들의 기관차나 비행기를 애정을 가지고 마치 생명체를 다루듯 하는 것이다.

그래서 정령숭배에서는 숙고의 요소는 전혀 없다. 삶의 과정, 즉 위기와 희열이 반영될 뿐이다. 사랑하는 사람을 죽인 바다를 향하여 주먹을 휘두르거나, 오랫동안 떠나 있다가 옛집에 돌아오면 가구들이 그렇게 친밀하게 느껴질 때 우리는 정령숭배자다. 개명된 가운데서도 우리는 조금은 정령숭배자가 되는 것을 허락하는 것이다. 일순간 우리는 원시인이 되고 한순간 시인이 된다. 왜냐하면 시인들이야말로 오늘날까지도 진짜 정령숭배자들이기 때문이다. 그들은 감정을 가졌기 때문이다.

플란드(Flanders)의 시인 게젤레(Gezelle, 1830~1899)는 읊기를,

    영혼이 귀를 기울이면
    살아 있는 모든 것이 이야기하고,
    가장 나지막한 속삭임마저
    언어와 표징을 지니고 있다.

빅톨 위고(Victor Hugo)도,

모든 것이 말을 한다고? 잘 들어 보시오. 바람이며 파도며 불꽃이며 나무들, 장미며 바위며 모든 것이 살아 있네, 영혼으로 가득 차 있네.

라고 읊었다.

어떤 감정적인 압박상태에서 인간은 자신의 의지와 조화를 이루거나 아니면 자신의 의지와는 반대가 되는 어떤 다른 의지를 창조한다. 특히 위기상황에서 그렇게 한다. 자신의 능력이나 지식이 한계에 부딪치고 희망이 없고 외로울 때 인간에게는 단 하나만이 문제가 된다. 즉, 신뢰를 되찾는 일이다. 미래에 대한, 사물들에 대한, 우리를 둘러싼 환경에 대한 신뢰이다. 그리고 우리는 다만 한 인격, 한 존재만을 신뢰할 수 있을 뿐이다.

적어도 우리가 아는 한, 정령숭배는 오류이다. 이 점은 타일러가 옳다고 해야 한다. 눈사태가 우리를 덮치는 것은 그렇게 하려는 의지가 있어서가 아니라 그렇게 하지 않으면 안되기 때문이다. 해가 비치는 것도 좋아서 하는 것이 아니라 그렇게 해야만 하기 때문이다. 이런 점에서 헤라클레이토스도 옳았고 현대과학도 옳다. 그리고 정령숭배자들은 정신적으로 뒤떨어진 자들이다. 이렇게 결론을 내리고 그 이상 나아가지 않으려는 사람들에게는 문제는 간단하다. 다만 그들은 동시에 모든 개연성을 무시하고 세상만사 뒤에 역사하시는 예수 그리스도의 아버지를 찾는 그리스도인들도 역시 뒤떨어진 사람들이요, 오히려 정령숭배자들보다 더 뒤떨어진 사람들임을 인정해야 할 것이다. 순전히 과학적·경험적으로 보면 정령숭배의 자의성은 오히려 그리스도교적 사랑의 의지보다 좀 덜 어리석은 것이기 때문이다.

그러나 오히려 "오류를 범할" 수 있다는 것이 인간의 특권이라고 할 수는 없을까? 짐승들은 오류를 범하지 않는다. 선택이 불가능한 확실한 본능에 의하여 움직이기 때문이다. 짐승들은 목적을 향하여 직진하며 항상 적중한다. 프로이스(Preuss)는 원시인들의 "오류들", 즉 마술이나 정령숭배에서 이미 이상주의, 본능으로부터의 해방, 인간 본연의 시작을 본다. 짐승들은 모든 환경에서 자기가 해야 할 일이 무엇인가를 정확하게 안다. 그러나 짐승들은 다만 하나만 안다. 그러나 인간은 선택할 수 있다. 그리고 오류를 범할 수 있다. 그것이 바로 인간의 위대함이다. 만약 사냥꾼이 아무 짐승도 못 잡으면, 그는 전에 맺었던 짐승들과의 우호관계에도 불구하고 짐승들이 그를 섬길 **의사가 없는 모양이라고** 생각한다. 물론 그것은 사실이 아니다. 그러나 인간은 "상황"에 굴복하려 하지 않는다. 자기에게 유리하든지 불리하든지 관계없이, 인간은 자신을 둘러싸고 있는 주위세계와 어떤 관계를 유지하기를 "원한다" — 절망에 빠지거나 불안에 싸인다 하더라도. **왜냐하면 오직 절망 가운데서만 신뢰는 회복될 수 있기 때문이다.** 정령숭배란 하나의 "너"를 찾는 나의 위기행위다. 그 "너"를 미워해야 한다 해도 역시 찾는다. 더 이상 견딜 수 없을 만큼 이 세상에서 외로운 사람은 심지어는 풍차와 술부대를 상대로 싸우기라도 해야 한다. 정령숭배의 비극은 돈키호테의 이상주의의 비극이요 위대함이다. 이상주의의 승리는 바로 선택이 불가능한 본능을 상대로 한 정신의 자유의 승리라 할 수 있다. 하느님도 자유롭고 인간도 자유롭다. 신에 대한 표상이나 영혼에 대한 표상에서 정령숭배가 지닌 중요성은 과장하기 어렵다. 정령숭배가 없이 불교는 생각할 수 있을지 모르나 그리스도교는 불가능하다. 유물론은 정령숭배를 전제하지 않을 수 있으나, 플라톤이나 칸트는 정령숭배를 전제하지 않을 수 없다. 쐬더블롬(Söderblom)이 멋지게 보여준 대로, **우리의 현대적·그리스도교적 자기 의식과 신 의식은 궁극적으로 원시인들이 세계의 배후에서 자기 자신 안에서 발견할 수 있는 것과 같은 어떤 의지, 자기 자신과 같은 어떤 형상을 찾으려 하는 투쟁에 근거해 있는 것이다.**

제 10 절

어머니와 아버지

인간이 삶에서 만나는 힘은 그에게 하나의 의지와 형상으로 나타난다. 우리는 짐승의 형상에 얼마나 큰 의미가 부여되었는가를 살펴보았다. 그런데 인간의 형상도 매우 중요한 의미를 가진다. 힘은 인간에게 다른 인간의 형상으로 나타난다. 즉, 어머니와 아버지의 형상으로 나타난다. 여기서도 인간이 자기의 형상 혹은 부모의 형상을 따라 신을 만드는 것은 아니다. 오히려 어머니와 아버지의 특수한 힘에서 인간은 이미 어떤 비상한 것, 어떤 성스러운 것으로 군림하는 신적인 요소를 발견한다. 사람이 사람의 형상에 따라 신을 만드는 것이 아니라 인간적인 것에서 신적인 것을 발견하는 것이다.

본래 이 신적인 것은 주어진 것, 즉 여자와 남자의 생식기 외에는 아무 형상도 가지지 않았다. 생식기의 신비스러운 기능과 힘은 사람의 일생에 있어서 가장 놀라운 힘의 표현이다. 인간은 여성의 음부와 남성의 성기를 숭상하고 동시에 두려워한다. 뉴질랜드에서는 "남자를 파멸시키는 것은 여자 성기의 마나이다"라는 말이 있다. 남녀의 성기를 두려워하고 숭상하는 것은 도처에서 찾아볼 수 있다. 인도의 **링감**(lingam)숭배와 그리스의 **헤르멘**(hermen)만 예를 들겠다. 헤르멘은 사람의 머리와 남자의 성기를 가진 기둥인데, 처음에는 단순히 남자의 성기뿐이었다. 생식기에 의해 힘은 비로소 인간의 모습을 띠기 시작하는 것이다. 어떤 의미에서 남근은 가장 오래된 신이고 여음은 가장 오래된 여신이다.

사실은 뒤집어 생각해야 한다. 세계 도처에 남신과 여신이 같이 나타나는데, 여신이 가장 오래된 것이란 사실은 의심할 여지가 없다. 어머니와의 관계는 아버지와의 관계보다 인간의 영혼 속에 훨씬 더 깊이 정착되어 있다. "아비란 항시 못 믿을 것"(pater semper incertus). 그러나 아이와 어머니와의 결속은 너무나 밀접한 것이어서, 사람의 가장 첫, 그리고 결정적인 시기에 일체를 이루고 있다. 아이는 어머니의 일부며, 다만 매우 천천히 어머니의 몸으로부터 분리된다. 그리하여 사람이 자신의 삶을 지배하는 힘을 무엇보다도 먼저 어머니의 형상으로 이해하는 것은 조금도 놀라운 일이 아니다. 인간이 어머니의 형상을 제일 먼저 만나는 곳은 인간이 그리로부터 태어나고 그리로 되돌아가는 대지이다. 그리스인들에게서 가이아(Gaia, 땅)는 모든 것을 태생시키고 모든 것을 다시 그 태 속으로 받아들인다. 어머니로서의 대지이고, 자신들의 고향 땅이며 모든 것을 생산하고 모든 것을 죽이는 전적으로 선하고도 무서운 힘이다. 인도에서는 두르가-칼리(Durgā-Kālī)가 그런 신으로서, 사람의 해골로 된 목걸이로 장식한 피비린내 나는 어머니이지만, 동시에 "반데 마타람"(bande mataram), 즉 "어머니 인사드립니다"라는 소리로 인사를 받는 인도의 고향 땅이다. 러시아에서 그것에 해당하는 것은 "러시아 대지"로서, 민속적 관념에서는 성모와 관련되어 있으며 타락한 아들들을 슬퍼하며, 사람들은 맹세할 때 거기에 입맞추고 거기에다 자신들의 죄를 고백한다.

어떤 때는 어머니가 "야생적 어머니"(potnia theron)로 나타나 아르테미스(Artemis)처럼 들짐승들과 함께 산다. 그리고 바빌론의 이쉬타르(Ishtar)나 그리스의 아프로디테처럼 광적인 사랑을 하기도 한다. 인도의 칼리(Kālī)처럼 아르테미스는 본래 도살신으로서 그 신전은 도살장이었다. 여기서는 야생적이고 길들여지지 않는 자연의 힘으로 나타나는 것이다. 그와는 대조적으로 그리스인들의 데메테르(Demeter)는 밭의 여자요, 민속에서 "옥수수 어머니"다. 여인을 밭에다 비유하고 싹이 돋는 것을 아기가 태어나는 것과 비교하는 것은 세계 자체만큼이나 오래되고 넓게 퍼져 있는 생각이다. 지그리드 운세트(Sigrid Unset, 1882~1949. 노르웨이의 여류 작가 — 역자 주)는 여인에게서 밭을, 그리고 밭에서 어머니를 발견하는 이 태고적 관념을 매우 아름답게 표현하였다: "어머니는 새 아이들을 낳은 우리 어머니였다. 어머니가 손을 펴시면, 그들이 필요한 모든 것이 거기서 흘러나왔다. 불이 화덕에 있듯 어머니는 농가에 계셨다. 후사비(Husaby) 밭이 추수할 곡식을 안고 있듯 어머니는 집안 사람을 모두 안고 있었다. 마구간의 소와 말처럼 생명과 온기가 어머니로부터 흘러나왔다." 다른 사람들을 위하여 농사를 짓는 여자는 동시에 쟁기와 밀접하게 연결되어 있다. 땅은 본래 여자들이 경작했지만 남자들의 연장이자 남자 성기의 모양을 한 쟁기가 땅의 경작을 떠맡은 후에도 여자들은 여전히 땅과 연결되어 있다. 쟁기로 밭을 가는 것은 씨를 뿌리고 싹을 내는 일종의 성행위이다. 밭의 힘은 역시 여성적인 것으로 남아 있다. 그래서 문화생활도 항시 여성적인 형태를 취한다. 농부의 문화뿐만 아니라 도시인들의 문화도 역시 여성적인 것으로 이해된다. 그리스인들의 헤라(Hera)는 다름아닌 헤로스(Heros)의 여성형인데, 그것은 곧 도시의 "아내"란 말이다. 우리도 역시 게르마니아(Germania), 브리타니아(Britania) 등 도시의 수호자를 여성으로 상정할 수밖에 없는 것이다. 인간의 주거를 가능하게 하는 불이나 화덕도 자주 여성으로 생각한다. (화덕과 가정생활의 여신인) 베스타(Vesta)는 어머니다. 나무꼬챙이를 돌려서 불을 일으키는 옛 방법도 쟁기질과 마찬가지로 일종의 성행위로 간주되었다.

아마도 이런 의례와 표상은 모두 모권이 지배하던 사회제도에서 기인했을 것이다. 즉, 가족이 모계로 이어지고 아버지는 가족관계에 관한 한 이방인으로 남아 있던 상황을 반영하는 것이라 할 수 있다. 이러한 사회적 관계를 반영하는 종교적 형상은 선사시대의 유럽이나 중동 지역에서 숭배되던 모신(母神)이다. 모신은 자기와 동등한 가치를 지닌 남신을 용납하지 않았다. 다만 소년신만 용납한 것이다. 마그나 마테르(Magna Mater, 大母)인 시벨레(Cybele)와 아티스(Attis)나 혹은 아도니스(Adonis)와의 관계는 가장 유명한 예이다. 젖가슴과 성기 부분이 강조된 어머니의 나상(裸像)은 이미 선사시대에 존재했다.

어머니와의 관계가 아버지와의 관계로 바뀌어짐에 따라 모권은 가부장제도에 의하여 밀려나고, 부신(父神)이 중요한 자리를 차지하게 되었다. 신과 여신이 거룩한 혼인을 통하여 결합하고, 거기서 만물이 나오는 것으로 된다. 하늘은 아버지, 땅은 어머니란 생각이 그리스 사람들과 다른 민족들 사이에 나타난다. 헤로도투스가 확인한 바 이집트인들은 모든 것을 다른 사람들과는 다르게 한다는 소문을 증명이라도 하듯 그들은 땅을 남성으로, 하늘을 여성과 어머니로 간주했다.

어머니에 대한 인간의 유대가 매우 강한만큼 힘을 어머니로 숭상하는 것은 인간의 심성에 깊이 뿌리박고 있다. 일어나는 모든 것이 태생으로 취급되는 것이다. 어머니 힘의 깊은 태내로부터 만물이 출생하고 만물이 안전하게 숨겨진다. 어머니 형상이 얼마나 강력한 힘을 가졌는가 하는 것은 본래 아버지형 종교라 할 수 있는 이슬람과 그리스도교가 어머니를 위하여 자리를 만들지 않으면 안되었다는 사실에서도 볼 수 있다. 물론 영지주의 종파에 국한된 것이긴 하지만 이슬람은 예언자(무함마드)의 딸 파티마(Fatima)를 어머니로 숭상하였고, 그리스도교는 그 모체인 유대교보다 아버지형 종교에 덜 충실했다. 그리스도교는 431년 7월 22일에 에페소에서 마리아를 **테오토코스**(*theotokos*, 신의 생모)라고 선포한 후, 바로 소아시아에서 그렇게 사랑받던 어머니의 태고적 형상〔"에페소인 다이아나"(Diana the Ephesian)〕에다가 교회 내에서 독자적인 위치와 점점 영광스런 자리를 부여했다. 그리스도교에서 어머니-처녀를 위한 두번째 성전은 로마의 산타 마리아 마지오레(Santa Maria Maggiore)였다. 또한 놀라운 것은 아테네의 만신전(萬神殿, Panthenon)이 마리아의 교회로서 봉헌됨으로써 그리스의 어머니-처녀 숭배가 마리아 숭배로 흡수된 것이다. 역사의 기이한 인연이라 하지 않을 수 없다. 그리스도교의 마리아 숭배에는 태고시대의 자취가 남아 있다: 마리아는 밭, 비록 손대지 않을지라도 열매를 산출하는 "경작되지 않은 땅"(terra non arabilis)인 것이다. 초기 그리스도인들은 서로 인사할 때, "당신은 당신의 형제를 보았습니까? 그리고 당신 주님을 보았습니까?"라고 물었다. 그러나 마리아 신비주의자들은 "당신은 당신 누이를 보았습니까? 그리고 당신은 하느님의 어머니를 보았습니까?"라고 물었다 한다(Buonaiuti). 스페인의 트라피스트(Trappist) 수도원에서의 마리아 숭배를 우나무노(Unamuno, 1864~1936)가 아주 인상적으로 기술하고 있는데, 그는 그 숭배의 가장 깊은 뿌리를 드러내보여 주었다. 거기서 드리는 연도(連禱)는 "일종의 자장가였다. 죽음으로의, 아니 그보다도 다시 태어남으로의 자장가였다.

마치 사람이 삶을 다시 시작할 것을 꿈꾸고 있는 것 같았다. 다만 그것은 정반대 방향으로 가는 삶이었다. 즉, 감미로운 어린 시절로 다시 돌아가서 어머니의 젖이 지닌 천국의 맛을 다시 한번 입술로 맛보고 평화롭고 아늑한 모태로 돌아가서 거기서 태어나기 이전의 삶의 달콤한 꿈을 꾸고 수천 수만 년 세세무궁토록 단잠을 자려는 것 같았다".

아버지는 어머니보다 훨씬 멀리 떨어져 있다. 모계사회에서는 아버지와 자식 간의 관계가 거의 전적으로 부정된다. 예를 들어 오스트레일리아의 트로브리안드(Trobriand) 섬에는 어머니의 남편과 부인의 자식간의 관계 정도만 인정되고 있다. 얼마나 아버지와의 관계가 불확정적이고 불안정적이었는지는 임금의 아들이 아버지 시체의 국을 마심으로써 대를 잇는 권리를 얻게 되는 고대 중국의 관습에 잘 드러나 있다. 대물림이 식인적 방법으로 이루어진 것이다. 그런 것을 통해서 불확실한 관계가 확실해지는 것이다. 중국에서는 오랜 동안의 발전 과정을 거쳐 아버지와 아들이 서로 혈연관계가 있다는 사실을 인정하게 되었다. 그들의 관계는 고대 로마에서 그랬듯이 우선은 법적인 관계지 육신적인 관계가 아니었다. 바로 이런 불확실성 때문에 아버지 형상이 종교에 중요한 자리를 차지하게 되었다. 사회적으로 그것은 가부장제도를 뜻하나, 종교적으로는 신앙이다. 부신(父神)의 그늘에서 일어나는 것은 출생이 아니라 역사다. 바로 그 역사 속에서 인간은 눈에 보이지 않는 아버지의 손을 찾아 더듬는 것이다.

무엇보다도 먼저 아버지는 당연히 어머니의 남편이다. 어머니와 성스러운 혼인을 한 사람이다. 그런 아버지는 그리스인들에게는 "대지의 지배자"요 "대지를 임신시키는"(gaiaochos) 포세이돈(Poseidon)이다. 서부 셈족에게는 그것은 **바알**(Baal)로 나타나는데 대지의 남편으로서 비를 내리고 열매를 맺게 하는 주이다. 이스라엘 민족의 야훼도 그의 백성과 함께 사막으로부터 와서 약속된 땅에 농사를 위해 정착했다는 의미에서 바알의 특징을 취한다. 그러나 그는 땅과 결부되지 않고 배필을 두지 않는다. 그는 떠돌이 삶의 자유로운 신으로 남아 있고, 땅이나 백성과 어떤 물리적인 관계를 맺고 있지 않는 신이다.

아버지 형상이 종교에 가지는 의의는 대단하다: "하늘에 계신 우리 아버지"

란 기도에서도 그것을 엿볼 수 있다. 칼뱅은 이것을 매우 아름답게 말하기를, "그래서 우리에게 아버지 되는 분은 그 속에 어느 정도의 신적인 것이 있다고 하는 것이 정당하다. 왜냐하면 신의 호칭은 근거없이 주어지는 것이 아니기 때문이다. 우두머리 된 자, 주(主)가 된 자는 적잖게 하느님과 명예를 공유하는 것이다"라고 했다.

제 11 절

구 세 주

어머니와 아버지 형상 다음에는 아들의 형상이 중요하다. 아들은 미래의 희망이요 그 가족의 생명이며 가문을 이어갈 사람이다. 많은 민족들간에는 아들이 죽은 조상에게 제사를 드리며 그렇게 함으로써 그들 자신과 일족의 생명을 보존한다. 이집트에선 아들을 "[죽은] 아버지가 사랑하는 아들"이라 부른다.

아들로부터 사람들은 "구원"을 기대한다. 대부분의 민족과 종교에서는 인도-게르만어의 "구원"(Heil)이란 단어와 같은 뜻을 지닌 표현이 있다: 로마인들에게는 **쌀루스**(salus, 구원), 셈족에게는 "평화"가 그런 뜻을 가지고 있다. 그것은 구호(救護), 삶의 안전 등을 뜻한다. 따라서 구원이란 건강·행복·복지·좁은 의미로서의 평화·승리·성공·죄로부터의 자유·영원한 삶 등을 뜻하고, 이 모든 것을 합친 것, 혹은 그 이상의 어떤 것을 뜻한다. 그것은 인간이 가지기를 원하되 가지고 있지 않는 것들의 총화이며, 모든 종교는 이런 구원을 얻으려 노력한다. 그런 의미에서 모든 종교는 구제(救濟)의 종교다. 구원이 결핍되어 있다는 것을 인식하고, 회복 혹은 구호를 바라며 찾는 것이다.

이 구원은 "구원자"에 의하여 이루어진다.

세계 여러 곳에서 사람들은 봄이나 가을에 다산력의 상징 같은 것을 들고 돌아다니는 일이 있는데, 그것이 다산력을 지닌 물질, 혹은 생명의 **마나**를 마을에 가져온다고 믿는 것이다. 그리스인들은 그것을 **에이레시오네**라 불렀으며, 우리 서양인들에게는 감람나무 가지가 그런 힘을 가진 것으로 되어 있다. 이것은 힘의 숭배(dynamism)의 한 특수한 형태이다. 만약 봄의 축복이 어떤 인격체의 형태로 오게 되면 그것은 정령숭배(animism)가 된다. 그런 일은 자주 일어난다. 성령강림제의 놈팽이, 성령강림 꽃, 오월의 왕, 혹은 그외에 다른 이름으로 표현되는 것들이 그 예들이다. 환경이 유리해지면 이 봄의 생명력을 가져온 사람이 신 혹은 구원자의 위치로 발전한다. 그리스에서는 꽃이 핀 월계수 가지 외에 그것을 소지하고 있는 인격체인 아폴로가 구원자가 된 것이다. 그외에도 종교사에는 그런 구원을 가져오는 많은 존재들이 있었다. 다만 그리스에서만 이들이 가장 뛰어난 신들의 형상들 가운데 한 중요한 부분을 이루고 있다. 그런 신들은 "앞으로 올 신들"로서 그들의 본질은 동적인 데에 있다. 그들이 온다는 것은 구제를 의미한다. 볼테르(Voltaire)의 야유는 본인이 인식한 것보다 더 타당했다:

> 그러나 천둥을 주거로 삼는 당신
> 조금 내려오실 수 없나이까?
> 땅 위에 다니는 사람이 아무도 없으면
> 하느님이 되는 것도 고통일 것입니다!

자연 속의 생명을 주관하는 그런 신들은 일년 중 좋지 않은 계절에는 낯선 곳, 지하세계나 죽음의 세계에 가버린다고 사람들은 생각한다. 그러다가 봄이 되면 다시 나타나는 것이다(顯現, epiphany). 예를 들어 아주 오랜 의례에 의하면 사람들은 나팔을 불어 디오니소스를 지하세계로부터 불러내고, 엘리스(Elis)에서는 여자들이 "불러내는 노래"를 부른다. 본래 이런 구원자의 상과 오월 왕의 상 사이에는 별 차이가 없다. 오월의 왕의 경우에는 생명이 실제적으로 의례에 의해 인격화되는 대신, 전자의 경우는 신화적으로 인격화될 뿐이다. 그러나 델피의 아폴로는 월계수를 든 소년으로 나타나므로 두 가지 형태가 종합되어 있다고 할 수 있다. 신적 생명은 사람의 형상을 취한다. 그러나 구원을 가져온다고 믿는 사람은 신적 힘을 소지한다. 그들의 도래는 기적을 수반한다. 스피타마 짜라투스트라(Spitama Zarathustra)가 태어날 때는 식물들과 물들이 탈아경에 빠지고, 디오니소스가 "올" 때는 샘의 물이 변하여 포도주가 된다. 요한복음서도 같은 현현의 기적을 말하고 있다. 다만 자연의 놀라운 풍요를 하느님

제11절 97

의 사랑의 놀라운 풍요로움으로 만들었을 뿐이다.

　그런데 많은 민족들에는 신인(神人)적 구원자에 대한 표상이 초인적 신에 대한 표상보다 먼저 나타나는데, 그것이 어떻게 가능했는지 생각해 보는 것은 매우 중요하다. 다산력을 가져온다고 생각되는 존재들은 마을이나 도시 수만큼 많았는데, 그들은 후대에 와서는 신인적(神人的) 성격을 지닌 몇몇 형상으로 합쳐졌다. 그리스에서는 주로 디오니소스와 아폴로, 이집트에서는 오시리스(Osiris), 그리고 근동에서는 탐무즈(Tammuz) 혹은 아도니스(Adonis) 등이 그 예다. 이들은 그리스의 식민에 의해 지중해 주변 국가들이 한데 뭉쳐서 이룩된 그리스-동방 세계에서 밀의종교들의 신들로 바뀌어졌다(22절 참조). 이 밀의(密儀)종교들의 한가운데는 구원자의 역사가 자리잡고 있다: 그의 고통, 그의 죽음 그리고 그의 부활이다. 자신을 신에게 헌신하고 그의 고통과 죽음에 동참하는 신도들은 그의 승리, 영원한 삶에도 동참하는 것이다. 식물의 성장과 변화, 천체들의 운행 등 본래는 자연적인 현상이었던 것들이 인간의 삶과 죽음의 상징이 되고, 동시에 인간의 죄와 속죄의 상징이 된다. 이미 고대 이집트에서 오시리스의 종은 제의를 통해 그 주인과 동일체가 되고 죽은 후 그 구원자의 불멸에 동참할 뿐 아니라 그의 의(義)에도 동참한다: 오시리스처럼 신들의 재판소에서 그는 의롭다는 판결을 받는다.

　우리는 또한 **왕**(king)이 구원자로 간주되는 것도 보게 될 것이다. 즉, 왕이 자기 통치기간 동안에 구원을 가져오는 자로 간주되는 것이다. 왕은 "운이 좋은 군인" 이상으로서, 반은 사실적 반은 신화적 존재가 되는 것이다. 오늘날의 오월의 왕들 혹은 오월의 여왕들은 우리들의 입헌군주들보다 오히려 더 옛날 왕이 가졌던 본질적인 모습을 많이 지니고 있다고 할 수 있다. 왕은 생명력의 소유자로 통했다. 어떤 때는 민속극의 매우 인기있는 인물이 되며, 어떤 때는 완전히 신화의 세계로 들어가 신이 되고 만다. 그리고 어떤 때는 왕으로 남아있지만 신의 영광을 누리기도 한다. 왕위에 오르는 것은 구원자의 현현으로 받아들여지고, 새 시대, 새 연호(年號)가 그와 함께 시작되기도 한다. 그의 권력과 그의 구원의 능력은 땅 위의 생명 전체에 미치는 것이다. 어진 왕은 산에서 주무시고 있고, 바르바로사(Barbarossa, 신성로마 제국의 황제 프리드리히 1세)의 수염은 길게 자란다. 그러나 제국의 어려움이 극도에 달했을 때 — 혹은 마지막 심판 날에 — 그는 키프호이저(Kyffhäuser)로부터 나와서 그의 방패를 마른 나무에 걸어놓는다. 그러면 그 나무는 새 잎이 나기 시작하고 이와 함께 온 세계가 초록이 된다: 새롭고 더 좋은 세상이 시작되는 것이다.

구원자에 대한 표상에는 여러 가지 요소들이 복합적으로 나타난다: 초봄, 젊은 왕, 자연의 죽음으로부터 구원하는 자, 온갖 종류의 위험으로부터 구해 주는 자 등. 그러나 어떤 의례나 습관의 창시, 기술과 학문의 발견처럼 단 한 번 일어나는 사건도 구원자의 덕이라고 생각하는 경우가 있다. 소위 "문화를 가져 오는 자"는 구원자의 모습을 띠기도 하고 "지존자"(至尊者)의 형태를 취하기도 한다(후자에 대해서는 뒤에 더 취급될 것이다). 또 성인 혹은 영웅의 모습을 가지기도 한다: 오시리스는 인간에게 농업을 가르쳤고, 그리스의 성모 데메테르는 생명을 주고 죽음에서 구출해 주는 자로서 농사의 축복뿐 아니라 법과 관습의 규칙과 질서를 가져다주는 자이기도 하다. 병이 들 경우에도 사람들은 이런 구원자-신들에게 구조를 호소한다. 그리스어로 **쏘테르**(sōtēr, 구원자)는 위기로부터의 구조자, 안전과 복지의 수호자, 질병의 치료자, 왕, 영웅 등 앞에 언급된 많은 것들을 포괄한다.

물론 종교마다 구원은 서로 다른 성격을 가지고 있다. 구약성서의 **테슈아**(teshuah)는 전쟁의 승리를 뜻하지만, 헬레니즘의 영향 아래 있던 유대인들에게는 조금 다른 뉘앙스를 풍기는 **쏘테리아**(sōtēria, 구원)가 된다. **테슈아**와 그 결과로서의 **평화**(shalom)에는 비와 다산도 포함된다. **쏘테리아**는 점점 더 오직 죽음에만 관련하여 정신적·윤리적 그리고 물질적으로 이해되게 된다. 그러나 그외의 다른 의미도 계속해서 함께 작용한다. 종교적 표상들은 마치 음(音)과 같다. 때리면 가장 기본적인 소리가 나지만, 여러 가지 배음(overtone)들과 저음(undertone)들이 함께 울리는 것이다.

어떤 종교가 확산되면 그만큼 더 보편적인 성격을 띠게 되며, 그 종교가 내세우는 구원자는 한층 더 고상하고 힘있는 존재로 나타난다. 특정한 경우나 특정한 지역의 구원자가 온 세계의 구원자로 등장하는 것이다. 그 한 좋은 예가 페르시아의 구원자 소시얀트(Soashyant)다. 처녀로부터 기적적인 방법으로 태어나서 그는 아주 어려운 때, 즉 위기에 등장한다. 그가 하는 일은 **프라쇼케레티**(frashokereti), 즉 세계의 회복이다. 전인류가 육체적으로 부활하고, 선한 자들은 악한 자들로부터 분리되며, 전세계는 불에 탄다: 악행자는 불에 타버리나 의로운 자들은 정화되어 흠없고 영원한 세계에서 새로운 삶을 산다.

구원자에 대한 이러한, 그리고 이와 유사한 표상에서 특징적인 것은 그 구원자가 이제는 어떤 특정한 시대의 생명을 가져오는 자도 아니며, 자연의 개화기의 주기적 회귀에 대한 열망을 대변하는 자도 아니며, 위기와 어려운 때가 지나가고 평화가 오기를 바라는 희망의 대변자도 아니라는 사실이다. 오히려 그는 역사의 마지막 때로 옮겨지고, 최종적 위기로부터 최종적으로 구조받기를 바라는 소망을 충족시키는 자로 변신한다. 구원자의 의미가 매우 중심적이 된다. 그러나 그것만이 아니다. 세상에서 일어나는 변화들은 더 이상 각각 독립된 시기들의 교체로 간주되지 않고, 하나의 거대한 전체로 간주된다. 이 전체 속에서의 구원자의 사명은 결정적이다. 즉, 그는 역사를 지배한다. 이제 그는 더 이상 신화적·제의적 혹은 비역사적 생명의 소지자가 아니며, 역사상의 왕도 아니다. 오히려 역사로부터 출현하지만 역사의 처음과 마지막을 지배하는 인격이 된다. 그렇게 이해된 구원자는 시간 내에서 태어나나 그의 사명은 시간과 영원의 경계선, 즉 마지막 날에 있다. 그리고 그가 앞으로 오게 될 것처럼 그는 과거에 영원부터 영원까지 존재했다. **재림**(parousia)에 대한 기다림의 맞은편에는 그의 **선재**(先在, preexistence)가 있는 것이다. 종교적 개념이 방해받지 않고 자발적으로 전개될 때 후자의 관념이 아직도 매우 생생하게 살아 있다는 것은 어느 예닐곱 살짜리 도시 소년이 예수에 대하여 지은 글에 잘 나타나 있다: "주 예수는 항상 착한 일만 하시고, 주 예수는 사흘 후에 부활하셨고, 주 예수는 십자가에 못박혔으며, 주 예수는 **하늘에 태어나신다**."

이런 모든 사상은 그리스도에게 적용된다. 오히려 그가 그 모든 것의 가장 본질적인 것을 자신에게 적용시켰다 하는 편이 나을 것 같다. 붇다는 자신의 교설을 자신의 인격보다 더 중요하게 여겼으며, 소크라테스는 사람들이 진리에 관심을 기울일 뿐 자기에 대해서 관심을 기울이는 것을 원하지 않았으나, 예수는 등장하여 자신의 인격을 한가운데 놓았다: 즉, 길이요 진리요 생명이라 한 것이다. 제자들은 곧 나가서 옛 구원자 사상을 전파하였다: 그러나 예로부터 이방인들에게도 전파되었던 구원자, 그리스도는 예수이다(사도 18,28).

제 12 절

선조들과 왕들

앞에서 우리는 **마나**를 소유했다고 생각되는 사람들이 죽은 뒤에 숭배된다는 사실을 보았다. 신적인 것을 인간을 통해서 인격화하는 경향은 일반적이다. 이것은 우선 죽은 자들에 대해서 나타난다. 죽음은 사람과 사람을 분리시키고 말하자면 사람을 영광스럽게 변모시킨다. 자기 아들의 죽음에 대해서 말하는 『**바울로의 각성**』이라는 책에서 네덜란드의 작가 프레데릭 판 에덴(Frederik Van Eeden, 1860~1932)은 말한다: "이제 그가 떠난 후, 그는 한층 더 높은 차원의 존재가 되었다. 그는 신적 존재가 된 것이다. 그는 나의 매개자로서 그를 통하여 나는 만물을 느끼게 되었고 만물이 인격적으로 되었다." 이것은 판 에덴 자신이 분명하게 인정한 것처럼 원시인의 느낌을 그대로 따라 느낀 것이다. 원시-고대 세계에서는 사자가 힘과 지혜에 있어 살아 있는 사람들보다 더 우월하다고 믿었다(이에 대한 예외가 하나 있는 것같이 보이나, 이에 대해서는 후에 영혼불멸을 논의할 때 다시 언급하겠다). 그리스인들은 죽은 자들이 **크레이토네스**(kreittones), 즉 더 강력한 자들이라고 했다.

산 자들 속에도 죽은 자들의 힘이 있다. 마이어(Meyer, Conrad Ferdinad, 1825~1898. 스위스 시인 — 역자 주)는 그것을 느꼈고 잘 표현해 주었다:

    우리 죽은 자들, 우리 죽은 자들은
    너희들 땅 위에, 너희들 바다 위에 있는 자들보다 더 큰 무리다!
    우리는 인내 깊은 행동으로 밭을 갈았고,
    너희들은 낫을 휘두르며 곡식을 베는구나.
    그것이 아직도 저 위 요란한 샘을 채우누나.

그리고 우리가 완성하고 우리가 시작한 것,
우리의 사랑과 미움과 다툼이
아직도 저 위 죽을 자들의 혈관 속에 맥박치는구나.
우리가 발견한 올바른 법들에
땅 위의 모든 변천이 매여 있구나.
. . . .
우리는 아직도 항시 인간적 목적을 추구하노니,
그런즉 숭배하고 제물을 드리라! 우리는 많으니까!

시인은 예로부터 인간의 정신을 움직이는 것이 무엇인가를 알고 이해했다: 인간은 조상에게 매여 있고, 죽은 자와 산 자는 일체를 이루며, 죽은 자의 수가 많다는 사실을 안다. 그러므로 숭배하고 제물을 드려야 하는 것이다!
 물론 사자의 형체는 약해지고 사라진다. 그들은 종종 그림자에 불과하다. 그러나 그들의 힘은 이와 역비례로 증가하는 것이다.
 인간은 그들을 두려워해야 하고 숭배해야 한다. 특별히 사자들이 배회하는 "전염의 위험"이 있는 날들에는 그들을 두려워하고 제물을 드려 달래야 한다. 만령절(萬靈節, All Souls' Day)은 이미 아테네와 로마에서 지켰다. 유럽 여러 나라들에서는 아직도 죽은 자들의 "광기 있는 사냥"이란 것을 말하고 있다. 사자들의 신 보탄(Wotan, 고대 게르만 신화에 나오는 신 ― 역자 주), 혹은 "광분하는 자"〔그리스에서는 헤카테(Hekate)〕에 이끌려 죽은 자들이 음산한 밤 ― 특히 소위 "열두 밤" ― 에 공중을 질주하면서 사냥한다는 것이다. 티롤(Tirol) 지역에서는 먹다 남은 과자를 식탁 위에 놓고 촛불을 켜 놓는데 그것은 만성절(萬聖節, All Saints' Day) 저녁 종이 울릴 때 연옥으로부터 땅 위로 오는 "불쌍한 영혼들을 위한" 것이다. 멀리 떨어진 뉴기니아의 트로브리안드(Trobriand) 군도에서도 해마다 죽은 자의 잔치를 벌인다. 세계 도처에서 사람들은 죽은 자를 위해서 무덤에서 제사를 지낸다. 고대 이집트인들은 사막의 모래 무덤에서 제사를 지냈고, 수리남의 덤불 흑인들도 제사를 지냈으며, 초기 그리스도인들도 그렇게 하였다.

  그리스의 영웅숭배는 호머의 시들이 즐겁게 하려고 겨냥했던 계층에서는 인정되지 않았으나 그럼에도 불구하고 대중들 사이에서 매우 중요한 자리를 차지하고 있었다. 델피의 사제들은 사자숭배를 좋아했다. 사람들은 사자숭배 때에 다분히 자신들이 당할 장래 운명을 생각하기도 했다. 왜냐하면, 이 **크레이토네스**(kreittones, 더 강력한 자들. 즉, 죽은 자들 — 역자 주)가 아무리 강하다 해도 — 사람들은 심지어 자식 복을 위해 그들에게 호소하기도 한다 — 그들 역시 후손들의 제사로 먹고 살 수밖에 없는 것이다. 그리스 시대에 이런 생각이 얼마나 뿌리깊었던가는 에피쿠로스(Epicurus)의 예에서도 볼 수 있다. 그는 사람이 죽으면 아무것도 상관할 수 없다는 자신의 교설에도 불구하고, 키케로에 의하면, 유언서를 통해 자신의 영혼을 위해 제사해 줄 것을 당부했다고 한다.

  살아 있는 사람들로서는 주로 왕이 많은 나라와 시대에서 숭배의 대상이 되었다. 우리는 볼테르의

> 최초의 왕은 운 좋은 군인이었다

라는 말을 잘 알고 있다. 이 지혜는 다른 많은 볼테르의 지혜와 마찬가지로 근거없는 것이다. 왕위란 종교적 바탕 위에 근거해 있다. 만약 왕의 "운 좋음"에 대해서 말한다면 그것은 원시 혹은 고대인들의 사고방식에 따라 주술적·종교적 의미로 이해해야 한다. 왕에 대해서 원시인들이 가지고 있는 생각은 우리의 것과 전혀 다르다. 『오디세이아』에 보면 선한 왕이 다스릴 때는 땅이 많은 소출을 내고, 나뭇가지는 열매로 휘어지며, 들에는 가축이 붐비고, 바다는 고기로 가득 찬다고 되어 있다. 왕의 힘이 자연까지 포함하여 존재하는 모든 것에 미친다는 생각은 거의 보편적이다. 우리는 이것을 원시적인 것을 아름답고 순수하게 느끼게 하는 입센의 『콩셈네르네』(*Kongsemnerne*)의 한 대목에서 발견할 수 있다. 거기서 한 농부는 말하기를 하콘(Haakon)이 왕으로 남아 있는

동안에는 나무는 두 배나 많은 열매를 맺고 새들은 여름마다 두 배나 많은 새끼를 깐다고 한다. 게르만족의 전설에는 이런 생각이 어떤 특별한 왕권, 즉 왕의 **마나**에 대한 관념에 근거해 있음이 드러난다. 그 힘은 아무도 거역할 수 없는 마력을 가지고 작용한다고 본 것이다. 한 버려진 아이가 란고바르덴(Langobarden) 왕 아길문트(Agilmund)의 창자루를 잡는다. 그러자 "힘이 왕으로부터 빠져나간다". 왕의 **마나**가 아이에게로 옮겨간 것이다. 그리하여 왕은 그 아이를 양자로 삼아 왕위를 잇게 한다. 마다가스칼(Madagaskar)에서는 왕이 왕위에 오를 때 백성들에게 반복해서 묻는다: "내가 **하시나**(hasina)를 가지고 있느냐? 가지고 있느냐? 가지고 있느냐?" 그러면 백성들이 대답한다: "당신은 **하시나**를 가지고 있습니다." 그래야만 비로소 그는 왕의 직위를 받을 수 있다. 그가 신적인 힘을 지니고 있음이 증명되었기 때문이다. 만약 그 힘이 그로부터 떠나면 그는 왕의 임무를 다할 수 없게 된다. 사울의 예를 우리는 잘 알고 있다. 원시적 왕제(王制)에서는 일정한 기간이 지난 후 왕의 **마나**가 다 되었다고, 즉 그 힘이 소진되었다고 생각될 때, 왕은 그의 힘을 보여줌으로써 자신의 자리를 지켜야 했다. 만약 그가 약하다는 것이 드러나면 그는 죽어야 한다. 이스라엘 백성에게 매우 중요한 역할을 하는 고난당하는 왕에 대한 생각은 여기서 그 뿌리를 찾을 수 있다. 프랑크족의 여왕 프레데군데(Fredegunde)는 자신의 아이 클로타르(Chlotar, 584~628 통치)를 전장터로 데리고 간다. 그가 지닌 왕의 **마나**가 그의 승전을 보장하기 때문이다. 이와 동일한 힘 — 우리의 관념으로는 초자연적인 — 이 인도네시아의 족장들과 왕들에게서 발한다. 세라와크(Serawak)의 유명한 **라자**(Radja) 브루크(Sir James Brooke, 1803~1868. 영국의 탐험가 — 역자 주)는 신들과 함께 기도의 대상이 되었다. 여자들이 그의 발을 씻은 물은 저장되었다가 풍성한 수확을 얻기 위해 농가에 분배되었다. 셀레베스에 있는 루우의 **다투**(Datu)는 쌀농사의 풍년과 사람들의 행복을 좌지우지한다. 크로이트(Kruyt, Albertus Christian, 1869~1949. 네덜란드의 인류학자 — 역자 주)의 이야기에 의하면 인도네시아의 어떤 부족에서는 **마나**를 가장 많이 가지고 있는 족장들에게만 영생이 있다고 믿는다. 그와 똑같은 생각이 말할 수 없이 오랜 고대 이집트에서도 있었다. 거기서는 왕은 항상 땅 위에 있는 신이요, 태양신의 아들로서 신들에게는 인간의 대변자요 인간에게는 하나의 신이었다. 그에 관하여 기록되어 있기를: "그는 태양보다도 두 나라(이집트)를 더 잘 비추고, 위대한 나일 강(거대한 범람)보다도 나라를 더 푸르게 만들며, 나라를 힘으로 가득 채운다. 왕은 음식이요, 그의 입은 성장이며, 그는 모든 존재하는 것을 있게 하고 만물의 창조자요 모든 인간의 생산자이다"라고 한다.

왕이 지녔던 이러한 우주적 성격의 여운은 현대에 이르기까지 여기저기 남아 있다. 영국의 왕들은 손으로 만져 연주창(the king's evil)을 치료했으며, 찰스 2세도 왕의 이런 특권을 사용하였다. 페피스(Pepys, 1633~1703. 영국의 작가이며 해군사관이었음 — 역자 주)는 그의 유명한 일기에서 그 이야기를 쓰고 있다. 셰익스피어도 그것을 묘사한다:

> 하늘이 그의 손에 부여한 그런 거룩함 때문에
> 그가 만지면
> 그들은 곧 낫는다.

프랑스 왕 아름다운 자(별명 — 역자 주) 필립은 그의 임종의 순간 자기 아들에게 병든 자를 만지는 법과 거기에 속하는 주문을 가르쳐 주었다. 그렇게 하기 위해서는 "깨끗한 양심과 깨끗한 손"이 필요한 것으로 되어 있다. 왕이 나라의 중심되는 힘이라는 생각도 오래 남아 있었다. 특히 영국에서 국왕의 재판권에 그러한 생각이 있었다. 범죄는 왕에 대한 범죄이기 때문에 사면권도 왕이 가지고 있는 것이다.

알렉산더 대왕 이후와 로마의 제정기(帝政期)에는 이런 생각은 전세계적으로 커다란 의미를 지니게 되었다. 황제들은 처음에는 좀 주저했으나, 점점 더 당연하게 자신들에게 신의 영예를 돌리도록 하였다. 이미 데메트리오스 폴리오르케테스(Demetrios Poliorketes, 기원전 294~283 통치, 마케도니아의 왕 —

역자 주)가 하나의 **현현된 신**(theos epiphanes), 즉 가시적인 신으로 찬양을 받았다: "다른 신들은 멀리 있고 귀가 없도다. 혹시 그들은 존재하지 않을지도 모르고, 우리에 대해서 무관심할지도 모른다. 그러나 당신은 여기 계시고 우리는 당신을 봅니다. 당신은 돌이 아니요, 당신은 대리석이 아니라 진실한 신이십니다." 로마의 황제도 **현존하는 신**(deus praesens)이었다. 호라시우스(Horatius)는 아우구스투스(Augustus)를 그렇게 본 것이다:

하늘에서 뇌성을 울리며 다스리는 주피터를 우리는 믿었다
브리타니아를 접수하고
가공할 페르시아를 제국에 더했은즉
아우구스투스는 현존하는 신으로 간주될 것이다.

황제는 죽지 않고 껍데기 육신을 화장터 장작더미에 남겨놓은 채 태양신처럼 사두마차를 타고 동료 신들에게 간다. 왕은 구원자로 칭송되며 그의 통치의 시작은 곧 새 시대의 시작이다. 시저의 탄생은 "모든 것의 시작"으로 간주되었다. 태고적 사고방식이 지금처럼 타락한 시대에도 다시 등장한다. 바빌로니아나 이집트에서는 왕은 항상 새 시대의 창시자로 간주되었다. 그에게서 세계의 생명이 새롭게 되는 것이다.

물론 고대사회에서도 왕을 신과같이 취급하는 것을 매우 못마땅하게 생각한 냉철한 사람들이 있었다. 자기를 태양의 아들이요 신이라고 아첨하는 시인에게 "나의 요강을 들고 다니는 하인은 그런 것을 전혀 모르고 있다"고 대답한 어느 왕의 이야기가 플루타르코스에 의해 전해지는 것으로 보아 알 수 있다.

그럼에도 불구하고 현대인들도 아직 원시적인 왕의 **마나**가 지닌 찬란함을 느낄 수 있다. 위에 소개한 바 있는 입센의 희곡이나, 테니슨의 『왕의 목가』 (The Idylls of the King), 혹은 약한 군주 리처드 2세에 대한 셰익스피어의 다음과 같은 멋진 서술들이 아마도 그런 것을 뒷받침해 줄는지 모른다:

그래도 그는 왕처럼 보인다. 보라
매의 눈과 같이 빛나는 그의 눈을
지배자의 위엄을 발하고 있지 않은가!

제 13 절

귀신들과 천사

세상만사 뒤에서 작용한다고 정령숭배자들이 상정하는 의지는 신인(神人)의 형상에서 선하며 풍성한 축복을 내리는 의지의 성격을 띤다. 그러나 그외에도 너무나 많은 다른 형상들의 의지가 있는데, 이들에서는 의지가 다만 자의(恣意)로서 나타난다.

여기에서 정령숭배의 어두운 면이 나타난다. 의지적 존재를 상정하기는 하나 그것이 아직 신뢰의 관계로 되지는 않는다. 영들과 신들의 마음을 신뢰하지 못하는 것이다. 인간은 그들의 한없는 변덕에 내던져질 뿐이다. 일반적으로 잘 알려진 이러한 현상에 대해서 한 가지 예만 들어보겠다.

한국의 정령숭배적 표상에 대하여 이미 언급한 바 있거니와(9절을 보라), 여기 다시 인용해 보면, "영들이 하늘 전역과 땅 한치 한치까지 모두 지배하고 있다: 그들은 길가에서, 나무, 바위, 산 위에서, 골짜기와 강에서 사람들을 노린다. 밤낮으로 영들은 사람들의 말을 엿듣고, 사람들 주위에 붙어 있으며, 그들 머리 위를 날아다니며 땅에서 나와 접근한다. 자기 집에서조차 영들로부터 피할 수 없다. 거기에도 영들이 있고 벽에도 있고 들보에도 있다 — 그들이 온갖 곳에 다 있다는 사실은 하느님의 무소부재성(無所不在性)의 슬픈 흉내이다". 고대 바빌론의 문서는 영들은 "마치 풀처럼 땅을 덮고 있다"고 한다.

여기서 앞에 말한 어두운 면을 볼 수 있다. 도처에 생명이 있고 심지어 사람이 도달할 수 없이 높고 강력한 생명이 있으나, 그것은 아직 구별되지 않고, 어딜 가나 비슷한 형태를 취한다. 도덕적인 척도가 적용되지 않고 있는 것이다. 그때문에 정령숭배는 진지하게 되는 순간 공포를 불러일으킨다. 강력한 것들에 대한 공포다. 이들은 반드시 선하거나 호의를 지닌 존재가 아닌 것이다.

영들과 귀신들에 대한 믿음은 완전히 원시적이라고 할 수 없는 종교들에서도 오랫동안 존재해 왔다. 이슬람에는 **진**(jinn), 인도에서는 **나찰**(羅刹, rakṣasa) 과 **야차**(夜叉, yakṣa), 그리고 스칸디나비아에서는 **트롤데**(trolde)가 있다. 귀신의 왕국은 인간의 문화가 끝나는 곳에서 시작된다. 즉, 마을의 경계 밖, **으스스한 곳이다**. 따라서 귀신의 특징은 악의적이고 예측할 수 없으며, 무계 획적이다. 사람들은 그들을 어떻게 대해야 할지 모르고, 그러므로 그들 곁에서 는 안전하지 못하다고 느낀다. 페르긴트(Peer Gynt) 전설에 나오는 "휘어지는 자"는 도무지 잡히지 않는 소름끼치는 존재다. 여기서도 역시 입센은 인간 속 에 있는 태고적 감정을 매우 민감하게 보여주고 있다. 그가 묘사하고 있는 **트 롤데** 인간은 귀신과 같아 어떤 맹목적 힘에 의해 부림을 당하고 또 부리기도 하며 휴식도 없고 안정도 없다. 인도네시아에서도 독특한 "야생적" 형체들에 대해서 믿고 있는데, 이들은 모든 것이 비정상적이고 비합리적이다. 예를 들어 **토라쟈**(Toradja)족이 믿는 **푼티아나**(puntiana)는 등에 구멍이 뚫린 것으로 되어 있다. 그들은 숲속 마을에 살고 있는 "야생들"로서 그 마을은 어떤 사냥 꾼이 꼭 한 번 보고는 다시는 보지 못했다고 한다. 노르웨이 사람들이 말하는 트롤데처럼 그들은 문화 바깥에 살고 스스로 아이를 낳지 못해서 인간 여자의 도움을 요청하는 것으로 되어 있다. 그렇지만 그들은 엄청난 부를 가지고 있 다. 이런 종류의 이야기가 옛날 스칸디나비아 사람들에게나 셀레베스의 토라쟈 인들에게서 세세한 부분까지 비슷하다는 사실로 보아서 이런 표상은 인간의 본 성 깊숙히 자리잡고 있다는 것이 증명된다 하겠다.

인간은 삶에 있어서 비합리적인 것, 예측할 수 없는 것에 대한 두려움의 상 당한 부분을 귀신들의 탓으로 돌린다. 그렇지 않으면, 자신 속에 있는 귀신을 찾는다. 옷토와 야스퍼스는 괴테에게 귀신적인 것(das Dämonische)이 있음을 지적했다. 그의 『시와 진실』(*Dichtung und Wahrheit*)에서의 묘사가 생각난 다: "그것은 비이성적으로 보였으므로 신적인 것이 아니었다. 그것은 오성을 가지고 있지 않았으니 인간적이지도 않았다. 그것은 선의적이었으니 악마적인 것도 아니었다. 가끔 해코지를 즐거워하니 천사적이지도 않았다. 그것은 어떤 결과도 보이지 않았으니 우연 같기도 했다. 상호 연관을 암시하고 있는 것으로 보아 그것은 섭리를 닮기도 했다. 우리를 한계짓는 모든 것을 그것은 돌파할 수 있는 것처럼 보였다. 그것은 우리 존재의 필연적 요소들을 마음대로 지배하는 것 같았다. … 오직 불가능한 것만을 좋아하는 것 같았고, 가능한 것에 대해서는 경멸감을 가지고 거부하는 것 같았다." 또는 그의 자서전의 유명한 종결 부분도 그런 것을 생각나게 한다. 그것은 내면적으로 투영된 귀신의 세계라 할 수 있다.

민중신앙에 나타나는 각양각색의 다양한 형상들에서 우리는 예측 불가능한 것, 공포를 자아내는 것으로서의 신적인 것을 만난다. 꿈, 특히 불안한 꿈이 귀신의 형상들을 생성해 내는 데에 중요한 역할을 하고 있다는 것은 의심할 여지가 없다. 한낮의 귀신은 그러한 불안의 존재다: "판"(Pan)은 한낮에 숨이 막힐 듯한 더위 속에서 사람을 놀라게 한다. 그가 깰까봐 목동의 피리는 잠잠해 진다. 그러나 님프(nymph)들과 싸이렌(siren)들은 깨어서 반쯤 잠이 든 목동들의 정신을 어지럽게 하거나 목동이 꿈속에서 사랑을 하도록 자극한다. 그리고 사람을 억압하고 괴롭히는 악몽(nightmare)의 나쁜 영, 한쪽 다리는 무쇠요 다른 다리는 노새의 똥으로 된 그리스의 **엠푸사**(empousa), 그리고 사람을 놀라게 하는 무수한 형체의 귀신들도 그러한 존재들이다. 이러한 귀신들을 사람들은 좋은 선물을 바치거나 주술적인 방어책으로 쫓아내려고 노력한다. 특히 시계소리나 총소리를 귀신들은 매우 두려워한다(정초나 결혼식 때에 폭죽을 터뜨리는 것이 그런 이유에서이다). 많은 귀신들은 나중에 신이 된다. 함께 아폴로 신을 형성했던 많은 형상들 가운데 하나는 화살로 사람들을 쏘아 죽이며 동시에 마술적인 주문으로 사람들을 고쳐주기도 하는 페스트 귀신이었다. 아폴로에게 바치는 호머의 찬가에 보면 아직도 그의 귀신적 성격이 강하게 나타나는데, 올림푸스의 신들도 그가 활을 당기면 모두 자리에서 벌떡 일어나는 것으로 되어 있다. 아레스(Ares)도 본래는 페스트 귀신이었다[예를 들어 『외디푸스 왕』(*Oedipus Rex*)를 보라]. 그러나 일반적으로 귀신들은 저급한 영역에 머물러 있다.

그런즉 사람들은 귀신을 마구 대놓고 악하다고 할 수 있다. 신에 대해서 그렇게 한다면 위험한 일일 것이다. 따라서 발전된 종교들에서는 귀신들은 신들 밑에 낮은 반열의 초자연적 존재들에 속한다. 그리스도교 민속신앙에 나오는 마귀도 이에 속한다.

물론 인간에게 호의적인 귀신들도 있다. 민속신앙에 나오는 꼬마 귀신이나 집에 속한 귀신들로서 밤에 대접에다 죽을 바치면 그 대신 무엇이든 해준다. 우리는 보통 천사들도 선한 영들에 포함시킨다. 그러나 처음부터 그랬던 것은 아니다. "천사"란 말은 여러 가지 의미로 사용되었다: 죽음의 신, 수호천사, 높은 신의 심부름꾼(구약의 "주의 천사") 등. 그러나 "천사"는 유대교나 그리스도교 외에서도 언급된다. 헬레니즘에서도 천사에 대해서 말하고 있고 주로 별과 연관시킨다. 고대 게르만인들의 **필갸**(Fylgja)는 인간을 보호하고, 전쟁터에서 죽을 때는 데려가기도 하지만, 사람을 죽이기도 한다. 선한 천사와 악한 천사가 있기 때문이다. 악한 천사에는 "사탄의 천사"가 있는데, 바울로가 주먹으로 친 자다(아마도 병을 가져오는 귀신인 듯). 별을 지배하는 존재도 천사라 불리는데, 우리가 이미 보았듯이 영혼이 천국으로 가는 것을 방해하는 자다(로마 8장). 그리스도교에서는 천사가 하느님의 종의 역할을 하며 천군의 지도자로 악마들과 싸우며, 하느님의 선택받은 사람들에게 눈에 보이도록 나타나는 하느님의 사신들인데, 이것은 후기 유대교의 표상세계에서 유래된 것이며, 페르시아의 영향을 많이 받은 것이다. 페르시아에는 최고의 통치신 아후라 마즈다(Ahura Mazda)를 섬기는 천사들의 위계가 있었다. 라파엘, 미카엘 등 가장 유대-그리스도교적인 천사들까지도 페르시아의 모형으로 환원시킬 수 있다. 그리스도교에서는 이들 천사군이 매우 중요하게 되었다. 그들이 단테나 폰델(Vondel, 1587~1679. 화란의 시인 — 역자 주)의 루시퍼(Lucifer)에서 어떤 역할을 하는가는 잘 알려져 있다. 그러나 신약성서나 초대 그리스도교 문서들에서는 천사 개념은 여러 가지 서로 다른 의미로 사용되었다. 마태오 복음 18,10에는 하늘나라에서 아버지의 얼굴을 항상 볼 수 있는 어린이의 천사에 대한 언급이 있는데, 아마도 제2의 더 높은 자아라고 할 수 있는 일종의 초월적 영혼 같다(24절 참조). 사도행전 12,15에는 베드로의 천사란 말이 있는데 아마도 그의 영혼을 뜻하는 것 같다. 그러나 천사에 대한 이 모든 표상들은 심리학적으로 한 가지 뿌리에서 설명될 수 있다: 인간이나 하느님으로부터 나온 힘이 인격적으로 이해되어 하느님이나 인간을 섬기는 존재로 된 것이다. 야훼의 명령을 수행하는 강력한 용사들인 것이다(시편 103,20).

제 14 절

형상과 이름

힘 그 자체와 만난다는 것에는 어떤 특정한 형태가 없다. 그것은 그저 어떤 힘과 접촉하는 것이요, 고정된 구조를 지니지 않은 의지와의 만남이다. 그러나 사람이 경험한 것에다 어떤 이름을 줄 때 비로소 구조는 부각되기 시작한다. 그러므로 종교에 있어서 신의 이름은 매우 중요한 것이다. 이름은 어떤 형태가 희미하게나마 나타나기 시작하는 첫 형식이다. 사람이 힘을 찾는 손잡이요, 사람이 그것을 부를 수 있는 주술어인 것이다. 이름이란 처음에는 한갓 경험의 표현에 불과한 것이지만, 그것을 통하여 어떤 것을 다른 것으로부터 구별하게 하는 것이다. 그것은 신의 본질이다.

이름은 우리가 "인격체"라고 부르는 것으로 되어가는 첫 단계이다. 그동안 자연의 힘의 "인격화"에 대해서 많이들 떠들었다. 인격화된 자연의 힘들이 그 다음 단계에서 신적인 인격체로 바뀐다고들 했다. 그러나 그렇게 기계적으로 진행되는 것은 다만 우화에서뿐이고, 살아 있는 종교에서는 그렇지 않다. 자기에게 닥치는 것에 사람은 어떤 이름을 주어 부르고, 그렇게 되면 그것은 이제 다른 것과는 구별되어 어떤 특징을 가지게 되며, 그 자체의 얼굴을 가진다. 그것은 하나의 **존재**(Wesen)가 되는 것이다.

이것은 아직도 완전한 "인격체"일 필요는 없다. 정령숭배에서는 특히 의지가 인격체의 본질적 요소임을 알 수 있다. 이스라엘, 이슬람 그리고 그리스도교에서는 하느님의 인격성이란 요소가 점점 더 강하게 강조된다. 그러나 희미한 외형만 가진 신들도 여럿 있다. 거의 이름뿐인 신들이다. 그런 신적 존재들이 이른바 **특수신들**(Sondergötter)이다.

이 용어를 처음으로 사용한 우제너(Usener)는 적어도 고대 고전시대에 관한

한 발전의 첫 단계에 위대한 인격신들이 있었다고 상당히 오랜 동안 확신했다. 나중에야 비로소 **분열**과 추상화 과정을 거쳐 작은 신들, 소위 개념신들이 생겨났다는 것이다. 그러나 잠 못 이룬 하룻밤을 지샌 후 이 정열적이고도 강직한 학자는 그 이튿날 학생들에게 이제까지 자기가 주장했던 것과는 정반대의 확신에 이르렀다고 통고했다. 즉, 처음에 다수의 **특수신들**, 다시 말해 경계가 확실하게 정해진 한정된 활동영역을 가진 작은 신들이 있었다는 것이다. 그는 후에 이렇게 설명된 발전 과정에 **순간신들**(Augenblicksgötter)의 단계를 첨가했다. 처음에는 사람들은 힘이 나타날 때마다 그것에 해당하는 신을 하나씩 상정했다. 그래서 오늘 일어나는 번개는 어제 일어났던 번개를 일으킨 신과는 다른 신의 행위라고 보았다. 이로부터 보편화의 과정을 거쳐 마침내 번개신이 생겨났는데, 그의 활동영역은 분명하게 번개를 일으키는 것으로 제한되었으나, 모든 번개는 그가 일으키는 것으로 되었다. 여러 지역적 번개신들이 합쳐지고, 거기다가 하늘신같이 관련된 신들도 같이 합쳐져서 마침내 "위대한" 신들이 태어났다: 주피터(Jupiter)는 번개 이외에 다른 것도 지배하게 된 것이다.

물론 이것은 하나의 이론이다. 종교의 발달은 결코 그렇게 체계적으로 이루어지지 않는다. 생명이란 항상 우리가 만든 체계를 벗어난다. 진정한 **순간신들**은 종교 역사에 다만 몇 번만 나타날 뿐이다. **특수신들은** 이보다 훨씬 수가 많지만, 어디에서나 모습을 나타내지는 않은 지 이미 오래되었다. 특히 전자는 하나의 이해 가능한 연관관계의 표현이지 실재하는 것의 표현은 아니다. 그렇다고 해서 우리는 우제너의 이론이 신 개념의 발달 과정에서 적어도 부분적으로나마 아주 분명하게 나타나는 심리적 과정을 반영한다는 점을 부인할 수는 없다.

우제너는 자기의 이론이 설명하고자 하는 심리적인 사실을 다음과 같이 표현한다. 즉, 신에 대한 인간의 관계에서 중요한 것은 무한 그 자체가 아니라 무한 **어떤 것**이라는 사실이다. **무한한 어떤 것**이란 표현은 어휘상의 모순처럼 보인다. 그러나 그것이 뜻하는 바는, 사람이 이런저런 경험을 통해서 어떤 신적인 것과 접촉을 했다고 생각했을 때, 그 신을 즉각적으로 일자(一者), 혹은 하나로 간주하는 것은 아니며 그의 종교적 의식은 그 순간, 혹은 적어도 하나의 특정한 종류의 경험에 한정된다는 것이다. 그래서 그 신은 **순간신** 혹은 **특수신**에 불과한 것이 되는 것이다.

순간신들은 역사상 그렇게 많이 나타난 것은 아니다. 골(Gaul)족이 로마를 위협했을 때(기원전 391년) 어떤 신비스러운 소리가 그들의 접근을 경고하였다. 그러나 로마 사람들은 그 소리에 귀기울이지 않았다. 후에 골족을 물리치고 난 뒤 로마인들은 그들의 부주의에 대한 속죄로 그 소리가 난 자리에다 **말씀하신 분**(Aius Locutius)을 위한 성소를 봉헌하였다. 그것은 따라서 그 말을 통해서만 알 수 있는, 그것도 한 순간에만 알려진 신적 힘이다. 그런 신은 상황신이라 할 수 있다.

이집트에서는 온갖 종류의 수많은 신들과 귀신들을 이름까지 알고 있었지만, 종종 아무 수식 없이 단순히 "신"이라고만 얘기할 때가 있다: 왕이 사막에서 물을 찾는 데 신이 인도했다; 신이 그에게 물을 주었다; 시누헤(Sinuhe)가 이집트로부터 도망나오지 않을 수 없었을 때 신이 온갖 위험 가운데서 그의 목숨을 구해주었다 등. 그렇다고 해서 이집트 사람들이 때때로 유일신을 믿었다는 것은 아니다. 다만 어떤 특정한 순간에 그 신이 도와 주었고, 그후에는 그 신에 대해서 아무 언급도 하지 않는 것이다. 왜냐하면 그 신에 대해서 보편적인 어떤 것을 말할 것이 아무것도 없기 때문이다. 그리스인들도 종종 비슷한 뜻으로 **신**(theos)이란 말을 사용하며, 좀더 분명하게는 "해당되는 신"이란 표현을 사용한다. 역병이 유행했을 때, 시인이요 예언자인 에피메니데스(Epimenides)는 검은 양과 흰 양을 아레오파구스(Areopagus)에서 풀을 뜯게 하다가 그 양들이 눕는 곳에서 "해당" 신에게 제사를 드렸다. 마찬가지로 오딧세우스는 스케리아 섬에서 육지로 표류했을 때, 제우스나 다른 큰 신들에게 기도하지 않고, 폭풍의 신에게 기도했다: "들으소서 주여, 당신이 누구이든지간에." 그 폭풍의 신의 입 속에 자기가 빠졌기 때문이다.

이제 우제너가 뜻하는 바 "무한한 어떤 것"이 무엇인가를 좀더 알게 되었을 것이다. 사람에게 어떤 신이 필요하다면, 그것은 "해당되는" 신이어야만 한다.

특정한 지역에서 특정한 행위에 관심을 지닌 신이 필요한 것이다. 이것이 바로 **특수신**인 것이다.

이런 종류의 신들은 다소 발달된 여러 민족들에서도 찾아볼 수 있다. 그리스에서는 나무의 신 쿠아미테스(Kuamites), 가축의 여신 에리보이아(Eriboia), 지붕의 영웅 에피테기오스(Epitegios), 벽의 수호신 테이코필락스(Teichophylax), 말을 놀라게 하는 타락시포스(Taraxippos)와 해산을 도우는 여신 에이레이튀아(Eileithyia)가 있었다. 인도에는 **타르**(tar)로 끝나는 신들: 재촉하는 신 사비타르(Savitar)와, **파티**(pati, 즉 主)로 끝나는 이름을 가진 신들: 피조물의 주인 프라쟈파티(Prajāpati), 주술어(4절을 보라)와 기도의 신 **브라흐마나스파티**(Brahmaṇaspati) 등이 있다. 특히 로마인들은 이런 신들을 무수히 많이 가지고 있었다. 이런 현상은 형식적인 개념을 사용하여 모든 일을 해보려는 로마인들의 좀 메마르고 법적인 성격의 결과라고 어떤 사람이 지적하였다. 그렇다면 그들의 특수신들은 아마도 나중에 생겨났을 것이란 얘기다. 그러나 이것은 사실과 다르다. 그리고 앞에 지적한 것은 부분적으로만 사실이다. "법적"인 성격이 **특수신들**을 만들어 낸 정신상태라는 말은 확실하다. 그러나 메마르거나 형식적이란 것이 반드시 신들을 많이 만들어 낼 필요는 없다. 사실 법적인 것과 메마르게 형식적인 것이 반드시 일치할 필요는 없다. 로마 신들은 사실 분명하게 구분지어진 활동영역을 가지고 있는 법적 인격체들인 **카피타**(capita)로서 고유한 이름으로 불러야 한다. 신을 불러낸다는 것은 사제들이 책을 통하여 배워야 할 정도로 특별한 기술에 속했다. 즉, 어떤 경우에 어떤 신을 불러야 할지를 알아야 하는 것이다. 로마인들은 신명록(神名錄, Indigitamenta)을 가지고 있었는데, "상황"에 맞는 신을 찾아낼 수 있도록 신들의 이름들이 적혀 있었다. 여기서 우리는 라틴인들의 기도가 법적으로 정확하게 된 연유를 찾을 수 있다. 그들은 몇몇 신들의 이름을 부른 다음에 또 다음의 기도를 첨가한다: "남신이든 여신이든, 또한 어떤 이름으로 당신을 불러야 하든지간에." 이렇게 함으로써 모든 경우에 대비해 놓는 것이다. 상행위의 계약과도 같다. 그러나 상거래와는 두 가지 면에서 다른 점을 가지고 있다. 첫째, 모든 것을 법적으로 생각하는 것은 사실이나 여기에는 주술적인 요소가 있다. 어떤 행위에 있어서 틀린 신을 부르거나, 신을 잘못된 이름으로 부르면 모든 것이 혼돈에 빠진다. 말이나 이름은 일단 입 밖으로 나가면 결과를 강요하고 초래한다. 둘째로, 그것은 법적이지만 추상적이거나 피가 없는 그런 종류의 것은 아니다. 정반대로, 로마인들은 삶의 모든 부분들을 직접적으로 신적인 것으로 보았다. 신들의 세계에 있는 그 무수한 형상들은 다른 민족에 있어서와 마찬가지로 인간의 감정상 발생한 것이다. 다만 그들이 모두 인간적 모습을 취하지 않고, 법적 인격체의 모습을 띨 뿐이다. 우리는 지나치게 인간적인 것을 두려워하여 상당히 오랫동안 신의 형상을 만들지 않는다든가, 신들의 결혼 같은 신화가 없다든가 하는 이러한 현상을 종교적으로 매우 고차원적이라고 평가할 수도 있을 것이다. 로마 사람들은 삶의 모든 표현들을 그 특성에 따라 신격화했다. 사건 하나 하나와 더불어 새로운 신이 시작되는 것이다. 이 "무미건조한" 법률가들에게도 삶의 자발성은 보통 이상으로 강조된다. 심지어 지극히 평범하고 사소한 것들에서도 그들은 신적인 것을 발견한다. 인간이 태어나기 전에 이미 신들은 사람을 인도한다. **알레모나**(Alemona)는 아직 태어나지 않은 아기에게 음식을 먹이고, **레바나**(Levana)는 땅에 누워 있는 아기를 들어 올리고, **쿠니나**(Cunina)는 아기 침대를 보호하며, **스타타누스**(Statanus)는 아이로 하여금 일어서는 것을 가르치며, **파불리누스**(Fabulinus)는 말하는 것을 가르친다. 심지어 농사의 모든 단계도 특수신들의 보호를 받는다. **멧소르**(Messor)는 추수를 감독하고, **콘디토르**(Conditor)는 창고에 보관하는 것을 감시하며, **세이아**(Seia)는 땅 속에 있는 씨앗을 보호하고, **프로셀피나**(Proserpina)는 움트고 싹이 나는 것을 주관한다. 심지어 역사적인 사건에도 로마에서는 특수신이 나타난다. 한니발(Hannibal)을 카페나 문(Port Capena) 앞에서 되돌리게 한 신은 **레디쿨루스**(Rediculus)로서 조그마한 신전을 얻게 되었다.

우제너의 이론이 액면 그대로 다 옳은 것은 아니다. 다신신앙에서의 "위대한" 신들이 반드시 여러 가지 지방신과 **특수신**들이 합쳐져서 이루어진 것은 아니다. 정반대의 과정도 찾아볼 수 있다. 조그마한 신들이 큰 신들로부터 떨어져나가서 **특수신**들이 되기도 하는 것이다. 그러나 우제너는 이러한 신 관념을 분명하게 밝히는 데 큰 공헌을 했다. 신에 대한 그런 관념은 그렇게 빨리 없어지지 않는 것이다. 하우징가(Huizinga, Johnan, 1872~1945. 화란의 역사가 — 역자 주)가 『장미 이야기』(*Roman de la Rose*) 등에 나오는 중세의 우화적 인물들인 **달콤한 자비**(Doulce Mercy), **겸손한 요구**(Humble Requeste) 등에 대하여 말하는 것은 그 자신이 지적한 것처럼 로마인들의 **좋은 일**(bonus eventus), **덕**(virtus), **명예**(honor) 등을 생생하게 생각나게 한다. 이런 것들도 그 시대 사람들에게는 생동적인 현실이었으나, 우리들에게는 매우 추상적인 것으로 보인다. **특수신들**은 계속해서 살아 있다. 아직도 천주교인들은 무한 **그 자체**에 접근하기가 매우 어렵기 때문에 그들의 성인들에게서 "무한한 어떤 것"을 찾으려 한다. 여기서도 성인 하나 하나는 그의 활동영역이 정해져 있다. 성 루치아(Lucia)는 눈병, 성 아폴로니아(Apollonia)는 치통, 성 플로리안(Florian)은 화재, 성 아우구스티누스(Augustinus)는 마치 더 중요한 용도가 없다는 듯 놀랍게도 사마귀를 고쳐주고, 성 안토니우스(Antonius)는 분실물을 회수해 주며, 성 발렌티누스(Valentinus)는 서로 사랑하는 사람들을 결합시켜 준다. 성인들은 신들의 후계자들이다. 일찍이 슐라이어마허는 이와같이 "우주의 독특한 행동양식을 그 통일성 가운데서" 신격화하는 것이 지닌 종교적 가치를 이해했다. **특수신** 체계는 그것이 다신숭배(polytheism)로 변형되어 신들이 너무나도 인간적인 인격체들이 될 때 비로소 종교에게 위험한 것이 되는 것이다.

제 15 절

최고 존재

상당히 오래 전에 이미 스코틀랜드의 시인이요 민속학자인 앤드루 랭(Andrew Lang, 1844~1912)은 소위 **고위신들**(High Gods)을 발견하여 사람들의 주목을 끌었다. 그는 여러 원시 민족들이 그들이 보통 믿고 있는 영들이나 주물들 외에 보편적인 성격을 가진 신들을 인정하고 있다는 사실을 발견했다. 이 신들은 보통 세상을 창조한 것으로 간주되며, 의례를 통해 숭배되지는 않지만 다른 신들에 대해 우위를 차지하고 있음이 무언중 전제되고 있다는 것이다. 이 신들은 주로 법질서를 유지하는 역할을 하고 있어 그들이 거주하는 것으로 되어 있는 하늘에서 인간들이 하는 일, 당하는 일을 감독한다고 본다. 이 신들이 — 항상 그런 것은 아니지만 — 숭고한 성격을 지닌 것으로 표상되고 있고 유럽 여행자들이나 선교사들의 영향을 받아서 이루어진 경우가 거의 없다는 사실에 비추어볼 때, 그러한 발견은 정통 그리스도교 교리를 증명해 주는 매우 중요한 증거인 것같이 보인다. 그리스도교 정통 교리에 의하면 최초의 인간에게 주어진 바 완전한 신의 원계시(Uroffenbarung)는 인간의 타락으로 말미암아 흐려졌다는 것이다. 신에 대한 본래의 순수한 지식이 홍수 — 노아 시대의 — 이후에 일반적으로 타락하기 시작했다는 18세기의 이론도 여기에서 상당한 지지를 받는 것 같다. 반대로 진화론적인 사고방식을 가진 종교학은 이런 "최고 존재"를 인정하지 않았다. 그것은 원시인들의 사고방식에 걸맞지 않게 지나치게 숭고한 것이라는 것이다. 후에 슈미트(Schmidt, Wilhelm, 1868~1954. 오스트리아의 민속학자 — 역자 주)의 매우 중요한 연구가 첨가되어, 랭이 발견한 사실은 원시 유일신론(Urmonotheismus)과 타락에 대한 새로운 이론으로 발전되고 진화론에 대한 강력한 반대 입장을 펴게 되었다.

그러나 문제 설정을 이렇게 한 것은 잘못된 것이었다. "최고 존재"는 확실히 많은 원시종교에서, 그리고 반원시·고대·동양 종교들에서 적지않게 나타난다. 그런데 이들 최고 존재들은 랭이 그리스도교의 개명된 신 관념을 상기하면서 찾고자 했던 그런 숭고한 성격을 항상 지니는 것은 아니다. 그들은 오히려 좀 독특한 성격을 지니고 있는데, "배후에 숨어 있는 힘들"이란 말로 표현하는 것이 가장 적합하다. 유일신 신앙과는 거리가 멀며 막연하게 인격적이고, 어떤 때는 짐승, 어떤 때는 인간 — 조상, 혹은 주술사 — 의 형상을 띠고 있으며, 저 멀리 혹은 하늘에서 살고, 존재하는 모든 것 혹은 그 일부를 창시했고, 그것을 유지하기 위해서 다소 관심을 지닌 존재로 상상하고 있다. 다음이 그 좋은 예라 할 수 있다.

쉐베스타 신부(Pater Schebesta)는 벨기에령 콩고에 살고 있는 이투리피그미(Ituripygmy)족의 종교를 서술한 바 있다. 거기서는 최고의 신으로서 발레우 보룸비(Baleu Borumbie)가 숭배된다. 아무도 그를 보지 못했다. 그는 "저 위에" 거한다. 그는 물, 과일나무, 짐승 등 모든 것을 만들었다. 그는 "우리 아버지"라 불리며, 창공을 뛰어 밟음으로써 우레를 일으킨다. 그리고 모든 죽은 자들은 그에게로 간다. 또 다른 최고 존재는 눔구(Numgu)라 하는데 사냥 때 도움을 구한다: "아버지여, 야생동물을 주소서!" 그리고 그는 성년식 의례 규정들을 제정해 주었다. 이투리 사람들은 이 최고의 존재는 "혼자"라 한다. 즉, 결혼하지 않았다는 뜻이다. 다른 최고신들은 그렇지 않다.

또 다른 예로서 오스트레일리아의 "고위 신" 바야미(Bajamee)는 언제나 신이었던 것은 아니다. 한때 그는 매우 유명한 주술사였고 매우 유능한 무의였다. 그는 그의 부족에게 온갖 것을 다 가르쳤고, 특히 성별의례(聖別儀禮)를 가르쳐 주었다. 그는 가르침을 마친 뒤 떠나갔다. 그러나 그는 영원히 살아 있다. 아마도 "잡목이 무성한 저 높은 언덕에" 혹은 "저 위에"서. 인간에 대해서는 그는 특별히 관심을 두지 않는다. 그는 일종의 "한가한 신"(deus otiosus)이다. 시간이 가면 갈수록 사람들은 많은 것을 그의 주술력에 돌린다. 카밀라로이 오스트레일리아(Kamilaroi-Australian)인에게 "누가 이것을 만들었습니까?"라고 묻는다면 "**바야미일 것입니다**"라는 대답을 들을 것이다. 이런 식으로 해서 천지창조도 한 **고위신**이 한 것으로 인정된다. 그러나 그렇다고 해서 그가 이미 "원계시"를 한 신과 같은 것은 아니다. 그는 그저 하늘의 무당(shaman), 혹은 신적 주술사에 불과하고, 그의 **힘**은 주술적으로 이해되어 모든 설명되지 못한 일들의 원인으로 간주될 뿐이다. 그는 **마나**적 사람으로서 그에 대해서 사람들이 이런저런 이야기를 하다가 마침내 하늘로 올라간 것으로 되고 만 것이다. 쐬더블롬은 이런 유의 신적 존재에게 **창립자**(Urheber)란 이름을 제안하였다. 사실 사람들은 그러한 신들을 주로 문화를 가져온 존재, 의례를 제정한 존재, 과거에는 없었지만 지금은 있는 모든 것들을 만든 존재로 인식하고 있다. 그러므로 그들은 법의 수호자로 기능을 감당할 수 있는 것이다. 보통 그 법은 그들이 제정했고, 그들은 높은 곳에서 법을 어긴 자들을 쉽게 보고 경고할 수 있는 것이다.

어떤 면에서 보면 이런 **창립자**는 이신론자(理神論者, deist)들의 신, 볼테르나 그의 동조자들이 말하는 저 위대한 시계 제작자와 비슷하다. 그는 모든 것을 만들고, 그것도 너무나 아름답게 만든 다음 후퇴해 버린 신과 비슷하다. 18세기의 이신론자들이 공자의 나라 중국에 매력을 느낀 것은 우연이 아니다. 적어도 중국의 어떤 특정한 시기, 그리고 특정한 집단에게는 이런 편리한 종류의 신이 높이 평가되었던 것이다. 그럼에도 불구하고 우리는 이런 종류의 신들을 추상적인 "제일 원인"으로, 즉 그런 신이 실제로 존재하지 않는다면 하나 만들기라도 해야 하는 사고의 필연성 때문에 존재하는 것으로 생각해서는 안된다. 18세기는 원시적 사고방식과는 거리가 멀다. **살아 있는 힘**이 이 신들로 하여금 그들의 일, 특히 창조의 일을 하게 하는 것이다. 원시인에게는 모든 행위를 위해 주술적인 힘이 필요하다. 따라서 그들은 행위 가운데 가장 강력한 행위, 즉 창조의 행위도 그러한 힘의 결과로 생각하는 것이다. 이런 것이 심지어는 **마나**와 신을 분명하게 구별하여 생각하지 않을 정도까지 되기도 한다. 우리는 롱펠로우(Longfellow, 1807~1882. 미국 시인 — 역자 주)와 인디언 이야기들로부터 **마니투**(Manitu)를 "위대한 영"으로 알고 있다. 이 이름은 ① 비인격체적 힘, 즉 **마나**(mana)에, ② 주술 도구처럼 그 힘으로 충만한 물건에, ③ 선교사와 여러 영들 — 함께 취급하는 것이 매우 놀랍지만 — 처럼 비상한 힘을 가진 것으로 보이는 존재들에게, 그리고 ④ 모든 것 위에 뛰어난 위대한 존재에게 모두 사용된다. **마니투**란 말은 그렇게 다양한 뜻을 가지고 있어서 가끔 그것을 "힘"으로 번역해야 할지 "신"으로 번역해야 할지 모를 때가 있다. 여기서 우리는 "원시 유일신론"을 말하기는 어렵다는 사실을 알 수 있다.

고대 중국에서는 상제(上帝, Shang-ti)가 최고 존재였다. "높은 곳의 주"로서 높은 곳에 거하는 인격체적인 존재다. 황제는 그의 "아들"로 불린다. 상제 자신도 "아버지"이다. 그러나 이런 종류의 신에서 항상 그러하듯이 그런 표현은 관계보다는 근원을 지시한다. 그는 세계질서를 감시하고 명령을 발하며 행악자에게 벌을 준다. 그와 인간과의 관계는 아주 느슨하며, 유교에서는 점점 더 자제된 경건성의 성격을 띠게 된다.

최고 존재는 사물의 규칙적인, 그리고 종종 공의로운 움직임을 보장한다. 인간은 이러한 신들에게 호소하고 그들의 진노를 두려워한다. 그들은 배후로 물러가 있는 의지이다. 언젠가 태고적에는 그들도 활동적이었다. 그때 그들은 모든 존재하는 것을 창조하고 법과 질서들을 제정하였다. 그러나 그후로 그들은 하늘로 후퇴하거나 멀리 떨어져 살고 있다. 이런 신들이 지닌 측면의 얼마는 모든 위대한 종교들에서 찾아볼 수 있고, 유대교와 그리스도교에서도 발견된다. 그러나 유대교와 그리스도교에서는 역시 활동성이 더 지배적이다. 신의 의지가 전면으로 나서는 것이다. 최고 존재는 세상 일에 관여할 필요가 없다. 모든 일을 잘 정리해 두었기 때문이다. 프로이스가 사용한 비유처럼, 그들의 그림자가 세상에 드리워져 있다. 그러나 그것은 어디까지나 그림자일 뿐이다. 그의 과거의 행위가 현재의 행위보다 더 중요한 것이다. 이신론의 자연종교에서 이러한 최고 존재의 숭배는 계속되고 있다.

괴테는 그의 『시와 진실』의 제4권에서 이러한 구조의 특징 및 그것과 "전면에 나타나는 힘"과의 대조를 뛰어나게 서술하고 있다: "일반종교, 자연종교는 본래 믿음을 필요로 하지 않는다. 모든 것을 산출하며, 질서를 부여하며, 인도

하는 어떤 위대한 존재가 자연 뒤에 숨어 있어서 우리로 하여금 그를 파악할 수 있게 한다는 확신은 누구에게나 쉽게 일어난다. 그러나 이 위대한 존재가 특정한 개인, 종족, 민족 혹은 지역에 대하여 확고하고 특별한 관심을 지닌다고 우리에게 알려주는 특수한 종교는 문제가 전혀 다르다. 이런 종교는 신앙에 근거해 있다. …"

제 16 절

다 신 숭 배

귀신들, 지방신들, 영들, 영웅들, 성인들, **특수신들**, 주물들 및 기타 숭배 대상들의 무질서한 다양성에 어떤 질서와 규칙을 제시하는 종교를 우리는 다신교라 한다. 그리스에서 이런 질서 확립의 과정이 가장 분명하게 나타난다. 우리는 거기서 무수한 지역신들과 소신(小神)들로부터 어떻게 제우스나 아테네 ― 그녀의 이름으로 보나, 부분적으로는 그 본성으로 보나 아직도 지역신의 한계를 지니고 있는 ― 같은 "대신"(大神)이 생겨났는가를 분명히 추적할 수 있다. 이런 것을 다귀론(多鬼論, polydemonism)으로부터 다신론으로의 이행이라 부른다. 반 혹은 전적으로 짐승처럼 생긴 것으로 취급되었던 "옛" 신들은 이제 인간 모습을 한 올림푸스 신들, 즉 "새로운" 신들에게 자리를 내주어야 했음을 우리는 볼 수 있다. 거물들은 패하여 쇠사슬에 묶였다. 아폴로(Apollo)는 델피(Delphi)에서 태고의 지신과 그녀의 뱀 피톤(Python)의 지위를 빼앗았으며 아미클라이(Amyklai)에서는 예로부터의 영웅 히야킨토스(Hyakinthos)의 지위를 빼앗았으나 그는 겉으로는 아폴로와 친근한 관계를 가지고 있는 것으로 되었다. 올림푸스 신들은 도처에서 제의들을 흡수하고 이전의 숭배 대상들의 이름을 병합하거나 그들을 신하, 아들, 친구 등으로 삼았다. 헤로도투스(Herodotus)는 매우 분명하게 이 "올림푸스 체계"의 성과를 기술하고 있다. 그의 견해에 의하면 호머(Homer)나 헤시오드(Hesiod) 등의 시인들이 여기에 많은 공헌을 했다. 신들을 통합하고 분류한 것은 그들이었다: "그들이 그리스인들을 위해서 **신통기**(神統記, theogony)를 만들고, 신들에게는 **별칭**들을 주었으며, 그들의 **활동영역**과 능력을 구분하여 주었고, 그들의 **형상**을 그려주었다"(2권 53장). 신통기가 만들어진 이유는 신들에게 질서를 부여하는 가장 편리한 방법이 족장 제우스를 정점으로 한 올림푸스의 대가족으로 그들을 끌어들이는 것이었기 때문이었다. 그들은 아들, 형제, 부인의 자격으로서 올림푸스 산정의 넓은 터에 각각 자리를 얻은 것이다. 심지어 옛 대지의 신들까지도 같은 체계 속에 들어오게 된 것이다. 물론 이런 작업에 그 나름대로의 어려움이 없는 것은 아니었다. 제우스는 신통기 때문에 자신의 아버지를 왕좌에서 내어쫓지 않으면 안되었다. 그리고 여신들이 너무 많았다. 그들에게 바쳐졌던 종교의례들이 모두 그의 — 그리고 그에 의해 흡수된 경쟁자나 선임자들의 — 종교의례들과 연결되어야만 했다. 그래서 그는 합법적인 부인 헤라(Hera) 외에도 수많은 애인들을 두지 않으면 안되었다. 바로 여기에 올림푸스 신들의 **추문기**(chronique scandaleuse)를 교묘하게 취급한 그리스의 소설적 시가의 뿌리가 있는 것이다. 속은 헤라의 질투가 바로 옛 신화의 자료를 시적으로 재구성하는 데 상투수단이 되기까지 했다. 그러나 바로 여기에 대다수의 진지한 그리스인들이 거부감을 가지게 되는 원인이 있는 것이다. 플라톤과 크세노파네스(Xenophanes)가 신들의 품위를 저하시킨 시인들을 미워하게 된 원인도 이것이고, 더 심각하게는 이러한 상황으로부터 유리피데스는 불가지론과 회의에 빠졌던 것이다. 신들은 **별칭**을 가지게 되었다. 고대의 사신(蛇神) **메일리키오스**(Meilichios)나 돌의 주물 **카포타스**(Kappotas)가 체계 속으로 들어오면서 이제는 제우스의 별명으로 되어버렸다. 그리하여 메일리키오스 제우스, 카포타스 제우스라는 이름이 생긴 것이다. 그리고 신들의 **임무와 능력들**이 구분되었다: 말하자면, 신이 각기 자기의 직업을 가지게 된 것이다. 그래서 헤르메스는 한번 훔친 일이 있기 때문에 도둑의 신이 되고 말았고, 아프로디테는 순수하든 부도덕하든 **모든** 사랑을 유발하는 신이 되었다. 유리피데스의 작품(『트로이의 여인』— 역자 주)에서 헬레나는 진짜 올림푸스적 방법으로 자기의 무죄를 주장한다: 아프로디테가 헬레나의 마음에 사랑을 심어주었은즉 그녀가 무엇을 해야만 했다는 말인가? 그러나 시인의 도덕적·종교적 진지성을 표현해 주고 있는 연로한 헤카베(Hekabe)는 진실을 알고 있다: 여신 아프로디테는 단순히 헬레나 자신이 가지고 있는 욕망의 이름에 불과한 것임을.

시인들은 또한 신들에게 **형상**, 특히 인간의 형상을 부여했다. 동물이나 주물신의 모습은 이제 없어졌다. 신들에게 부여된 가장 아름다운 선물이라 하겠다. 『호머』를 읽은 사람들은 감긴 머리를 휘날리는 제우스, 사랑스런 키프리스(Kypris), 그리고 힘찬 아테네의 모습을 쉽게 잊지 못할 것이다. 이와같이 신들에게 독특한 "형상들"을 제공한 시인들이 없었더라면 그리스의 그 경탄할 만한 조형미술의 개화는 불가능했을 것이다. 이렇게 신들이 "형상"을 가지는 상태에서는 정령숭배에서와는 근본적으로 다른 색채의 종교적 과정이 있을 수밖에 없다. 이 과정에서는 한 사건, 한 특성 혹은 한 충동이 옷토(Otto, Walter Friedrich, 1874~1958. 독일의 그리스 고전학자 ─ 역자 주)가 표현한 바와 같이 하나의 "영원의 얼굴"을 얻게 된다. 그것들은 초세상적인 것으로 고정되었고, 그것들의 신적 특성은 상(像)으로 확립된 것이다. 조각가들은 따라서 호머의 신들에게서 그들의 모형을 발견하였다. 그러나 종교를 위해서는 여기에 커다란 위험이 도사리고 있었다. 빌라모빗츠(Wilamowitz)가 올바르게 표현한 바와같이 호머에 의한 신들의 인격화는 여러 가지 관점에서 "탈동물화(Enttierung) 못지않게 탈신격화(Entgöttlichung)"였다. 광란적 동물숭배자들에게 힘을 부여했던 비인간적인 것으로의 도피가 변하여 여기서는 인간적인 것, 너무나 인간적인 것에 머물러 있게 되고 만 것이다. 유리피데스는 인간적이 된 신들을 끊임없이 풍자하고 있다. 우리는 전에 헤로도투스가 언급한 올림푸스 체계의 공적표에 또 하나 첨가해야 할 것이 있다. 그것은 "올림푸스적" 질서가 신에 대한 과거의 표상 가운데서 거칠고 비도덕적인 요소들을 제거했다는 점이다. 그러나 이것이 성취한 결과는 두 가지 면에서 무효화되게 되었다. 첫째로는, 시인들이 위에 언급한 바 있는 **추문기**에 대해 상당한 관심을 가지게 되었다는 사실이다. 이 추문기는 신들의 추한 면을 좀더 세련되게 표현함으로써 더욱 고약하게 만들어 버린 것이다. 둘째로는, 이러한 도덕적 정화의 노력이 흔히 신들을 "영적으로 만듦으로써(Vergeistigung) 실제로 신앙 대상으로서의 인격체가 사라져 버리는 결과"(Wilamowitz)를 초래했다는 것이다. 올림푸스적 다신교는 종교, 진정한 종교적 감정, 혹은 신앙에 결국 위험만을 초래했을 뿐이다. 진정한 신앙은 그전에도 그러했듯이 오히려 귀신, 지역신, 혼령숭배의 영역에 살아 있었던 것이다. 이 신앙은 예술의 황금기에서조차도 페이다스(Pheidas)의 아름다운 "형상들"보다는 나무로 만든 보기 흉한 옛 주물을 선호했던 것이다.

그럼에도 불구하고 그리스의 다신교는 매우 종교적이었다. 올림푸스의 찬란한 영원성, 변하는 지상의 것들과 대조되는 "즐겁게 사는 신"들의 불멸성과 부동성, 인간적인 고뇌와는 관계없이 존재하는 빛나는 천상 존재들의 영광 등에 대한 환상은 누가 뭐라 해도 종교적 감수성을 일깨우는 아름다움이다. 넥타르(nectar, 신들의 술 — 역자 주)와 암브로시아(ambrosia, 신들의 음식 — 역자 주)가 주는 불사(不死)와 천상의 주거가 지닌 안정은 신들을 믿으려 하고 믿을 수 있는 삶의 기쁨을 대가로 하여 얻어진 것이다: 그리스인들의 비관주의는 깊이 뿌리박고 있으며 그들 중 가장 고귀한 자들의 마음을 무겁게 짓누른다. 올림푸스 신들의 세계는 니체의 말대로 "마치 고문을 당하는 순교자의 황홀한 환상이 그가 당하는 고통에 관계되듯" 비관주의와 관련되어 있다. 그리스 정신에 가장 깊숙히 젖어 있었고, 아름다움이 요구하는 대가가 무엇인가를 누구보다 더 잘 알았던 횔덜린(Hölderlin)은:

> 행복한 천재들이여, 그대들은
> 저 위 빛 가운데 부드러운 땅을 거닐도다.
> 빛나는 신들의 숨결이
> 그대들을 가볍게 스치는구나.
> 여 예술가의 손가락이
> 성스러운 거문고를 타듯.
>
> 잠자는 젖먹이처럼, 운명의 간섭 없이,
> 하늘에 거하는 자들은 숨쉬는구나.
> 연약한 새싹에 순결하게 안겨

영원히 꽃피네 그들의 영은,
행복한 눈들은 쳐다보네
고요하고 영원한 밝음 속에서.

그러나 우리는
아무데도 쉴 곳이 없네,
고통당하는 인간들은
시간마다 사라지고 떨어지네
까닭도 모르고,
절벽에서 절벽으로 떨어지는 물처럼
연중 미지의 세계로.

질서와 인간화는 그리스인들에게 아름다움을 가져다주었다. 이 점에서도 민족들은 각각 특색을 보인다. "다신숭배"는 사람들이 부정확하고 듣기에도 좋지 못한 표현으로 "반문화"(半文化)라 부르는 문화발전 단계에서 주로 발견된다. 『베다』시대의 인도, 고대 스칸디나비아, 바빌로니아, 이집트, 일본의 신도 등이 그 예다. 동양에서는 귀신의 무리를 동양적 국가질서와 연결시켰다: 지배자는 그의 **디반**(diwan)들에 의하여 호위되고 있다. 야훼 제바오트(Zebaoth, 만군의 야훼 — 역자 주)가 "주의 천사"를 재상으로 삼아 뭇 천사들 가운데 군림하고 있는 유대교적 하늘의 궁궐도 유일신 신앙에도 불구하고 아직 동방의 다신교와 매우 비슷한 모습을 지니고 있다. 이집트인들은 사랑하는 세 신들을 하나의 가족으로 여겼다: 오시리스는 남편, 이시스는 아내, 호루스는 자식이다. 그럼으로써 이 세 신들을 인간적 감정에 가깝도록 만든 것이다. 오딘(Odin)은 게르만족의 한 부족장인데 그는 천상 궁궐에다 마치 땅 위의 임금들처럼 맥주의 향연을 베푸는 것으로 되어 있다. 그러나 그리스의 **폴리스**(polis)든, 동양적 국가이든, 이집트의 가족이든 혹은 게르만족의 부족이든, 이 모든 것에서 우리에게 분명한 것은 그런 것들이 종교에 해를 끼치지는 않는다 해도 진정한 종교와는 별 관계가 없다는 것이며, 다신교는 신인동형론(神人同形論, anthropomorphism)에 근거한 것이며 거기에 순응하는 것임을 알 수 있다. 나는 "순응하는 것이다"라고 말했지만, 신인동형론 그 자체는 물론 피할 것은 아니다. "형상" 없이 종교는 살 수 없다. 페르시아의 시인은 알고 있었다:

> 감정들은 말의 감옥 속에 숨어 있는
> 사로잡힌 군주들.
> 무한한 것이 현자의 가슴 속에 들어오면
> 그는 재빨리 이성을 향해 떠나야 하네.
> 이성은 그에게 환영(幻影)을 주어야 하나니,
> 그가 무한한 것을 설명할 수 있도록.

신을 인간의 이름으로 부르는 것만큼 경건한 자들에게 자연스러운 일은 없다. 어머니와 아버지란 이름은 원시종교뿐만 아니라 윤리적·영적 종교와도 떨어질 수 없다. 원시종교에서 어머니는 무엇보다도 풍요로운 양육자요 아버지는 생명을 생산하는 힘의 소유자로 인식된다. 윤리적·영적 종교에서도 자녀들을 긍휼히 여기는 아버지(시편 103,13)와 같으며 어머니와같이 위로하는 하느님(이사 66,13)에 대하여 말하고 있다. 그러나 우리는 다신교에서, 그리스의 철학자들이든 이스라엘의 예언자들이든 가장 깊고 경건한 마음을 가진 사람들에게 항상 종교의 위험으로 여겨졌던 신인동형론에의 순응, 심지어 추구마저 확인한다. 본래 "다신교"란 개념은 종교사에보다는 예술에 더 중요한 말이다. 그것은 자체로는 진정한 깊은 경건성에 대하여 무엇인가를 말할 수 있는 척도를 제공해 주지 못한다. 다신교나 유일신교는 그 자체로서는 하나의 공허한 "숫자 체계"일 뿐, 그것들로 어떤 종교의 가치를 측정할 수는 없다. 마치 자녀들의 숫자로 한 혼인의 가치를 판단할 수 없는 것과 마찬가지다.

구약의 유일신 사상마저도 신들의 수에 대하여는 논하지 않고 다만 다른 힘들을 아무것도 아닌 것으로 만드는 유일신과 백성과의 결합을 강조한다. 다신교가 일관성있게 추진되면 결국 신과 세계가 일치하는 상황을 낳는다. "모든 힘"이 어떤 한 신 혹은 여러 신들에게 "주어진" 것이 아니라, "모든 힘" 그 자체로 남는 것이다. 다신론은 하나의 체계가 아니라, 성스러운 힘의 독립성을 유지하기 위한 종교의 역동적인 움직임이라 할 수 있다. 이것이 실패하면 다신론은 범신론으로 넘어간다.

이에 비하여 유일신론은 결코 다신론에서 논리적으로 발전한 것이 아니다. 즉, 다신론을 학문적으로 혹은 윤리적으로 단순화한 것이 아니다. 진정한 이스라엘의, 무함마드의 그리고 그리스도교의 유일신 사상의 전 근본정신은 "누가 하느님과 같을쏘냐?"에 있다. 유일성은 다수의 부정이 아니라 그의 강력한 의지를 열정적으로 확인하는 것이다. 이 의지가 인간의 삶을 철저히 사로잡아서, 그는 "하늘에서는 주 외에 누가 내게 있으리요, 땅에서는 주밖에 사모할 자가 없나이다"(시편 73)라고 할 수밖에 없다. 그래서 고대인들은 그리스도교의 유일신 숭배를 하나의 **반역**으로 취급하였다. 그들은 다수의 힘들에 관심을 기울였고, 다만 하나의 신만 섬기는 것은 부당하고 파당적이라고 생각했다. 그리하여 그리스도교는 커다란 갈등을 불러일으켰고, 그것이 그리스도교로 하여금 비로소 역사적인 위치를 가지게 하였다. 그것은 **아우구스투스의 평화**(Pax Augusti)와 하느님 나라 사이의 갈등이었다. 전자는 나라들의 특수한 힘들에 근거하되 유일한 황제의 권력으로 통일된 것이었으며, 후자는 예수가 전한 것으로서 결코 통일된 제국도 아니요 세상적 국가도 아닌 세상에 돌입한 신적 힘이었으며, 사람들은 그것을 섬기든지 그렇지 않으면 미워할 수밖에 없는 것이었다.

제 17 절

유신론과 범신론

우리가 다시 한번 힘의 숭배(dynamism)와 정령숭배(animism)를 대조시켜 볼 때, 범신론(pantheism)은 힘의 숭배쪽에, 유신론(theism)은 정령숭배쪽에 놓인다.

힘의 숭배는 종교사에서 매우 중요한 두 가지 결과를 가져온다. 첫째, 생명의 힘이라 할 수 있는 **마나**(mana)는 보통 이상의 정도로 나타날 때만 주목을 받기 때문에 힘의 숭배로부터 범상-비범의 대조가 전개된다. 이것은 다시 약간 형태를 달리하여 성-속, 자연-초자연의 대립으로 나타나며 그리스도교에서도 매우 중요한 역할을 하게 된다. 이 문제에 대해서는 후에 상세히 취급하겠다. 둘째, 인격화된 힘은 이론적으로 보아 곧 하나의 전체적 힘이 된다. 즉, 힘의 숭배는 일원론(monism) 혹은 범신론으로 발전하는 것이다. 그 결과로 힘의 숭배는 현대의 일원론적이고 사변적인 흐름들과 연결된다. 거기서는 신적인 것을 가능한 한 광범위하고 포괄적으로 이해하려는 경향이 지배적이 되고 사변은 가장 보편적인 것 속에서 신적인 것을 본다. 두 경우에 모두 신은 인격체가 아니라 엄청나고 놀라운 일을 일으키는 힘이다. 그것은 자동적으로 작용한다. 어떤 자는 이 생명의 흐름에 의해 죽고, 또 어떤 자는 강함을 얻는다. 배교자 율리아누스(Julianus)의 개혁기에 살았던 살루스티우스(Sallustius)의 발언은 이와 관련해서 전형적이라 할 수 있다: "신들이 악인으로부터 돌아선다고 말하는 것은 마치 태양이 맹인으로부터 돌아선다고 하는 것과 같다."

정령숭배는 본질상 이와는 정반대의 입장에 서 있다. 거기서는 의지의 요소가 등장하는 것을 볼 수 있다. 자동적으로 작용하는 충동력이 아니라, 죽든 살든 의지와 의지의 팽팽한 대결이 있는 것이다. 사람이 영혼들에 대하여 이야기하기 시작하며 그것들을 자기 자신과 타자들 안에 있다고 전제하는 것은, 운동 및 여타 생명현상들이 행동하는 **행위의 주체**에 기인한다고 생각한다는 것을 뜻한다. 여기서 하느님과 사람의 **의지**에 대한 관념이 점차 싹트기 시작하는 것이다. **여기서 처음으로 사람은 자기 자신을 하나의 인격체로 의식하게 된다**. 그리고 그는 자신의 삶 속에 작용하는 힘들을 하나의 의지적 존재로 이해하는 것이다. 이 의지적 존재들은 자의적이고 변덕스러우며, 많은 경우에 믿을 수 없는 것일는지 모른다. 그러나 그들은 어디까지나 의지를 발하고 행동하는 존재들인 것이다. "신적인 것도 역시 의지로서, 그리고 삶에 개입하는 힘으로서 이해하는 것은 종교에 커다란 의미를 지니지 않겠는가?"

쐬더블룸의 이 말은 사실 모든 것을 설명하고, 현재 우리들의 정신적 삶에도 정령숭배가 매우 중요한 요소로 남아 있음을 시사하고 있다. 원시적인 힘의 숭배는 우리 주위에 그 자취가 많이 남아 있다. 과학에서 거의 종교적일 정도로 존중되는 바, 거의 자동적이요 철칙과도 같은 법칙성이 그러한 자취이고, 종교에서는 범신론적 혹은 일원론적 성격을 지닌 여러 조류들이 그 자취다. 정령숭배는 인격적 신으로 인도한다. 물론 그렇게 바로 이어지는 것은 결코 아니다. 그리고 사건들 뒤에 숨어 있다고 상정되는 의지도 앞에서 살펴본 바와같이 아직은 자의적인 것 이상이 아니다. 그러나 거기에는 대결, 즉 상대방의 의지와 싸우든지 아니면 화해하려는 충동이 이미 확실히 존재하는 것이다. 우리는 정령숭배에서 이미 구약이나 그리스 비극에 나오는 신과의 싸움을 찾아볼 수 있다. 실제적 변신론(辯神論)을 향한 충동, 저주나 축복을 찾으려는 충동이 있는 것이다. 우리보다 그렇게 원시적이지도 않은 어떤 원시인 농부가 비정하게 닫혀 있는 하늘을 향해 주먹을 휘두르는 것을 우리는 쉽게 상상해 볼 수 있다. 가물어 땅이 마르면 그를 괴롭히려고 작정한 누군가가 있어야 할 것이며 ─ 놀라운 가능성이겠지만 ─ 마침내 그의 백성을 불쌍히 여기는 누군가가 있어야 할 것이 아니겠는가?

자의적인 것 때문에 고통을 당하고 난 자만이 의지를 발견한다. 고대 정령숭배적 이집트인들은 태양이 스스로 원한다면 계속 비추거나 그칠 수도 있다고 생각했다. 이 점에서 이집트인들의 생각은 헤라클레이토스보다 그리스도교적 신관에 더 가깝다고 할 수 있다. 헤라클레이토스는 쇠처럼 차디찬 운명(dikē)이 태양을 정해진 바 궤도 안에 영원히 묶어 놓는다고 믿었다. 맹목적 힘이나 법칙보다는 자의적인 신을 사람들은 선호한다. 곤혹스러운 현실 속에서 실존의 위기에 빠져 어쩔 줄 모르는 인간이 먼저 인격적 의지 — 비록 그 의지가 저주스러운 것이라도 — 를 상정하지 않고서는 복수의 신, 정의를 관장하는 신, 혹은 우리 주 예수 그리스도의 아버지 하느님은 생각할 수 없는 것이다.

인격적 신으로부터 사람들은 제법 빨리 유일신으로 나아간다. 그러나 유신론(theism)은 어느 시대이건 유일신론(monotheism)보다 더 중요했다. 어떤 종교에도 다만 하나의 신만이 존재한다는 이론적 확신은 없었다. 다만 하나의 힘이 있어 사람들이 그것을 섬겨야 한다는 강력한 믿음만이 있었을 뿐이다. 만약 사람들이 다른 신들은 없다고 생각한다면, 그것은 **이 신, 우리의** 하느님 옆에 다른 신이 있을 수 없다는 의미에서이다. 즉, 다른 신은 안중에도 없는 것이다. 물론 그분 외에도 다른 힘들이 있고 또 있을 것이지만, 그것들은 이미 단죄를 받은 상태에 있다. 신명기 6,4의 "들어라, 이스라엘아, 우리 하느님 야훼는 오직 하나인 야훼시니"에 나타나는 이스라엘인들의 신관이 "유일신론적"이라면,* 이것은 야훼만이 신으로서 문제가 되는 유일한 존재란 것을 뜻한다. 물론 이로부터 나중에 다른 신은 존재하지 않는다는 확신을 쉽게 이끌어 낼 수 있지만, 여기에서 근본적인 것은 그런 확신이 아니라 야훼가 인간이 섬겨야 하는 왕이라는 확신, 신명기보다도 훨씬 오래된 **왕**(mèlek)과의 연결이다. 뿐만 아니라, 유대교나 그리스도교도 단 하나의 신만이 존재한다는 이론적 확신을 다른 힘들의 존재 — 비록 종속적이고 심판받은 존재라 할지라도 — 를 배제할 정도로 철저히 밀고 나가지는 못했다. 마귀가 그 전형적 예다. 가장 열정적이요 철저하게 일관성있는 유일신론적 종교인 이슬람조차도 귀신들을 제거하지는 못했다.

---

* 『중세의 가을』, 351쪽.

사실 야훼에 비하면 다른 신들은 아무것도 아니라는 시편 기자들과 예언자들의 확언 속에는 그것이 지닌 다신교적 요소들에도 불구하고 여타의 조심스럽게 다져진 유일신론적 확신에서보다도 더 강력한 신 의식이 나타나 있다. 그리고 여기에 새로운 무엇이 첨가된다. 다신교에서는 힘들이 어떤 형상들을 취하게 된다. 이것은 유신론에서도 마찬가지다. 다만 여기서는 모든 형상을 초월하는 힘과, 필연적으로 등장하며 또 필연적으로 한정적일 수밖에 없는 형상들간에 어느 정도의 긴장이 불가피하다. 그러나 유신론에서는 형상은 실로 본질적이기는 하나 주요사는 아니다. 형상 속에는 이미 그 형상을 초월하는 무엇이 나타나며 그것은 보이지 않고 보일 수도 없으나, 그런데도 의지를 가진 힘으로 경험된다. 우리가 "인격성"이라고 부르는 것은 그렇다면 신적인 것에 대한 제한성으로 느껴지는 것이 아니라 오히려 말할 수 없고 그릴 수도 없는 존재에 대해서 인간이 부여할 수 있는 유일한 형태가 되는 것이다. 괴테의

> 일체요 일자인 것에 대한 그대들의 조롱이
> 나에게 무슨 의미가 있겠는가?
> 교수는 하나의 인격체나
> 하느님은 그렇지 않지.

라는 말은 바로 인격체 속에서 일체요 일자를 발견했다고 믿는 사람들, 그리고 모든 교수에게서 인격체를 발견하지는 못한 사람들에게는 해당되지 않는다. 무수한 신적 형상들로부터 탈출하는 길은 우리의 삶을 지배하는 하나의 **테이온**(*theion*), 즉 하나의 신적 힘이 아니라, 우리를 붙들고 우리와 마주 서는 하나의 **테오스**(*theos*), 즉 신이다.

물론 탈출구가 또 하나 있다. 형상과 의지, 즉 힘이 지니고 있는 모든 인격적인 것을 완전히 제거하는 것이다. 그리고 다만 힘 그 자체에 대해서만 관심을 기울이는 것이다. 이것은 그리스 등에서 일어난 것처럼 통상 인간이 신들의 형상과 의지에 부딪친 다음에 등장한다. 그렇다고 하여 범신론이 후에 일어난

현상이란 결론을 내려서는 안된다. 그런 반응은 매우 오래된 것으로서, 『베다』 시대 이후의 인도에서뿐만 아니라 가장 오래된 이집트 역사 시대에도 찾아볼 수 있다.

범신론적인 경향을 보이는 모든 종교에 있어서 특징적인 것은 신이 그 이름을 잃어버리는 것이다. 이름이란 형상이나 인격으로의 첫걸음임을 우리는 위에서 보았다. 이집트의 원시 범신론자들은 고대 신들의 이름인 **아툼**(atum)을 "모든 신들"이라고 해석했고, 그리스에 있어서 제우스는 점점 고유명사의 위치에서 후퇴하였다. 유리피데스는 "제우스", "자연법" 혹은 "세계이성"을 구별없이 사용했고 그 차이에 대하여 별 의미를 부여하지 않았다. 괴테는 절대적인 힘에 대한 그의 신앙을 다음과 같은 말로 표현하였다: "내가 그것(신적인 것)을 터키인과같이 백 가지 이름으로 부를지라도, 아직도 부족할 것이고, 그 무한한 속성들에 비하면 아무것도 말하지 아니한 것과 다름이 없다."

신은 모든 것이다. 그러므로 신적인 것과 인간적인 것, 신과 세계의 구분이 없어진다는 것은 자명하다. 괴테의 다음과 같은 시를 보면 그것을 분명히 알 수 있다. 여기서 그는 플라톤과 지오르다노 브루노(Giordano Bruno, 1548~1600. 이탈리아 철학자 — 역자 주)의 사상을 더욱 발전시키고 있다:

> 그게 무슨 신이겠는가? 바깥에서만 미는 신,
> 우주를 손가락 끝에서 빙빙 돌게 하는 신이.
> 오히려 세계를 속에서 움직이는 것이 신에 걸맞지.
> 자연을 자기 속에서, 자기를 자연 속에 품어
> 그 안에 살고, 그 안에 움직이고, 그 안에 존재하는 모든 것이
> 결코 그의 힘과 그의 영을 놓치지 않도록.

이와는 정반대 입장에서 씌어진 유신론적 시는 이미 앞에서(7절) 본 바와같이 마티아스 클라우디우스(Matthias Claudius)가 어느 5월 아침에 그의 자녀들을 훈계하며 쓴 것이다:

> 그래서 해는 지각이 없어
> 무엇을 해야 할지 알지 못해
> 그러므로 양을 이끌듯
> 손잡고 이끄는 누가 있어야 하지

고대에서 가장 강력한 범신론이 발견되는 곳은 인도로서, 거기서는 **브라흐만**(brahman, 객체)과 **아트만**(atman, 주체)의 이원성이 극복되고 있다. 『바가바드 기타』(*Bhagavad-Gītā*)에서 신은 말하기를:

> 나는 하나인 일체이되 다양한 특수이며 모든 것을 투시한다.
> 나는 제사, 예배, 조령(祖靈)들의 음료수, 성스러운 약초,
> 제사의 노래, 제물의 지방(脂肪), 불이요, 또한 식물이다.
> 나는 이 세계의 아버지, 어머니, 창조자 그리고 동시에 조상.
> 나는 교설, 순화, 성스러운 옴(Om), 리그, 싸아만 그리고 야주스.*
> 나는 불사요 죽음이며, 나는 존재요 비존재로다, 오 아르주나여!

다른 곳에서도 범신론은 만발했다. 그리스의 오르페우스 종교도 그 한 예다: "제우스는 첫째며, 제우스는 마지막이며 … 제우스는 머리요, 제우스는 중간이며, 제우스로부터 모든 것은 이루어진다. 제우스는 땅과 별들이 총총한 하늘의 기초이다. 제우스는 남성으로 만들어졌으나 또한 불멸의 처녀가 되었다. 제우스는 모든 것의 숨결이며, 제우스는 영원한 불의 힘이며, 제우스는 땅의 뿌리다. 제우스는 태양이며 달이다. 제우스는 왕이며 … 모든 존재들의 지배자다."

---

* Om은 거룩하고 끝없이 반복되는 음절: R̥k, Saman, Yajus는 3종의 『베다』.

인 간

제 18 절

성스러운 삶

 종교현상학은 인간과 힘과의 관계를 서술한다. 그러나 한시라도 현상학이 잊어버리지 말아야 할 점은 그 힘이 인간과 관계를 맺고 있다고 사람이 믿기 때문에 비로소 그런 관계가 성립할 수 있다는 사실이다. 성스러운 존재가 먼저 인간을 붙잡아야 비로소 인간이 성스러운 한 존재를 붙잡는다는 것이다. 혹은 종교적 삶의 다른 차원에서 말하자면, 하느님이 인간을 섬겨야 인간이 비로소 하느님을 섬길 수 있다는 것이다.
 그래서 우리는 여기서 "성스러운 삶"에 대하여 논의하고자 한다. 그것은 힘을 붙잡거나 물리치려는 시도의 과정 속에 이루어지는 인간의 삶이다. 그러나 그것은 무엇보다도 힘에 의하여 접촉된 인간의 삶을 뜻한다. 이런 삶, 즉 종교적 의미의 삶은 현대의 신문이나 전기가 기록하는 삶과는 전혀 다른 종류의 삶으로 보인다. 그것은 인간의 위대한 행위나 사건과는 별 상관이 없다. 그것은 단순하고 기본적인 삶으로서, 모든 사람에게 동일한 삶이고, 모든 사람을 삶의 가장자리로 이끌어가서 이질적인 것이 시작되는 그러한 삶이다. 그것은 결코 "종교적 경험"으로 가득 찬 삶도 아니다. 그것은 단순히 태어나고 죽으며, 병들고 치유되며, 다투고 화해하며, 구혼하고 결혼하며, 먹고 마시는 삶으로서, 힘들과의 계속해서 변하는 관계로서 이해된 삶인 것이다.
 원시인들은 종교적인 삶을 일상적인 삶으로부터 구별하지 않았다. 오늘날 우리들의 일요일과 교회의 종교는 그들에게는 이상한 것이다. 원시적 영역에서는 삶의 전부가 종교적 요소로 침투되어 있으며, 개인의 삶이나 집단생활이 아직 세속화되지 않았다. 종교적 요소는 다른 모든 것들과 불가분의 관계를 이루며 혼합되어 있다.

원시인들은 삶을 여러 중요한 점에 있어서 현대인들과는 전혀 다르게 보았다. 오늘날 우리는 삶을 직선에 비유해 볼 수 있으며 그 시작과 끝에는 출생과 죽음이라는 아주 진한 횡선이 그어져 있다고 생각할 수 있다. 그 양쪽 끝 사이에는 삶의 중요한 사건들을 구분하여 표시하는 작은 금들을 그을 수 있다: 학업, 결혼, 지위의 획득 등. 그러나 우리 모두가 동의할 수 있는 것은 그 양쪽 굵은 선에 비하면 그 사이의 금들은 아주 연하고 약하다는 사실이다. 그 양쪽 굵은 선은 인생의 시초와 종말에서 우리의 시야를 차단하며 우리의 사전 동의 없이 우리에게 그어진 선이다. 태어나기 전에는 아무것도 없고 죽은 뒤에는 무언가 좀더 있을 가능성이 있기는 하다. 그러나 우리가 인격체의 불멸을 온 마음으로 믿을지라도, 우리는 그 끝의 횡선을 연하게 긋지는 않는다. 왜냐하면 죽음 뒤에 오는 것이 무엇이든 우리는 그것이 우리의 일상적 삶이 지니고 있는 명증성과 자명성이 없는 것을 알기 때문이다. 원시인도 생의 과정을 선들로써 표시한다. 그러나 그들은 모든 선들을 동일하게 진하게 그으며, 그것들을 스스로 긋는다고 생각한다. 출생, 성년, 결혼, 중요한 사건들, 죽음이 모두 하나의 선상에 있을 뿐 아니라, 그 모두를 자신들이 상당한 정도로 마음대로 할 수 있다고 보는 것이다. 삶이란 기간들의 연속이다. 결혼식을 올린 뒤에 결혼생활이 따르는 것이 당연한 것처럼 사후에 통상 다시 태어남으로 계속되는 것도 지극히 당연하다고 본다. 마찬가지로 태어난다는 것이 시작이 아니라 그 이전에 있었던 것의 계속이라는 것도 자명하다고 보는 것이다.

원시인들은 삶의 시기들 사이의 이행을 의례를 통하여 표시한다. 의례를 통하여 회전의 속도를 지배하고, 성스러운 행위를 통하여 기간들의 규칙적인 연속을 확보하며 위에 언급한 여러 가지 관문들의 통과를 확고히한다. 아놀드 판 게네프(Arnold van Gennep, 1873~1957. 프랑스의 인류학자 — 역자 주)는 이것을 **통과의례**(rites de passage)라고 멋지게 표현하였다. 원시적 삶이란 바로 통과로부터 통과로 이어진다.

중국에서는 아기가 태어나면 "문을 통과하는" 의례를 거행한다. 대나무로 된 문을 하나 만들어 방의 네 구석에 차례차례로 세우고 아버지가 사제가 되어 전

제18절 141

가족과 함께 아주 엄숙하게 풍악을 울리며 그 문을 통과한다. 동일한 의례를 그 아이의 성년 선포 때도 거행한다. 인간은 경계를 표시하기 위하여 문을 통과할 필요를 느끼는 것이다. 한 사건에 스스로 밑줄을 그어야 그것이 사실로 인정된다는 독단적 확신을 가지고 있는 것이다. 애기가 태어나도 특정한 통과의례가 거행되기 전에는 아직 **존재하지** 않는 것이다. 바로 그때문에 오스트레일리아나 다른 곳에서는 유아살해를 그렇게 심각하게 생각하지 않는다. 막 태어난 아기는 아직 **존재하지** 않기 때문에 죽일 수가 없는 것이다. 다시 돌아올 때까지 당분간 돌려보낼 뿐이다. 적당한 시기가 오면 작명(作名) 등 필요한 의식을 통하여 아기의 존재가 확정적으로 되는 것이다. 자신들의 법칙을 자연적인 삶에다 덮어씌우는 이런 원시적 독단론의 자취가 세례를 받지 않고 죽은 아이들에 대한 중세인들의 생각에도 남아 있었다. 그런 아이들은 천국에도 지옥에도 들어갈 자리가 없다고 생각했다. 단테의 『지옥편』에는 어린아이들을 불쌍히 여겨 받아들이는 **유아의 변옥**(邊獄, limbus infantium)이라는 것이 있다. 민간신앙에서는 그들이 십이야(十二夜. 크리스마스로부터 1월 6일 현현일까지 — 역자 주)에 모습을 나타내는 야생적 여인 페르히타(Perchta)의 대열에 끼는 것으로 되어 있다. 튀링겐(Thüringen)에서는 그런 아이들을 귀뚜라미라 부르는데, 그들을 농담조의 이름으로 부르면 그들이 구원을 받는 것으로 되어 있다. 교황 인노센트 3세와 제후들은 호엔슈타오펜(Hohenstaufen)가의 프리드리히 2세에게 한 맹세는 무효라고 주장했는데, 그것은 그 맹세를 할 때 프리드리히 2세가 아직 세례를 받지 않았기 때문이다. 우리 나라 여러 지방에서도 세례를 받지 못한 아이는 장지에 묻힐 수 없어서 아버지와 사찰이 조용히 처리해 버린다. 아이가 죽기 하루 전이라도 세례를 받으면 그는 교회의 종소리, 목사, 가족이 참여하는 가운데 장지에 묻힐 수 있다: 세례를 받기 전에는 아이가 아직 **존재하지** 않는 것이다.

두번째 장애, 제2의 관문은 성년기다. 여기서도 비존재로부터 존재의 상태로 넘어가는 것 못지않은 절대적 이행이 있다. 성년의 성별(聖別)은 죽음으로부터 새로운 삶으로 다시 태어나는 것으로 취급되는 것이 하나의 규칙처럼 되어 있다. 동화나 민담에서 가끔 혼기에 든 처녀를 높고 컴컴한 탑에 가두어 두는 이야기를 듣는데, 물론 사랑은 그녀를 쉽게 발견할 수 있게 된다. 그것은 아주 옛날 풍속의 자취라 할 수 있다. 중국에서는 아주 옛날에 혼기의 처녀를 가두어 두고 다른 사람과 완전히 격리시켰다. 리베리아에서는 열 살이 되기 직전의 처녀를 성스러운 숲 **산디**(Sandy)에 가두어 둔다. 그녀는 결혼 때까지는 죽은 것으로 취급하는데, 결혼 때는 "탈출의 잔치"를 베풀며, 이것은 다시 태어나는 것으로 인식된다. 콩고에서는 성년으로 성별되는 처녀·총각을 죽었다가 다시 살아나는 것으로 간주한다. 의례가 끝나면 그들은 새 이름을 받고, 부모들과 친구를 모르는 체하는 등 그 이전의 삶에 대해서 모두 잊어버린 것처럼 행동한다. 젊은이들에게 가해지는 시련은 가끔 매우 거칠고 무서운데 그것은 다른 단계로의 진입의례를 가능한 한 강력하게 하려 함이요, 그것을 죽음과 다시 살아남에 가능한 한 비슷하게 하려 함이다. 브리티쉬 콜롬비아의 인디언들은 처녀들을 3,4년간 격리시키는데 그것을 "생매장"이라 부른다. 그 기간 동안 그들은 사람들의 발자취가 끊어진 광야에서 나뭇가지로 지은 집에서 살아야 한다. 그 기간 동안 그들은 매우 위험한 존재로 취급된다. 사람들은 그들을 피하고 그들이 발을 디딘 길과 강은 불결해진다고 믿는다. 루스 베네딕트(Ruth Benedict, 1887~1948. 미국의 인류학자 — 역자 주)가 말한 것처럼 그들은 스스로가 위험에 처해 있지만, 다른 모든 사람들에게 위험의 원천이 된다. 생명력이 이동 중에 있으며, 마치 새가 털을 바꾸는 것처럼 자신을 갱신하는 것이다. 물론 교육적인 요소가 가미된다. 젊은이의 용기와 인내를 시험하고 어떤 경우에는 실제적 충고도 들려준다. 위에 언급한 리베리아 처녀들에게는 가사에 대한 교육이 이루어진다. 토레스(Torres) 해협에 있는 섬(오스트레일리아)에서는 젊은이가 다음과 같은 감동적이리만큼 소박한 삶의 지침을 받는다: "도둑질 하지 말라. 허락 없이 아무것도 가져가지 말라. 만약 작살을 보고 허락 없이 가져갔다가 그것이 부러지면 그것을 어떻게 보상하겠는가? 아이들이나 처녀와 놀지 말아라. 너는 이제 어린이가 아니라 어른이다. 누가 너에게 음식이나 다른 물건을 요구하거든 주어라. 조금 가졌거든 조금 주고, 많이 가졌거든 반을 주어라.

부모를 돌보아 드려라. 너와 너의 아내가 가난해도 상관없다. 네가 낚은 고기의 반을 부모님께 드려라. 결코 인색하지 말라. 어머니에게 불공한 말을 쓰지 말아라. 부모님은 마치 너의 위 속에 있는 음식물과 같다. 그들이 돌아가시면 네가 배고픔과 공복을 느낄 것이다. 너의 형이 싸우러 가거든 그를 도와 같이 가거라, 혼자 가게 하지 말아라." 여기서 잘 드러나듯이 "원시인"은 그렇게 항상 비윤리적이거나 감정이 없는 사람들이 아니다.

그러나 성별의 주목적은 교육적인 것이 아니다. 마치 대학 신입생들의 동아리 가입식이 마음 좋은 상급생들의 위로에도 불구하고 교육적이 아닌 것과 마찬가지다. 인간성이란 시대가 바뀌어도 크게 변하지 않는다. 중요한 것은 이행뿐이고 그밖의 것은 안중에 없다. 목사들은 견신례(堅信禮) 교육을 받을 때 교인들이 얼마나 종교적·윤리적 목적의식이 약한가, 그리고 얼마나 빨리 "종강잔치"를 치르려 하는가를 잘 알고 있다. 많은 지역이나 사회들에서 아이들을 사회에 참여할 수 있는 젊은 숙녀로 만드는 의례 — 리베리아에서와같이 — 는 교회 공동체의 일원으로 받아들이는 것과 별 차이 없는 것이 아니겠는가? 그리고 흔히 교육보다는 "통과"가 더 중요하지 않은가? 성년기로의 경계를 넘었다는 표지가 아직 그어지지 않으면 사람은 아직도 그 이전 기간에 남아 있는 것이다. 피지 섬에서는 성별의례를 치르지 않은 남자들은 아이들과 함께 통칭하여 "그들, 아이들"이라고 부른다. 이것은 출생에 관해서 본 것과 마찬가지의 교조주의다. 인간의 일생은 성별의례에서 성별의례로, 한 시기에서 다른 시기로 이어지는 것이다. 모든 과정 하나 하나가 삶에서 죽음으로 나아가는 과정처럼 중요하며 결정적이다. 물론 우리가 죽음을 보는 것과같이 그렇게 결정적인 것은 아니다. 그들에게는 실제의 죽음도 다른 과정과 마찬가지로 다른 단계로 넘어가는 하나의 과정에 불과한 것이기 때문이다. 로마 가톨릭 교회의 여러 가지 관습들은 원시적인 요소들을 많이 유지하고 있다: 베네딕도 수도회에서는 네 개의 촛불을 사이에 두고 방바닥에 엎드린 입회자에게 시체 위에 덮는 천을 씌우고 **자비를 베푸소서** 기도송을 부른다.

출생이나 성인식 이후도 비슷한 것들이 진행된다. 삶 전체가 분명한 경계를 가진 시기들로 나뉘어져 있다. 끝내지 않은 일은 악으로 취급된다. 짓기 시작한 집을 완성하지 않은 사람은 불행이 닥쳐오지 않도록 전쟁터에 나가서는 안된다(신명 20장). 인도네시아의 탈라우어(Talauer) 섬에서는 사랑 문제를 깨끗하게 끝맺지 않은 사람은 바다 여행에 참가하지 말아야 한다. 여러 가지 재앙을 만나기 때문이다. 성숙한 사람의 삶에 있어서 분명한 경계를 긋는 많은 사건들 가운데 결혼이 가장 중요하다. 벵갈의 콜족은 심지어 성년의례와 결혼을 동시에 거행한다. 그리고 아직 성별의례를 치르지 않은 아이는 혼이 없기 때문에 결혼일에야 비로소 혼을 받는다. 따라서 그들에게는 독신주의라는 것은 없다. 혼례식에는 다른 성별 때와 비슷한 의례들이 행해진다. 그리스의 결혼의례에는 "나쁜 것은 피했고, 더 좋은 것은 보았다"라는 속담이 있는데, 곧 삶이 새로 시작된다는 의식을 표현한 것이다. 그리스의 밀의종교 의례에도 같은 속담이 발견된다. 죽음의 의례도 다른 의례들과 이렇다 할 만한 차이를 보이지 않는다. "죽음과 삶에 대한 우리들의 확연한 구별은 아프리카인들의 눈에는 통하지 않는다. 그들에게는 죽음이란 지위의 변화에 지나지 않으며, 성년이 되는 것보다 훨씬 더 두드러진 육체적 변화임에 틀림없지만, 장년기나 노년기로의 변화와 같은 차원의, 그러나 덜 심각한 변화로 본다"(Lèvy-Bruhl, Lucien, 1857~1939. 프랑스의 인류학자, 철학자 — 역자 주). 그러므로 옛날 사람들에게는 추방 혹은 파문의 상태는 죽음과 동일한 차원에 있다: 공동체 속에서 살지 못하는 것은 곧 살지 못하는 것과 같다. 그래서 고대 게르만족은 **니딩**(niding, 추방) 상태를 일종의 죽음으로 간주하였다. 정상적인 상태("평화")의 삶만이 사는 것이다.

죽음은 하나의 사건이 아니라 하나의 과정으로서, 의례들을 통하여 표시된다. 최종적 매장이 이루어지기 전에는 사람은 죽은 것이 아니다. 예컨대 인도네시아에서는 매장이 오래 연기되는 경우가 많은데 그때까지는 사람이 죽은 것이 아니다. 사람들은 이에 대해서 매우 확실하게 믿었다. 킹슬리 양은 서부 아프리카의 칼라바르(Calabar)에서 자기 전임자의 시체를 매장하지 않고 오두막에 보존하고 있는 족장을 하나 만났는데, 그는 그가 "삶의 바깥에서 서성거리지만, 죽음 안에는 있지 않다"고 믿었다. 그가 그렇게 하는 것은 죽은 족장이 정말 죽으면 주기적 순환을 계속해서 다시 태어나 자기의 위험한 경쟁자가 되는 것이 두렵기 때문이었다. 죽음은 다만 하나의 조그마한 선일 뿐, 삶은 일정한 시간이 지난 후 지극히 당연하게 계속되는 것이다. 죽음은 삶으로 이어지고 삶은 죽음으로 계속 이어진다. 그뢴베흐(Grönbech, Vilhelm, 1873~1948. 덴마크의 종교사가 — 역자 주)가 표현한 것처럼, 중요한 것은 삶이 "위기들을 넘어가도록 도와 주는 법을 아는" 일이며, 이것은 다른 때와 마찬가지로 죽음의 경우에 있어서도 피할 수 없는 의례나 축제를 통하여 이루어지는 것이다. 우리 가운데 누가 "삶이 위기를 넘어가도록 도와 주는" 시골 장례식을 생각하지 않겠는가? 생이란 그리스인들이 말하듯 하나의 원 내지 원형으로서, 어디론가 이끌고가는 직선이 아니라 구부러져서 자신에게 다시 돌아오는 것이다. 문화 종교들에서 등장하는 환생(reincarnation)이론도 바로 이런 원시인들의 생각, 즉 삶의 주기성이 그 전제이자 핵심이 되고 있다. 불교의 **삼사라**(saṃsāra, 輪廻)나 오르페우스교에서 말하는 출생의 바퀴도 원시인들의 주기적 순환에 불과하다. 다만 여기서는 그 연속성이 의례에 의하여 결정되는 것이 아니라 윤리적인 행위, 선행에 의하여 좌우되는 것이다. 이러한 표상세계에서는 새로운 시작이란 있을 수 없고 모든 출생은 다시 태어남이다. 이것으로부터 우리가 끝까지 결론을 내린다면, 사실 새로운 사건이란 아무것도 일어나지 않는다: 불교 설화에는 항시 붓다가 마지막에 소위 쟈타카(Jātaka, 本生譚)를 끌어들이는데, "그때 그 어리석은 목공은 데바닷타(Devadatta)였고, 그 지혜로운 목공은 나였다"라는 식이다. 그렇게 함으로써 모든 것이 한 붓다의 역사로 환원되는 것이다. 인간의 삶에 대한 이러한 관점에서는 오늘 우리가 말하는 역사란 있을 수 없다. 역사는 원이 직선으로 될 때, 즉 삶이 어떤 목적을 가질 때 비로소 생겨나는 것이다(제24절을 보라).

제 19 절

왕, 무의, 샤만, 사제, 예언자를 통한 힘의 현현

인간과 신의 관계는 항상 상호적이다. 인간은 자신을 힘에 대치시키지만, 동시에 그는 그 힘에 의해 정립된다는 것을 의식한다. 사람이 신에게 말하나, 그의 말은 신이 그에게 말한 것에 대한 응답이다. 반대로 힘은 인간을 매개로 하여 작용한다: 신은 인간의 봉사를 통하여 행위하고 말하는 것이다.

우리는 이런 현상을 성스러운 사람들에게 나타난 힘의 **현존**이라고 말한다. 성스러운 사람들은 자신들이 가진 재질이나 의지에 의하여 "종교적인 인물"로 등장하는 것이 아니다. 오히려 그들은 어떤 직책을 지닌 자요 도구로서, 그들이 "성스러운" 것은 그들이 성스러운 봉사를 위하여 사용되기 때문이다. 힘의 최초 혹은 가장 오래된 대변자로서 우리는 이미 "왕"을 보았다. 이집트의 제문에는 "왕이 드리는 제물"이라는 말이 무수히 반복되어 나타나는데, 그것을 우리는 "왕이여, 은혜를 베풀어 주소서"라고 번역해도 된다. 왕으로부터 오지 않는 제물은 없다. 제물을 드리는 사람은 항상 왕을 매개로 하여 드린다. 왕은 그를, 그리고 또 신을 대리한다. 왕은 동시에 사제이다. 그는 신들에게 힘을 가져다주고, 사람들에게 힘을 선사한다. 그는 사람들을 대신해서 신들을 숭배하나, 그가 신적인 힘으로 가득 차 있기 때문에 자신이 신으로 숭배를 받는다.

원시 민족들에게는 주술의(呪術醫)가 전형적인 **마나** 소유자로서, 아메리카에서는 **메디신 맨**(medicine man, 巫醫)이라 부르고 북아시아에서는 **샤만**(shaman, 무당)이라 부른다. 이들 "의사"들은 힘들과의 연결을 통하여 초인간적인 도움을 줄 수 있는 위치에 있는 자들로서 병을 고치고, 비를 내리게 하고, 적을 해치는 등의 일을 할 수 있다. 이들 주술사들은 오늘 우리가 말하는 돌팔이와는 근본적으로 다르다. 그들은 거의 항상 자신들의 능력을 믿고 있다. 오스트레일리아의 무당은 병든 사람의 몸에서 "화살"을 빼어낸다. 즉, 그는 자기 입에서 조약돌을 빼어낸다. 그 자신도 자기가 속인다는 것을 안다. 그러나 무당 자신이 병이 들면, 자기 동료를 불러서 자기에게 그와 같은 치료법을 적용하도록 한다. 따라서 그는 정직한 믿음을 가지고 행동하는 것이다. 그가 실제로 행하는 것의 확실성보다는 그의 행동이 의도하는 것의 확실성이 그에게는 더 중요한 것이다. 여기서도 주술은 현실을 돌파한다. 힘이 주술사로 하여금 불가능한 것처럼 보이는 일을 할 수 있도록 하는 것이다. 그의 지식, 그의 기술은 초인간적인 근원으로부터 받은 것이다. 남아메리카의 아로와크(Arowak)족에서는 주술사가 그의 지식과 주술 도구를 물의 어머니(Watermother)로부터 받는 것으로 되어 있다. 로마의 현명한 왕 누마(Numa)가 자기의 지혜를 샘의 요정인 에게리아(Egeria)로부터 받은 것과 마찬가지이다.

주술사는 그의 힘을 보통의 방법으로 획득하지 않는다. 따라서 많은 경우 그의 활동은 열광적이고 탈아적 성격을 띤다. 비범한 주술적 기술을 지닌 주술의 말고 북을 치고 미친듯이 춤을 추어 더 높은 능력으로 올라가는 무당이 있다. 점쟁이(seer)는 특정한 기술로 숨겨진 것을 찾아내고, 예언자는 신들려 도취된 가운데서 더 고차적인 힘들로 하여금 자신을 통하여 말하도록 한다. 이 두 형태는 서로 혼합되어 나타난다. 그러나 광범위한 주술적 지식으로 모든 행위의 올바른 장소와 시간을 결정해 주는 중국의 **풍수가**, 하늘의 징조를 사용하는 로마의 **복점관**(augur), 새가 나는 것을 보고 점치는 그리스의 **오이노폴**(oinopol), 짐승의 간으로부터 일정한 부호에 따라 어떤 행위의 적합한 시간과 장소, 혹은 그 성공 가능성을 정해 주는 바빌로니아의 **바루**(baru) 사제들은, **황홀경**에서 예언하는 피티아(Pythia, 델피의 아폴로 신전의 무녀 — 역자주)나 예언자들 가운데서 광란하는 사울(Saul)과는 전혀 달리 매우 맑은 정신으로 활동하는 형태의 사람들이다. 심리학적으로도 피티아나 사울 같은 사람들의 행동은 별도의 범주에 속한다. 그들은 고양된, 그리고 때로는 탈아경에 빠지는 성격의 사람들이다. 한두 가지 예를 들어 보자. 북스칸디나비아에 사는 핀(Finn)족과 랍프(Lapp)족 가운데는 레스타디아 종파(1800년생, Lars Levi Laestadius가 창시)가 있는데, 일종의 그리스도교 집단으로서 그들의 집회는 락케두삭(lakkedusak)이라고 부르는 이른바 "커다란 감동"에서 그 절정을 이룬다. 모든 신도가 대단한 흥분상태에 들어가는데, 여자들은 손뼉을 치면서 "나는 예수의 신부"라고 고함을 지르고, 다른 사람들은 "보라, 하늘의 천군들을!" 하고 소리지른다. 설교와 기도 후에는 모두가 큰 소리로 흐느껴 울며 서로 껴안으면서 **안데가시**(Andegassi), 즉 "용서하시오!"와 "당신을 용서하오"를 부르짖는다. 어떤 사람의 울음은 내면적인 기쁨을, 다른 사람은 회개를 표현하나, 많은 경우에는 걷잡을 수 없는 부르짖음이 되어버린다. 뉴멕시코의 푸에블로(Pueblo) 인디언들은 페요테(peyote) 혹은 메스칼린(meskalin) 콩이나 선인장의 싹을 먹고 부양(浮揚, levitation; 몸이 공중에 붕 뜨는 느낌)을 체험하게 하거나 현란한 색깔을 보는 환각을 가지게 한다. 그것들을 복용하면 절망감과 해방감이 교차적으로 일어난다. 부족민들은 그것들을 성례전을 행하듯 기도와 찬송을 부르며 먹는다. 베두인(Bedouin)족은 **메나힐**(menahil)이라는 선한 영들의 "거처"를 알고 있는데, 그들은 말하자면 "미쳐서 예언하는 자"들이다(예레 29,26). 그들은 기도에 사로잡히게 되면 예언하면서 길거리를 달린다. 이런 "예언"은 강한 내적인 흥분을 전제로 하며, 때로는 **탈인격화**(depersonalization)를 초래한다. 즉, 말하고 행동하는 것이 자신이 아니라 예언자의 혀와 말을 도구로 이용하는 힘(신)이라는 생각을 일으키는 것이다[**열광**(enthusiasm), 즉 신으로 가득참]. 정신적으로 고양된 상태(exaltation)는 흥분제를 사용함으로 일어나는데, 말에나 행동에 춤이나 취하게 하는 음료와 같이 강렬하고 감동적인 성격을 부여한다. 이런 고양상태는 곧 본격적인 **탈아경**(ecstasy)으로 이어지는데, 이런 상태에서 예언자는 자신의 인격성을 상실하고 전적으로 무의식적이거나 반쯤 의식적인 순종적 도구가 되어 그에게 주어진 말을 말하는 것이다.

전혀 다른 사상적 배경에서 나온 두 가지 예를 같이 놓고 비교해 보자. 아이스킬로스의 『아가멤논』(*Agamemnon*)에서는 여 예언자 카산드라(Kassandra)

가 왕의 여종이자 애인으로 왕궁에 보내진다. 왕도 그리로 들어가나 궁내에서 비극이 진행되면서 매우 비참한 종말을 맞는다: 클리타임네스트라의 손에 든 도끼가 왕을 기다리고 있는 것이다. 카산드라는 잠시 바깥에서 합창대와 함께 기다린다. 비탄에 빠진 그녀는 끝까지 왕비의 조롱을 참으면서 굳게 침묵을 지킨다. 그러나 왕비가 나가자 그녀 속의 영이 활동을 개시한다. 그 불행한 여인 자신이 말하는 것이 아니라 신, 즉 그녀의 주인인 아폴로가 처음에는 내키지 않는 그녀를 억지로 시켜 참혹한 환상을 보도록 하고 불길한 말을 하도록 하는 것을 아이스킬로스는 멋지게 그려내고 있다. 더듬거리며, 끙끙거리며 분명치 않은 소리로 **오토토이 포포이 다 아폴론, 아폴론**(*ototoi popoi da Apollon, Apollon*)이라고 그녀는 고통스럽게 절규한다. 그러나 아트리드 가문의 비참한 전 역사가 자기 눈앞에 펼쳐지는 것을 보고 그녀는 억눌리고 간간이 중단되는 목소리로 그것을 이야기하자 합창대는 경악한다. 그러고는 그녀가 자신의 역사를 이야기할 때 목소리는 가라앉는다. 그러나 갑자기 신이 그녀를 다시 사로잡자 그녀는 "불이 다시 내 위에 떨어진다. 화(禍)로다 나여!" 하고 소리지른다. 예언은 "무서운 전주(前奏)로 그녀를 혼란에 빠뜨리면서 흥분시키는 일인 것이다". 불줄기가 댐을 돌파하기 직전 그녀는 해산의 진통을 겪는 여인처럼 소리지른다.

우리들에게 잘 알려진 빌레암(Bileam)의 예언에 대한 이야기는 탈아적 정도에 있어서는 이보다 못하지만, 앞의 이야기에서보다 훨씬 더 큰 탈인격화 현상을 보여주고 있다. 빌레암은 발락(Balak)에 의해 이스라엘을 저주하라고 고용되었지만, "하느님이 자기 입에 넣어 준" 말만 말했다. 발락이 자기들의 원수를 축복하는 것을 막기 위하여 축복도 저주도 말고 입을 다물라고 요구했지만, 빌레암은 입을 다물 수도 없었다: "브올의 아들 빌레암이 말한다, 눈을 뜬 자가 말한다, 하느님의 말씀을 듣는 자, 전능한 자의 계시를 본 자, 눈을 뜨고 엎드려 있는 자가 말한다. …" 발락의 화가 폭발했다. 예언자를 쫓아내려 했으나, 야훼의 축복은 그의 입에서 계속 쏟아져 나왔다: "만약 발락이 자기 집에 은과 금을 가득 채워서 나에게 줄지라도 주께서 나에게 명하신 것을 어기고 선이든 악이든 내 마음대로 할 수 없다. 주께서 말씀하실 것을 나도 말하겠다"(민수 23-24). 구약의 예언자들이 자신의 말이 아니라 하느님의 말씀을 가지고서만 등장한다는 것은 알려진 사실이다. 탈아적 요소는 그들에게 있어서 뒷전으로 물러나지만, 하느님의 "현존"을 위해 그들의 인격은 뒤로 물러나는 것이다. 그들은 자신들이 말하는 것은 자신들의 말이 아니라 하느님의 말씀이란 확신을 가지고 있다. **네움 야훼**(ne'um Jahwe), 즉 하느님의 발언인 것이다.

델피의 피티아 같은 여 예언자의 경우에는 신과 여종과의 관계가 종종 성적인 것으로 생각된다. 사실 카산드라의 경우에도 그러했다. 예언자는 힘으로 가득하고 열광적이며 신으로 충만하려면 신에 참여해야 한다. 구체적인 것, 문자적인 것을 추구하는 원시적 사고방식으로는 이러한 목적은 성적 결합을 통하여 가장 잘 이루어질 수 있는 것이다. 피티아는 처녀이어야 하고, 처음에는 아폴로의 현현 때, 즉 신이 그녀에게 왔을 때만 예언하였다. 버질(Virgil)은 『에네이드』(Aeneid)에서 신이 여 예언자 — 여기서는 시빌레(Sibylle) — 와 관계하는 것을 성적인 비유로 표현하고 있다. 순수 원시인들의 표상에는 이것이 좀 더 문자적이고 분명하다: 부루(Buru) 섬에서는 나이 많은 여인이 숲속에서 악령에 의하여 습격을 당한 뒤 신탁을 전한다. 영이 성교를 통해 여자 속에 들어가서 잠시 동안 그녀의 영혼을 대신하는 것이다.

이러한 표상 형태들을 도외시하더라도, "신들림"(possessed)은 모든 참된 예언의 특징이다. 구약성서에서는 예언자 자신의 의도 없이 무의식적으로 발언된 진정한 하느님의 말씀과 이렇게 직접적으로 주어진 것에 **대한** 사변은 분명하게 구별될 수 있다. 후자도 예언서들의 일부를 구성하고 있다. 예컨대 즈가리야는 이런 점에서 다만 부분적으로 예언서라 할 수 있다. 참된 예언자는 모든 시대의 참된 시인의 경우와 같다고 할 수 있다: 시인이 열정과 성스러운 영으로 쓴 것은 매우 훌륭하다(데모크리토스). 플라톤도 시인들은 자신들이 아는 것보다 더 많은 것을 말한다고 생각했다. 예언자들은 따지거나 숙고하지 않는다: 그들의 말은 자신들이 의식하는 것보다 더 널리 파급되며 그들이 살필 수 있는 것보다 더 깊은 인격의 심층으로부터 우러나온다. 그리하여 그들은 말이 자신들에게 **주어진다**는 의미에서 외부로부터, 즉 하느님으로부터 온다고 느끼는 것이다. 그리고 듣는 사람들도 흔히 그들의 말에서 계시, 즉 신의 말씀을 듣는 것이다.

사제와 주술사, 사제와 예언자가 반드시 구별될 수 있는 것은 아니다. 아이슬랜드의 동요에는 그리스도교 사제가 전형적인 주술사로 등장한다. 아일랜드의 농부들은 오늘날까지도 사제들이 주술적 힘을 지니고 있으며 그때문에 그들의 분노를 사지 않아야 한다고 믿는다. 그럼에도 불구하고 역시 사제와 주술사, 사제와 예언자 사이에는 커다란 차이가 존재한다. **사제**들은 인간과 힘의 연결이 **규칙적으로** 일어나도록 돌보아주어야 한다. 그들은 어떤 영감이나 탈아경을 인내심 있게 기다릴 수는 없다. 그들은 매일 제사를 드리거나 매 주일 설교를 해야 한다. 물론 자신의 과거 삶이나 혹은 그들 가계의 과거에 한때 그런 탈아경이나 황홀경을 경험했을 수도 있을 것이다. 그러나 지금은 그들의 열광의 물줄기는 시원하게 흐르지 않고 그들의 황홀감은 염려스러울 정도로 합리화되어 있으며 그들의 종교적 체험은 절제되고 조금씩 제공된다. 사제들에 대한 비난이 많고, 그것이 항상 근거없는 것은 아니다. 그러나 사람들이 잊어버리는 것은 그들이 본질상 성스러운 영역에 속해 있다는 사실이다. 무사들(산스크리트어로 rājanya, 라틴어로 reges)과는 대조적으로 그들은 제단의 불을 지피는 자들(brāhmaṇa, flamines)로서 무슨 일이 있더라도 제단의 불이 꺼지지 않도록 돌보아야 한다. 원시인들의 제사로부터 시작하여 사제가 의례로써 세계를 움직이게 하는 인도의 제사와, 사제가 신의 희생을 주관하고 실행하는 미사에 이르기까지 사제들은 성소에 들어가 있는 자들로서 그들의 열심은 결코 식어서는 안된다. 물론 가끔 사제들도 그들이 드리는 제사보다 그들 자신을 먼저 드려야 한다는 사실을 잊어버릴 수가 있다. 그러나 다른 면으로는 그렇게 해야 한다는 사실을 충분히 자주 상기하도록 그들은 자극을 받는다. 그들이 살고 있는 성역은 그들에게 여러 가지 종류의 **금기**(tabu)들을 부과한다: 로마의 **주피터 사제**(flamen dialis)는 하지 말아야 하며 먹지 말아야 할 것이 많이 있고, 로마 가톨릭 사제들은 독신으로 지내야 하며, 축복받은 우리 나라의 어떤 지역에서는 목사가 콧수염을 기르면 안된다(또 다른 터부들과 함께!). 사제들은 성스러운 것과 친밀해야 할 의무가 있고, 규칙화된 예언을 해야 하며, 매일 매일 제사를 드려야 한다: **제단에 봉사하고 거룩한 제사를 드린다**(deservire altari et sacrificia divina celebrare): 거의 불가능한 일이나 동시에 영광스러운 의무이다. 사제의 경우에 있어서도 예언자의 경우에서와같이 개인의 인격성은 뒤로 물러나 있어야 한다. 그러나 예언자는 그의 탈아경, 적어도 힘에 의해 사로잡힌다는 것의 도움을 얻는다. 즉, 그는 그렇게 하지 않을 수 없는 것이다. 그러나 사제는 주님의 제사, 주님의 말씀 뒤로 물러나 매일 매일 자신을 이기는 어려운 투쟁을 하지 않으면 안된다.

제 20 절

성별된 성스러운 인간과 귀신들린 인간을 통한 힘의 현현

힘의 현존은 또한 **성별된** 사람들을 통해서도 나타난다. 성별된 사람이란 자신들의 삶을 신과 매우 밀접한 관계를 맺고 사는 사람을 말한다. 다만 한 가지 힘만이 그의 삶을 가득 채우도록 그는 온갖 다른 힘들을 피한다. 여기서도 매우 흔히 힘과의 관계가 성적으로 표현된다. 베스타의 처녀들은 신의 영원한 신부들로서 다른 여인들은 하루만 지니고 다니는 신부의 장식을 일생 동안 몸에 지니고 살며 초세상적인 신랑을 위해 정결을 지킨다. 그렇게 함으로써 그들은 매우 큰 힘을 발휘하여 그들의 기도는 그들을 만나는 죄인의 생명을 구한다. 말하자면 그가 성소에 들어간 것과도 같다고나 할까. 수녀들은 본래 신부(新婦)의 면사포인 "면사포를 두르고" 그리스도의 신부라고 불린다. 생명력의 가시적인 감퇴 혹은 중요한 생명 기능의 자유로운 발현을 의도적으로 억제하는 것은 실제적으로는 생명력을 증가시키고 힘을 더욱더 강력하게 집중시키는 결과를 초래한다. 인도의 고행주의자들은 거의 숨도 쉬지 않는데, **타파스**(tapas), 즉 성스러운 열을 발생시킨다(3절 참조). 수도원에 있는 성스러운 수도승들은 은혜의 보고를 쌓아 속세에 사는 사람들을 구제한다.

이렇게 정결을 지키는 성별된 사람들과 대립되는 것이 성전 창녀(聖殿娼女, hierodule)들이다. 이들에게는 극단의 금욕과 극단의 방종이라는 묘한 양극현상이 나타난다. 이스라엘에서도 **케데쉼**(kedeshim)과 **케데쇼트**(kedeshot)라는 남녀 성별자가 마을 어귀나 (창세 38장) 성소들의 문에 있었다(출애 38,8; 1사무 2,22). 인도, 바빌로니아, 그리스에서도 신에 봉헌된 여자들이 있었으며 그들은 아무 남자에게서나 신의 현존을 보았다. 우리들은 이것을 이상하게 생각하는 경향이 있지만, 핀다르(Pindar) 같은 시인도 아크로코린트(Acrocorinth)의 성전 창녀 — 오늘날 우리들의 관점으로 보면 항구의 창녀 — 들에 대하여 열광적인 찬사를 보냈다는 사실을 잊으면 안된다. 그에 의하면 페르시아와의 전쟁에서 이 창녀들은 간절한 기도로 나라를 구하는 데 중대한 기여를 했다는 것이다.

위에 언급된 성별의 두 가지 형태에 모두 힘이 계시되는데, 그것은 아직 힘이 종교적으로나 도덕적으로 분화되지 않은 상태다. 힘의 "현존"은 성교의 포기로, 즉 성적 순결성으로 이루어지거나, 반대로 성교를 통해 자신의 힘을 계시하는 신에게 완전히 헌신함으로써 이루어진다. 그리하여 그것은 금욕의 힘의 강화나 혹은 한없는 힘의 전개를 뜻한다. 고대 이집트의 "신의 여자들"이나 바빌로니아의 "신의 신부들"은 이런 관점에서 보아야 한다. 그리하여 그들은 한편으로는 성스러운 창녀들인가 하면, 다른 한편으로는 신들 외에는 다른 누구와도 관계하지 않는 "배제된" 존재들로서 수메리아인들이 이미 했듯이 "어두컴컴한 방"에 가두어 놓거나 아예 죽이기도 했다. 이스라엘의 경우 예프타의 딸(판관 11)이 그런 것을 연상하게 한다. 성적 순결이나 성적 방종의 구체적인 힘은 동일하다. 고대 로마에서도 베스타 여사제의 순결성은 풍년을 보장했다. 그러나 셀레베스에서는 성교로부터 곡식 밭에 힘이 방출될 뿐 아니라, 창녀들이 없으면 들짐승들이 벼를 뜯어 먹어버린다는 이유로 창녀들을 두었다. 많은 종교들에서 성별된 방종과 순결이 함께 발견된다. 제의에서 어린이들에게 부과되는 역할도 후자의 한 특이한 형태라 할 수 있다. 그들의 성적 순결이 그들의 힘을 보장해 준다고 본 것이다.

순교자도 일종의 성별된 자이다. 그는 자신의 피, 자신의 삶 전체를 바친 사람이다. 그는 완전히 무력하게 됨으로써 힘을 얻는 것이다. 이 모든 "성별"은 순교자까지 포함하여 자기 주장 내지 자기 고양일 수 있다. 그러나 반드시 그렇다는 것은 아니다. 자기가 헌신하는 힘이 가장 중요한 자리에 선다면, 즉 순교자란 표현이 초기 그리스도교에서 의미했던 것("marturein"-"증언하다")과 같이 순교가 증언되는 것의 위대성에 대한 증언이라면, 자기 주장은 진정한 신에 대한 봉사에 길을 내줄 것이다. 이런 의미에서 예수 자신이 바로 원초적 증인이다.

죽은 자들로서 죽기 전, 혹은 후에 큰 힘의 충만을 입증한 사람들은 성스러운 인간들이다. 성인들의 무덤에서는 기적이 일어나곤 한다. 그래서 사람들은 그들의 유물을 소유하는 데에 많은 가치를 부여하는 것이다. 아테네 사람들은 스키로스의 테세우스(Theseus of Skyros)의 유골을 자기 도시로 가져왔고, 외디푸스(Oedipus)도 자기들의 지역에서 죽는다는 데에 관심을 표했던 것이다. 바리(Bari)의 그리스도인들은 미라(Myra)로부터 성 니콜라우스(Nikolaus)의 시체를 훔쳐왔으며, 이 성인이 새 주거지에 임재한 첫날에 서른 가지의 치유기적이 일어나 그 보상을 받았다. 가장 극적인 예는 카탈로니아인들로서, 성 로무알드(Romuald)에게 자기들 땅에 머물기를 간청했으나, 성인이 이를 받아들이지 않자 성인전이 전하듯 "땅의 보호를 위해" 암살자를 보내 적어도 그 시체라도 소유하려 했던 것이다. 그리스인들은 그런 성인들을 **헤로스**(hērōs, hero)라 불렀다. 이슬람도 역시 성인들과 그들의 무덤을 중요시한다. 오늘날 우리도 그런 관습을 유지하고 있다는 사실은 **에뜨왈의 개선문** 밑에 있는 **무명용사의 무덤**과 모스크바의 레닌 묘가 증명해 주고 있다.

성인의 힘이란 물론 여러 가지 형태를 취할 수 있다. 불교에 있어서 **아르하트**(arhat, 阿羅漢)는 이미 이 생에서 구원을 받고 환생으로부터 해탈하여 "나에게는 이제 더 이상의 환생은 없다"라고 말할 수 있는 사람이다. 이슬람에 있어서 **왈리**(wali)는 신의 친구며, 그리스도교에 있어서 성인은 그를 통하여 하느님의 자비가 나타나는 사람이다. 그러나 통상 이들에게서도 힘에 대한 원시적 사고가 다시 나타난다. **왈리**는 "하느님의 자비"라 불려지고, 이슬람의 통속적인 성인숭배가 그와 연결된다. 고대 그리스도인들도 기적을 일으키는 **성인들 사이에**("inter sanctos") 매장되기를 갈망했다. 그리고 우리는 사람들이 각 시대를 통하여 하느님 곁에서의 중보기도로부터 시작하여 고통의 치유까지 온갖 것을 성인들로부터 기대했음을 잘 알고 있다. 그러나 이 모든 것이 성인이란 하느님이 그에게 참여하고 그를 통해 활동하는 존재라는 근본적 견해를 손상시킬 수는 있을지언정 파괴하지는 못한다.

　마지막으로, 힘을 대표하는 존재로서 **귀신들린 사람**을 언급하지 않을 수 없다. 즉, 신들린 사람으로서 힘이 그 속에 살고 그를 통해서 말한다. 그 다음, 마녀들은 흔히 귀신과 성적으로 밀접한 관계에 있다고 보는 존재들이며, 늑대 사람에 대해서는 우리가 이미 언급한 바 있다. 또 아주 전형적인 예로 **수바가**(subaga) 있는데, 아프리카 민속신앙에 나오는 일종의 흡혈귀로서 사람의 몸에 살면서 사람을 죽이거나 병들게 한다. 만약 어떤 사람이 그런 **수바가**라고 생각되면 사람들은 가차없이 그를 내쫓거나 죽인다. 많은 어린이들이, 그들 부모가 그들을 **수바가**라고 생각해서, 들판으로 쫓겨나 다시는 공동체에 용납되지 않는다. 그들을 지배하고 있는 힘이 그들로 하여금 그렇게 만든 것으로 보는 것이다. 오래 전에도 바프와보카(Bafwaboka)의 선교지에는 부모들이 "마녀"라고 해서 쫓아낸 어린이들 80명 이상을 수용하고 있었다.

제 21 절

성스러운 공동체:
결혼, 가족, 친족, 부족, 민족

신적인 것에 대한 개인적 관계 외에도 공동체적 관계가 있으며, 개인적인 경건 외에 공동체적 경건이 있다. 실증주의 철학에 근거한 프랑스의 소위 사회학파에서는 지난 수십 년간 종교를 순전히 사회적 현상으로 설명하려고 노력하였다. 이 학파는 성스러운 힘에 대한 인간의 독특한 관계마저도 개인이 공동체에 굴복하는 것으로 해석했다. 즉, 신은 곧 **사회**(society)라는 것이다. 실증주의의 창시자 콩트(Comte)가 그의 만년에 빠져들어 갔던 **인류숭배**(culte de l'humanite; 23절 참조)가 다른 방식으로 다시 등장한 것이다. 다만 콩트가 새삼스럽게 그런 것을 고안해 낼 필요가 없었을 뿐이다. 그것은 이미 오래 전부터 있어 왔기 때문이다. 사람들이 항상 신이라 불러온 것은 사실 사회적 성격을 지닌 인간 그 자체였다는 사실을 사람들로 하여금 인식하게 하면 될 뿐인 것이다. 그리고 그 결과 종교를 과학(자연)으로 대체하면 되는 것이다.

  이들 사회학자들이 종교사 연구에 끼친 커다란 공헌 때문에 우리는 그들에게 종교에 대한 진정한 이해가 전적으로 결여되어 있다는 사실을 간과해서는 안된다. 의심할 여지 없이 종교는 사람들이 여태껏 생각했던 것보다는 훨씬 더 사회적이고 집단적 성격을 지니고 있다. 사실 인간의 다른 어느 정신적 현상 못지않게 종교현상도 공동체를 떠나 생각할 수 없다. 그러나 예술이나 학문과 마찬가지로 종교가 전적으로 사회적인 것으로만 환원될 수 있다는 것은 아니다. 사실 이런 사회학적 가설은 포이어바흐가 제시한 가설의 또 다른 형태일 뿐이다: 인간은 자신의 형상에 따라 신을 만든다는 것이다. 다만 이 경우에는 그것이 개인을 두고 하는 얘기가 아니라 유(類)적 관점에서 주장되는 것이다.

우리는 이미 위에서 이러한 주장들이 모두 어느 정도까지는 옳다는 것을, 그러나 그것을 일반화시키거나 단정적 판단으로 만들 때는 이중적으로 잘못된 것임을 보았다(10절 참조).

사실, 고독과 공동체는 서로 배타적이 아니라 상관관계에 있다. 인간은 일생 동안 고독과 공동체 사이를 왔다갔다한다. 자기 어머니와의 매우 구체적인 연합 속에서 인간의 삶은 주어진다. 그러나 사람은 어머니로부터 떨어져 나가 자신을 고립시키지만, 언제나 다시 어머니에게 돌아간다. 어머니와의 관계 속에서 우리는 상대적인 고독과 또 이와 마찬가지의 상대적인 공동체성 사이에 놓여 있는 전 인간 존재의 원형을 발견한다.

공동체(Gemeinschaft)는 단체(Vereinigung)가 아니다. 단체에서는 단결을 추구하지만, 공동체에서는 그것이 주어져 있다. 공동체의 실존적 성격은 특히 원시 및 고대 문화에서 분명하게 나타난다. 우리 나라 동부 지역의 마을 공동체에서도 그런 요소가 아직 남아 있다. 데번터 시장에서 철천지 원수를 만난 농부는 그래도 같은 마을 사람으로서 원수에게 인사할 의무가 있음을 느끼고, 심지어는 그와 함께 시장터를 거닐기까지 한다: "낯선 사람들"을 향해 공동체가 알려져야 하는 것이다.

그러나 원시문화에서는 이런 공동체 의식이 훨씬 더 강력하게 작용한다. 트레이더 혼(Trader Horn)은 이것을 매우 적절하게 표현한다. "야만인이 친척을 잃으면 그의 가슴이 찢어진다. 그에게는 그의 마음을 달래 줄 신문이나 소위 영화 같은 것도 없다. 그가 아는 즐거움이란 음식 그 자체에서가 아니라 그것을 친족과 함께 먹는 데서 온다. 사냥에서 즐거움을 찾는 것이 아니라 그의 부족과 함께 사냥하는 데서 찾는다. 그는 개처럼 울부짖는다. 교육이 우리에게 처음으로 가르치는 것은 혼자 걸으라는 것이다." 로렌스(D. H. Lawrence)는 원시 부족의 춤을 보고 공동체의 본질을 처음으로 이해했다. 즉, 같이 고함지르고 땀흘리며, 박자와 동작의 일치, 신체들이 함께 어울리는 가운데서 공동체, 즉 많은 지체를 가진 한몸이 이루어지는 것을 본 것이다.

왜냐하면 원시인과 고대인은 공동체적으로 사고하고 행동하기 때문이다. 그것이 어느 정도였는가 하는 것은 다음의 예들에서 엿볼 수 있다: 고대 이스라엘에서는 친족간의 평화를 깨는 일은 혐오의 대상이기는 했으나 처벌받지는 않았고, 여호수아는 "나와 나의 집"을 대신해서 어떤 결정을 내렸으며, 고대 게르만족 사이에는 형제 살해는 범죄가 아니라 미친 짓으로 취급되어 복수를 할 수 없게 하였고, 그리스에서는 아버지의 손에 의해 살해되는 것을 자살(aitocheir)로 간주했고(Sophokles, *Antigone*, 1175 이하), 뉴브리타니아에서는 근친상간을 자위행위나 자기 소모로 취급하며, 서부 플로레스에서는 어떤 사람이 **달루**(dalu, 추장)의 직을 가지고 있지 않으면서도 그가 진짜 달루의 친족이면 달루로 행세한다: "그 사람이 그 사람인데 뭐."

사실 원시인의 사고방식은 철저히 집단적이라서 같은 공동체의 구성원끼리는 서로 대체될 수 있었다: 한 사람이 곧 다른 사람인 것이다. 이 원리의 실제적 작용은 피의 복수에서 찾아볼 수 있다(뒤에 취급).

부부(夫婦)는 부분적으로는 공동체요 부분적으로는 단체 혹은 결사(Bund)이다. 그것은 자의에 의하여 이루어지나, 가정은 육체적 유대로써 하나의 공동체가 된다. 그러나 이 사실이 항상 인정되는 것은 아니다. 많은 원시사회에서 가정은 어머니와 아이들로 구성되고, 어머니의 친족들만 거기에 속한다. 아버지는 다만 "혼인을 통하여 들어온 남자" — 뉴기니아의 도부에서는 아버지가 이런 이름으로 불린다 — 로서 가족 공동체 바깥에 있다. 그는 단지 남편에 지나지 않으며 결혼은 순전히 자의적인 것으로 남아 있다. 이와는 정반대로 널리 퍼져 있는 **꾸바드**(couvade) 풍속은 부부의 공동체적 성격을 강력하게 나타낸다. 그것은 소위 "의만"(擬娩)으로서, 한 지체가 아프면 나머지 지체들도 함께 아파한다는 원칙에 따라 남편이 자기 부인의 산고(産苦)에 동참하는 것이다. 고대 로마의 결혼선서 "당신 가이우스가 있는 곳에 나 가이아도 있다"(ubi tu Gaius, ego Gaia. 여기서 Gaius와 Gaia는 로마 시대에 흔한 이름으로서 신랑·신부를 그렇게 부름 — 역자 주)에서도 같은 것을 찾아볼 수 있다. 부부의 공동체적 성격을 가장 강력하게 강조한 것은 신약성서의 에페소서 5장에서 찾아볼 수 있는데, 결혼을 교회와 그리스도와의 관계에 비유하고 있다: 양자가 한몸을 이루는 것이다.

그러나 역시 결혼에 있어서는 극복해야 할 것이 있다. 선택의 자의성이 공동체로 만들어져야 하는 것이다. 그것은 사실상 불가능한 것이나, 바로 거기에 결혼의 불변하는 영광이 있다. 가족의 공동체적 성격은 역설적인 것이 아니며 조금도 의심의 여지가 없다.

모든 공동체에는 무언가 "성스럽고 공동체적인 것"이 있어 그 공동체를 하나로 묶어준다. 가족에는 두 가지가 있는데, 피와 공동재산(familia = 소유)이 그것이다. 양자는 모두 "성스럽다". 즉, 양자는 모두 하나의 힘으로 인정되며 사람들은 그것에 복종하는 것이다. 그러므로 가족은 가장 오랜 제의(祭儀) 공동체이기도 하다.

이런 것을 우리는 고대 로마의 풍속으로부터 가장 아름답게 재현시켜 볼 수 있다. 집 밖에, 즉 성스러운 **대문**(janua. Janus신) 밖에는 속된 세계가 시작되고 낯선 사람들은 이 성역 바깥에 있다. 벽난로는 제단이고, 아버지는 위대하고 신성한 힘(patria potestas)을 지닌 사제이며, 딸들은 물을 길어 오고 불을 지키는 사람들(Vestales)이며, 아들들은 벽난로에 거하는 신들을 위하여 불을 지펴 일으키는 사람들(flamines: 키질하는 자 = 사제)이 되는 것이다. 낯선 사람들은 **원수**(hostis)요, 집 밖에 있는 사람이다. 아버지의 재산(patrimonium)은 본래 다른 사람에게 양도할 수 없는 것이다.

가족 제의로부터 **친족 제의**가 발전되었다. 로마에서는 상당히 오랫동안 모든 **친족**(gens)이 자신의 제의를 가지고 있었으며 친족에 속하지 않는 사람에게는 비밀로 되어 있었다. 다음에 부족, 마을, 도시의 제의가 나타났다. 그리고 마지막으로 국가의 제의가 발생했다. 물론 이것이 역사상 유일한 발전 과정이라고 할 수는 없다. 다만 매우 흔히 일어난 과정이라 할 수는 있고, 특히 인도-게르만족들에서 많이 발견된다. 우리가 지금 아는 원시족 사이에는 좀 다른 형태가 발견된다. 거기서는 씨족과 토템 공동체가 매우 중요한 역할을 한다.

친족은 같은 피와 같은 힘으로 묶어져 매우 강력한 유대를 형성한다. 그래서 고대 스칸디나비아인들의 삶을 잘 아는 학자는 말하기를 "다른 모든 사람이 같이 행동하지 않는 한, 개인은 행동할 수 없고, 주위 모든 사람이 함께 느끼지 않고는 개인이 혼자서 고통을 당할 수 없다. 그 관계가 너무나 절대적이기 때문에 개인은 스스로의 힘으로는 존재할 수 없으며, 유대가 조금이라도 느슨해지면 그는 어찌할 바 모르는 존재로 전락하고 만다". 이 말을 한 그뢴베흐 (Grönbech)는 그리스인들은 좀 다르다고 함으로써 오류를 범했다. 안티고네는, 제아무리 고귀한 의도를 가졌다 해도 도시국가 **폴리스**의 종교를 대항해서 공동체의 신성한 유대로부터 탈퇴하는 자는 자멸하며, 홀로 있으려고 하는 자는 존재할 수 없다는 사실의 가장 감동적인 예다. 그러므로 추방당하는 것은 벌이며 죽음과 같이 취급된다. 이스라엘에서는 "과부"가 그저 그의 남편이 죽은 여자가 아니라 모든 가족관계를 상실한 사람이며, 그러므로 땅의 유산을 받을 수 없는 사람이다. 그러므로 이런 외로운 사람을 다른 사람들이 돌보아야 했다.

 그렇게 여러 곳에서 행해졌던 혈연의 복수도 바로 이 친족의 결집성에 근거해 있다. "상속자가 다른 사람의 아들이 될 수 없는 것만큼 그는 복수를 피할 수 없다"(Wilamowitz). 나의 아버지의 피, 나의 형제의 피는 곧 나의 피며, 거기에는 나에게도 성스러운 동일한 힘이 존재하는 것이다. 그 피가 흘렀다면, 내가 무엇을 해야 할 것인지 따질 필요가 없다. **나의** 피가 흐른 것이다. 많은 부족에서 바로 이런 것이 끝없는 싸움의 원인이 되었다. 포츈(Fortune, 1903~ . 영국의 인류학자 — 역자 주)의 이야기에 따르면, 도부에 어떤 남자가 자기 누나의 아들의 아내와 간통을 저질렀다. 그 남편이 자기 아저씨를 죽였다. 그러자, 그 누나가 죽은 동생의 형제들을 부추겨서 자기 아들에게 원수를 갚도록 했고, 그 아들은 곧 살해되었다. 그 어머니는 동생과 아들의 죽음을 슬퍼하지 않으면 안되었다. 몇 달 후 죽은 아들의 형제들이 자기 형을 죽인 그 부인의 동생을 죽이고, 그 시체를 구워 먹었다. 그래서 결국 한 친족이 문자 그대로 스스로를 먹어버린 것이다. 마치 그리스의 영웅 전설에 나오는 아트리드족의 이야기와 비슷하다. 피의 죄값은 마치 줄을 지어 서 있는 원추들 사이에 구르는 공과 같이 원추들을 차례차례로 넘어뜨리는 것이다. 그것은 그 자체의 생명을 지니고 있다. 그것은 하나의 저주, 하나의 **아라**(ara)다. 그래서 델피의 사제들의 영향으로 피의 복수 대신 점차 국가의 재판이 등장했을 때, 그리스에는 전에 없었던 대단한 변화가 일어난 것이다. 이 변화는 아이스킬로스에 나오는 태고적 복수법의 대변자들인 **유메니데스**(eumenides)들의 격노에 잘 반영되고 있다. 그들은 옛 신들을 몰아내고, 옛 도덕을 손상시키고 오랜 신성한 친족의식을 형편없이 무시하며, 모친을 살해한 오레스테스(Orestes, 아가멤논과 클리타임네스트라의 아들 — 역자 주)를 옹호하는 젊은 신 아폴로에 대항하여 일어난다: "당신은 제우스의 보좌 — 유메니데스들이 속해 있는 고대의 지신(地神)들을 몰아낸 올림푸스 신 — 앞에서는 관대하나, 어머니의 피는 우리에게 복수를 명하고 있노라." 혈연이 존중되지 않으면 아무것도 신성한 것이 없을 것이다. 아들이 어머니를 죽이는 것에 비하면 아가멤논이 클리타임네스트라에 의하여, 즉 남편이 그의 아내에 의하여 살해되는 것이 무슨 의미가 있겠는가? 어떠한 피의 복수에 의해서도 풀어질 수 없으며 유메니데스들 — 혹은 에리니에스(Erinyes)들 — 에 의해 복수되지 않으면 안되는 친족 살해는 친족의 결속을 조롱하고, 인간의 생존과 안전을 비로소 가능하게 하는 성스러운 힘을 부정하기 때문에 악한 행위인 것이다.

중국에서는 지고의 덕목이 효(孝), 즉 부모와 조상들에 대한 경건이다. 그런데 혁명의 와중에 젊은 공산주의자가 "나는 충성스런 당원이다. 나는 나의 어머니를 죽이고 나의 형님은 나의 아버지를 죽였다. 우리는 다만 우리의 목적만을 알 뿐 우리의 부모는 모른다"(펄 벅, 『갈라진 가정』; Pearl S. Buck, *A House Divided*)며 자신을 뽐내었을 때, 그 변화가 얼마나 엄청난 것이었겠는가? 그야말로 공동체 의식의 타락이 아닐 수 없었다.

친족과 가족과의 관계는 **부족**과 친족의 관계, 그리고 **민족**과 부족과의 관계와 마찬가지이다. 이들 공동체 사이의 경계는 그리 분명하지 않다. 종교와 부족의식이 얼마나 밀접한지, 그리고 양자에 모두 현존하는 것으로 체험되는 성스러운 힘이 동일하다는 것은 다음과 같은 사실에 분명히 나타난다: 셀레베스의 토라쟈 해변 주민들은 부기니아 상인들로부터 이슬람교를 전수받았는데, 자신들을 "부기니아의 후예들"이라고 부른다. 이러한 사고방식의 자취는 우리 문화에서 **누구의 영역인가에 따라 그 종교가 결정된다**(cuius regio, illius religio)는 원칙에 오랫동안 남아 있었다. 이것은 물론 토라쟈인들의 생각과는 반대되는 요소를 지니고 있으며 그보다는 훨씬 덜 원시적이다. "민족"은 피, 땅, 언어와 특히 공통의 역사 등 여러 가지 사실들에 의하여 규정되는 공동체이다. 사람들이 거기서 얼마나 강하게 "성스러운 공통적인 것" — 위에 말한 어느 요소와도 동일한 것이 아닌 — 을 의식하는가는 우리의 시대가 설득력있게 말해주고 있다.

제 22 절

성스러운 공동체: 결사, 종파, 교회

우리는 앞에서 자의적으로 형성한 단체로서의 결사체(Bund)가 공동체 (Gemeinschaft)와는 다르게, 그러나 그것과 나란히 존재한다는 것을 보았다. 공동체가 제일차적 질서라면 결사체는 제이차적 질서라 할 수 있다. 여기서 우리는 종교가 교대로 두 가지 길을 가고 있음을 알 수 있다. 종교적이기도 하며 시민적이기도 — 우리들이 이해하는 대로 — 한 공동체의 종교는 국가 제의가 되든지 아니면 결사의 계기가 되든지 하며, 드물지 않게 두 가지 형태가 병존하기도 한다.

가족이나 부족의 제의가 항상 국가 제의로 발전하는 것은 아니다. 또 다른 발전 과정도 있다. 이 경우에는 제의의 비밀스런 성격이 강조되어 가족이나 부족 외에는 아무도 그것에 대해서 알아서는 안된다. 혈연이라야 한다는 조건은 점점 약화되고 그 대신 **비밀결사**(secret society)가 생겨난다. 우리는 대체로 이런 공동체의 두 가지 종류를 말해볼 수 있다. 하나는 주로 아프리카 원시인들 가운데 찾아볼 수 있는 비밀 단체요, 다른 하나는 주로 지중해 연안 민족들 사이에 발견되는 밀의(秘儀)종교들(mystery cult)이다. 두 형태는 모두 부족 제의에서 나온 것이나, 전자는 보통 독특한 친족 형성에 의해 이루어지는 것으로서, 우리들의 것과는 거리가 먼 분류 원칙에 따라 **씨족**(clan)으로 발전한다든가, 연령층으로 나뉘어짐으로써 이루어진다. 소위 **연령층 집단**이 형성되는 것이다. 후자는 반쯤은 결사체요, 반쯤은 공동체다. 공동체라 할 수 있는 것은 그들이 자연적인 유대, 즉 연령과 성(性)에 근거해 있기 때문이요, 결사체라 할 수 있는 것은 그들이 결혼을 함으로써, 즉 자유의지에 의해 연령층 모임으로부터 떨어져 나가지 않는 한에서만 존속하기 때문이다. 게다가 연령층 모임은 매우 자주 하나의 결사의 성격을 띠는데, 그것은 클럽 혹은 협회(society)와, 입문을 위한 성별의례를 필요로 하는 비밀결사의 중간적 위치를 차지하고 있다. 연령과 성에 고유한 독특한 힘이 일반적인 공동체 외에 하나의 특수한 공동체를 형성시키는 것이다. 멜라네시아에서는 그러한 비밀결사체에 가입하려면 성인식 의례(18절)를 방불하는 고문과 인내의 시련으로 구성되는 성별을 거쳐야 한다. 여자들과 아이들은 가입할 수 없고 — 그들의 "눈은 열리지 않았다" — 남자들은 죽은 자들의 영들과 교제한다고 믿는다. 입단한 사람들은 새 이름을 얻는다. 그들은 비밀의례 때 사용할 성스러운 모자와 탈을 만드는 법을 배우는데, 그 모자와 탈로써 그들은 여자와 어린아이들을 놀라게 한다. 그 비밀을 폭로하는 자는 죽음을 당한다. "남자들의 집"에서 그런 비밀결사의 회원들은 집회를 가진다. 서뉴기니아에는 그런 남자들의 집을 **룸 스람**(rum sram)이라고 부르는데, 무도장인 동시에 성역이요, 성스러운 피리들이 보관되어 있는 곳이며 청년 남자들이 젊은 여자들과 제한 없이 교제할 수 있는 곳이다. 원시시대에는 단일 형태를 취했던 이런 것에서 오늘날 우리가 보기에는 서로 엄청난 차이를 보이는 여러 가지 형태들이 발전해 나온 것이다. 즉, 거기서 집·성역·클럽·여관·사창이 나온 것이다. 시골 목사들은 오늘날까지도 성과 연령이 얼마나 큰 영향력을 행사하는가를 잘 알고 있으며, 그런 것을 자기 구역에서 일하는 가운데 확실히 느낄 수 있다. 자연에 근거한 차이가 그밖의 차이들로 이어지는 것이다. 고대 게르만족들 가운데도 남자들의 비밀결사들, 젊은 전사들의 친목단체들이 있었다. 미친듯한 사냥놀이에 대한 무용담에 그런 것이 잘 반영되어 있다. 반대로 민속 가운데 어떤 특정한 날 밤에 청년들이 무리를 지어 탈을 쓰고 미친듯이 마을을 돌아다니면서 노인들과 부인들을 괴롭히는 풍속이 있는데, 그것은 아프리카의 비밀결사체가 하는 것과 똑같은 것이다.

 비밀결사체는 종교 공동체로서는 실패작이다. 그것은 전적으로 세속화되어 하나의 사교단체로, 혹은 이해할 수 없는 민속으로 되기도 했고 아프리카에서와 같이 사회의 암적 존재가 되어 공동체에 심각한 위협이 되기도 했다. 그러나 그리스, 이집트, 근동 그리고 로마 제국에서 발견되는 밀의(密儀)종교들은 그와는 전혀 달랐다. 엘류시스(Eleusis) 밀의종교는 처음에는 한 농경민족의 비밀 국가 제의에 불과했다. 오직 엘류시스 주민의 어른들만 거기에 가입할 수 있었다. 그러나 점차 그 범위가 이웃에 있는 더 강력한 아테네, 그리고 마침내는 전 그리스로 확대되었다. 그리고 후에는 아무도 배제하지 않아서 어린이들, 노예들, 유녀(遊女)들까지 그 회원이 되었다. 가입의 유일한 조건은 의례를 통한 정결이었다. 물론 가장 중요한 위치를 점하는 인물들은 여전히 엘류시스의 두 중요한 가문에서 나왔다. 밀의 참여자들이 본 성스러운 행위는 자연의 죽음과 부활에 관계된 것으로서, 고대의 지신(地神) 데메테르가 젊은 생명을 상징하는 그의 딸 **코레**(Kore)를 찾아다니는 여행과 관련되어 있다. 신자들의 범위가 확대됨에 따라 의례를 통하여 얻어진 자연적인 선물조차도 정신적으로 이해되었다. 역사시대에 들어와서는 엘류시스교에 입교하는 것은 사후의 삶에 대한 보장을 의미했다. 한 입교자의 비문이 그것을 말해준다:

  복된 자의 아름다운 비밀, 죽음도 결코
  우리 유한한 존재들에게 불행이 아니요, 오히려 값비싼 선물이라는 것.

밀의종교의 "비밀"은 교리에 있는 것이 아니라 의례 자체에 있었다. 알키비아데스(Alkibiades)는 무엇을 함부로 누설했기 때문에 정죄를 받은 것이 아니라, 자신을 엘류시스의 **밀의의 사제**(hierophant)로, 잔치에 참여한 다른 사람을 **케룩스**(kerux, 밀의종교에서 가장 중요한 두 직분이었음)와 횃불 드는 자로, 그리고 나머지를 밀의 참여자들과 **에포프텐**(epopten, 소위 "관람"을 끝내고 완전히 성별된)으로 변장했기 때문이었다. 말하자면 그는 성별의례를 모방했던 것이다. "혀에 채워진 황금열쇠"(Sophokles)는 모방하는 자에게 가해졌는데, 널리 알려져 있는 것일지라도 불경한 귀에나 불경한 기회에는 금지된 것들을 따라 했을 때 가해진 벌이었다. 밀의종교 공동체는 그 자체로 하나의 집단을 형성하는데, 한편으로는 부족이나 민족보다 광범위하고 — 엘류시스는 야만인과 노예도 가입시켰다 — 다른 한편으로는 민족집단 안의 소집단이었다.

사람이 그 안에서 태어나며 성소들과 신들을 가지고 있던 커다란 민족집단에 비하면, 사람이 가입해야 하는 밀의종교 공동체는 하나의 **종파**(sect)라고도 할 수 있다. 흔히 이 두 집단간의 구별이 너무나도 확실해서 성별된 자들을 위한 별도의 장지까지 마련되어 있을 정도였다: "여기는 다만 바코스의 성별된 자만 누울 수 있다"(기원전 5세기의 쿠메(Cumä)의 비문).

수도승들의 공동체도 결사체에 속한다. 그리스도교의 수도원은 다만 교회 안에서, **교회 안의 교회**(ecclesiola in ecclesia)로서만 존재할 수 있다. 그러나 성별된 자들의 공동체는 스스로 독립하려는 경향을 가지고 있다. 가장 분명한 예는 불교에서 볼 수 있는데, 수도승들의 공동체만이 유일한 것이고, 평신도는 아무 조직적 연결도 없는 주변인들에 불과하다. 이것은 종교현상학적으로 매우 중요한 것인데, 세상을 떠나지 않고는 진정한 공동체가 불가능하다는 것을 뜻한다. 그 공동체가 자라기 위해서는 가족이나 친족관계 등은 파괴되어야 한다. 자유로운 의지로 선택한 것을 위하여 모든 주어진 것, 모든 자연적인 것을 다 포기해야 한다. 그것은 삶의 전회요 세상의 부정이다.

교회는 그 정도까지 가지는 않는다. 교회는 공동체인 동시에 결사체이다. 사람이 교회 안에 태어나기도 하지만, 또한 세례도 받는다. 사람이 그 속에 있으나, 또한 들어가기도 한다. 그것은 교회가 시작되자마자 그러했다. 예수는 열두 제자를 불렀지만, 동시에 그는 그들을 이스라엘의 **백성**(kahal), 민족 집단으로서의 **교회**(ekklesia)의 대표로 불렀다. 그 열둘은 이스라엘이다. 그러나 그들은 예수를 자원해서 따른 참 이스라엘이다. 아브라함의 자손이지만, 하느님은 돌멩이들로부터도 아브라함의 자손을 만들어 낼 수 있다. 교회는 **백성**이지만, 부름을 받은 백성이요 뽑힌 백성이다. 그 근본은 자연에 있는 것도 아니고 자의성에 있는 것도 아니라 그리스도 안에서 하느님의 부름에 있다. 그러므로 교회는 자연도 자의도 인정할 수 있다. 교회의 본질은 실로 역사의 한가운데 주께서 건립하시는 것에서 찾아진다: "내 아버지께서 왕권을 내게 주신 것과 같이, 나도 너희에게 왕권을 준다. 그리하여 너희로 하여금 내 나라에 있으면서 내 밥상에서 먹고 마시게 하겠다"(루가 22,29-30). 그러므로 교회는 다만 그리스도교에서만 찾아볼 수 있는 공동체다. 불교는 다만 수도승의 공동체, 이슬람은 개방된 "합의"의 제도를 가지고 있으며, 회당(synagogue)은 사실상 커다란 민족 집회에서 분리된 하나의 종파로서 제2성전 시기에 생겨난 반제의적 경건주의다. 교회는 보편성(catholicity)에 있어 공동체적 성격을 가지고 있으나, 그 근원에 있어서는 밀의종교적 성격이 짙고 결사체가 지니고 있는 선택의 요소를 가지고 있다. 이 선택은 신앙고백으로 발전한다. 다만 그리스도만이 그의 교회를 가지고 있을 뿐이다. 교회는 그의 인격에, 그가 이룩한 "피의 연합"에 근거하고 있기 때문이다. 그러므로 교회는 본질적으로 하나의 "현상"이 아니며 다만 믿음을 통해서만 접근할 수 있다. 아무도 교회를 기술할 수는 없고, 다만 그 안으로 들어갈 수 있을 뿐이다.

종파(sect)란 전체적인 것 — 그것이 교회이든 혹은 공동체이든 — 으로부터 분리된 결사체이다. 그리하여 오르페우스교(Orphism)는 그리스의 공동체인 **폴리스**(polis, 도시국가)에 대해서 하나의 종파요, 재세례파(Anabaptist)는 교회에 대해서 하나의 종파이다. 그들은 자체의 교리도 있고 자체의 관습도 가지고 있으나 그 고유의 본질은 완전한 자의성에 있다. 종파는 결사체의 가장 극단적인 형태이다. 물론 이 자의성은 종파에 속한 사람들의 경험에는 전혀 다르게 나타난다: 그것은 신의 소명이다. 그러나 피택과 회심의 긴장관계 속에서 후자가 더 중요한 자리를 차지하곤 하는 것이 상례이다.

제 23 절

성스러운 공동체:
국가, 인류, 성도들의 공동체

부족과 민족의 성스러움은 나라(nation) 혹은 국가(state)의 성스러움으로 발전한다. 그리스의 **폴리스**는 마을과 부족으로부터 국가적 존재로 발전하는 모습을 보여준다. 성스러운 공동체로부터 점점 그 자체의 원리를 소유하게 되는 새로운 공동체가 형성되는 것이다. 그래도 이 원리는 결코 완전히 속된 것이 되지는 않는다. "중립적"인 국가는 존재하지 않는다. 국가는 옛 공동체의 성스러움과는 구별되는 그 자체의 성스러움을 가지며 종교적 공동체와 정치적 공동체는 점점 더 확실히 구별된다. 그러나 양자는 모두 그 자체의 성스러움을 가진다. 폴리스는 본래 안전하고 개간된 경계가 확정된 — 드렌트의 농부들은 아직도 "평화로운"이라고 말한다 — 땅으로서, 그 바깥에 있는 안전하지 못한 지역과 분리된 곳이다. 그 안에서는 매장이나 유혈, 사형선고가 금지된다. 아레스(Ares)와 아르테미스(Artemis)와 같은 "야생적이고도 다듬어지지 않는 외부의 힘"은 그 안에서 살 수 없으며, 헤카테(Hekate)가 문을 지키면서 잡귀를 쫓아낸다. 그리고 그 안에는 테미스(Themis)가 지배하고 있다고 빌라모빗츠는 폴리스에 대해서 묘사하고 있다(28절 참조).

따라서 폴리스는 하나의 종교적 공동체다. 폴리스로부터 떨어져 나가는 것은 곧 신적 유대가 끊어지는 것을(asebeia) 의미했다. 폴리스 내에서 종교는 결코 "사적인 것"이 되지는 않으나 어떤 특수하고 구별된 것이 된다. 그러나 국가란 힘들과의 연결 없이는 존재할 수 없다. 국가는 정열적으로 그 자체의 힘을 추구하며 다른 힘을 거부한다. 따라서 "국가의 힘"은 종교의 힘들과 갈등을 일으킬 수 있는 것이다. 즉, 국가종교와 다른 종교, 나아가서 국가와 종교의 갈등이 일어나는 것이다. 반대로 종교도 "하느님의 나라", 즉 그 자체의 공동체로서 다른 모든 공동체를 횡으로 관통할 수 있으며 그 자체의 "백성"을 형성하여 국가와 갈등에 빠질 수 있는 것이다. 그러한 갈등의 가장 분명한 예는 로마 제국과 아직 어린 그리스도교 교회와의 투쟁이었고, 2차 대전 이전의 일본의 정치적·종교적 상황이었다. 로마 제국에서 교회는 그 자체로 백성을 형성하는 힘을 가지고 등장했다. 결코 하나의 "나라"가 아니었기에 로마 제국은 매우 관용적이었다. 그러나 황제와 제국의 신들에 대한 종교적 연대성을 요구했으며 그 자체의 힘의 지배권을 주장했다. 바로 거기서 투쟁과 핍박이 일어난 것이다. 현대 일본에서도 이런 상황이 놀랍게도 매우 비슷하게 일어났다. 다만 일본은 로마와 같이 하나의 확장된 폴리스가 아니라 하나의 나라(nation)다. 나라란 국가와 민족이 합쳐진 것이고 근대적 현상이다. 일본에는 종교의 자유는 있었지만 국가와 민족이라는 힘이 모든 시민에 의해 인정되어야만 했다. 신들의 후예로서의 천황에 대한 숭배는 모든 사람들에게 요구되었고, 이와 더불어 나라의 힘이 최고의 힘으로 인정되어야 하는 것이었다. 공식적으로는 이런 국가 제의를 종교라고 부르지는 않지만, 그것은 분명히 하나의 종교다. "마쯔리고토"(matsurigoto, 政), 즉 천황의 통치는 신들에게 봉사하는 일이고 "지리적·역사적 실체로서의 일본 전체는 종교의 주체인 동시에 객체이다. 일본 민족의 자기 자신에 대한 신앙이 그와 같은 신화적·제의적 형태로 표현된 것이다"(Gundert). 하나의 전투적이고 신정적(神政的)인 제국주의가 전 국민에게 **코도**(皇道)를 강요했다. 그 이외에 사람들은 선택에 따라 신도(神道) 신봉자, 불교인, 혹은 그리스도인이 되어도 좋았다. 그리스도인들이 여기서 압박을 느끼고 양심의 갈등을 겪었던 것은 당연하다. 국가가 그 종교적 기원을 너무 분명하게 보여주고 있는 것이다. 그리고 그렇게 분명하게 보여주지 않는 경우라도 국가는 항시 개입한다. "입법자로, 법 집행자로, 경찰로, 은급(恩給)을 지급해 주는 기관으로 혹은 복지기관으로 언제나 마찬가지의 설명 못할 정체성을 가지고 개입한다. 그리하여 오늘날의 사법행정 전체로 하여금 일정 거리를 두고 자신에게 작용하도록 노력하는 관찰자에게는 국가가 제아무리 변장을 한다

하더라도 하나의 큰 칼과 외투를 걸치고 나타나 언제나 보이지 않는 인격체로서 활동하고 있는 것을 볼 수 있는 것이다. 현대 입법자의 '전능'이란 말은 … 단순히 표현상으로만 신학에서 따온 것이 아니다"(C. Schmitt). 현대의 국가주의로 인해 국가권력의 종교성은 더욱 강화되었다. 니체가 이미 지적했듯이, 신화적 과거가 현재의 국가의 힘을 강화시키고 있으며, 종교도 거기에 응해야 하는 것이다. 간디는 종교에게 **스와데스키**(swadeski), 즉 나라의 토양으로부터 생겨난 것이기를 촉구했으며 베나레스(Benares)에 신전을 건립하여 "어머니 인도"의 거대한 지도를 걸어놓고 유일한 숭배의 대상으로 삼았다.

종파와 교회의 힘, 국가와 나라의 힘으로부터 도망하여 사람들은 **인류**의 힘을 구한다. 인간 그 자체의 힘, 인간성은 스토아 학파나 18세기 사람들에 의해 인정되었다. 19세기에 오귀스트 콩트(Auguste Comte)는 심지어 인류에 대한 예배, 즉 **인류숭배**(culte de l'humanite)를 창시하려 했다. 빅톨 위고는 비아냥거렸다:

    자유의 밀물 뒤에 오는 어둠의 썰물,
    증오와 소요, 이것이 "인간성".

인류는 교회의 보편성과 경쟁할 수 있는 유일한 공동체다. 그러나 거기에는 "성스러운 공동체적 요소"가 결핍되어 있고, 결국 유령과 같은 존재로 되고 만다.

그러나 교회가 "그리스도의 몸"으로서 구체적인 기초를 가지고 있다 해도, 그것도 역시 다만 잠정적으로 존재할 뿐이다. 그것이 바라보는 것, 그것의 힘은 **성도들의 공동체**로서 인간과 천사, 보좌와 권세들 그리고 하늘의 천군으로 구성되어 있고, 지상적 교회의 영원한 기반이 된다.

제 24 절

인간 영혼

    이 세상에 육체로 존재하는 인간은 육체와 함께 주어진 가능성들이 힘이 되는 것을 경험한다. 아주 단순하게 표현해서, 인간은 다른 존재들 사이에 육체를 가지고 존재하면서, 그들 존재들로부터 압박을 받는다. 그가 팔을 뻗으면 그는 힘을 발휘한다. 그는 이 힘이 전적으로 자신에게서부터 나온 것도 아니고, 그렇다고 하여 전적으로 바깥에서 들어온 것이라고 생각하지도 않는다. 그것은 자신으로부터 나온 것이며 자신 이상의 것이다. 그것은 "영혼"이다. 인간이 자신의 육체가 가지고 있는 힘을 표현하는 이름들은 여러 가지이고, 우리는 "영혼"이라는 말 외에 다른 좋은 말을 발견할 수 없으나, 그것들은 모두 동일한 방향을 가리키고 있다. 즉, 인간이 자신 속에서 발견하는 어떤 성스러운 것, 인간에게 있으며 인간으로부터 나오되 인간을 넘어서 인간을 벗어나는 어떤 것이다.

    신에 대한 표상과 영혼에 대한 표상과의 거리는 그렇게 크지 않다. 영혼은 일종의 자신 안의 신이요, 신은 일종의 외재적 영혼이다. 그러나 양자는 거듭거듭 서로 접촉한다. 종교의 대상이 즉시 신으로 생각되지 않고 비인격체적 힘으로 간주되었듯이, 종교의 주체인 영혼도 곧장 신으로 간주되지 않았다. 영혼이냐 **마나**냐 하는 질문은 종교학에서 항상 제기되는 것이요, 그렇게 단순하게 일의적으로 대답될 수 없는 문제이다. 크로이트(Kruyt)는 이와 관계해서 **영혼물질**(Seelenstoff)이란 이름을 찾아냈다(후에 그는 모르긴 하지만 공연히 이것을 철회했다!). 영혼물질로부터 사후에도 계속 존재하는 영혼에 이르는 거리는 **마나**로부터 인격체적 신에 이르는 거리만큼이나 멀다. 비록 정도의 차이는 있지만 **영혼물질**은 인간, 동물, 식물 등 모든 피조물에게 동일한 실체의 혼을 불어넣는다(인간과 쌀의 영혼물질이 동일한 것이다). 학술적으로 정확하게 말하자면 우리는 이것을 힘의 숭배(dynamism), 혹은 학자에 따라서는 **물활론**〔物活論, animatism; 모든 것이 영혼을 지니고 있다(Allbeseelung)〕이라 부를 수 있다. 그러다가 정령숭배에서는 독립된 영혼의 개념으로 발전한다. 영혼물질은 "힘"이요 영혼은 적어도 원칙적으로는 "인격체"이다.

고대 이집트에서는 비인격체적 영혼 개념으로부터 인격체적인 것으로 옮겨가는 과정에 대한 예가 많이 발견된다. 영혼은 **바**(ba)라 부르는데 그것은 사람이 죽은 뒤에 무덤 근방에서 독립적인 존재를 유지하는 하나의 새〔鳥〕의 형태로 생각했다. 그러나 **바**는 또한 동사로서 "혼이 깃들다" 혹은 "강하게 된다"로 번역될 수도 있다. 그리고 복수형 명사 **바우**(baw)는 단순히 "힘", 즉 자연히 영혼의 힘을 뜻한다. 또 다른 영혼에 대한 관념은 **카**(ka)인데, 인간 외부에 독립적으로 존재하는 힘으로서 사람이 죽으면 그와 합친다고 생각했다. 그러나 왕처럼 강력한 사람이나 신은 **카**를 여러 개 가지고 있고, 태양신 **레**(Re)는 열네 개나 가지고 있다고 생각했다. 그리고 그 복수 **카우**(kaw)는 **바우**의 경우보다 훨씬 더 구체적으로 단순히 음식을 뜻한다. 여기서 우리는 양적인 것과 질적인 것이 섞여 있음을 볼 수 있다. 영혼은 독립적인 힘, 여러 영혼들 가운데 하나(고대 이집트와 오늘날의 아프리카 서해안), 그리고 사람이 더 많이 혹은 적게 가질 수 있는 물질 등 여러 가지로 이해된 것이다.

양적인 영혼 개념에서 질적인 것으로 넘어가는 중간에 있는 것이 다중적 영혼 개념이다. 본래 이 복수성은 인간에게 존재하는 여러 가지 "힘들"에서 유래한다. 그것을 분트(Wundt)는 "육체영혼들"(Körperseelen)이라 불렀고, 여러 민족들 가운데서 일종의 영혼들로 간주되면서도 동시에 흔히 피, 음식, 머리, 남성 성기 그리고 특히 숨이기도 하다. 이런 것들이 얼마나 중요했는가 하는 것은 "영혼"이란 말이 여러 언어에서 "숨"이란 단어로부터 파생되었음을 보면 알 수 있다〔산스크리트의 **아트만**(ātman), 그리스어의 **프뉴마**(pneuma)가 그 예다〕. 그래서 여러 가지 영혼이 나란히 공존하는 것이다. 그러나 복수성은 이보다도 더 나아간다. 서부 아프리카 흑인들은 영혼을 ① 사후에 그대로 살아남는 영혼, ② 숲속의 짐승 속에 사는 **덤불 영혼**(bush-soul), ③ 그림자, ④ 꿈 영혼으로 구별한다. 이 네 가지 영혼은 모두 동시에 한 인격체의 "영혼"이다. 앞에서 살펴본 바와같이 네번째 영혼, 즉 꿈 영혼은 정령숭배 이론의 시발점이 된다. 여기서 영혼은 어느 정도 독립성을 얻게 됨으로써 신체적인 것에 접근하는 것이다. 영혼이 그 자체의 **형태**(Gestalt)를 획득하는 것이다. 여기에 힘의 숭배와 정령숭배의 경계가 있다. 영혼물질은 기껏해야 육체, 혹은 육체의 한 부분의 형태를 지닌다. 그러나 정령숭배에서는 영혼은 그 자체의 형태를 지닌다. 그러므로 영혼은 자유롭고, 육체를 떠날 수 있다. 그래서 토라쟈(Celebes)의 여 예언자는 꿈속에서의 자신의 여행을 다음과 같이 노래하였다:

> 나는 깊이, 곤하게 잠들어
> 내 영혼이 나를 떠났네.
> 잠들어 꿈속에서
> 나는 죽음의 나라에 이르렀네.

영혼은 또 다른 방법으로 육체를 떠날 수 있다. 아니, 한 사람의 영혼 혹은 그의 여러 영혼들 가운데 하나가 그 사람 밖에서 왔다갔다한다고 하는 편이 더 옳을 것이다. 예를 들어 사람의 생명력이 숨에 있다고 생각되면(흔히 있는 일이다), 그것은 숨결로서 육체를 떠날 수 있는 것이다. 영혼이 피에 들어 있으면, 몸에서 떨어지는 핏방울마다 영혼이 붙어 있는 것이다. 잘 알려진 팔라다(Fallada)와 거위지기 이야기에는 거위지기 소녀가 그녀의 어머니의 "힘"에 의하여 보호를 받는데, 그 힘은 그녀가 가지고 다니는 헝겊쪽에 묻어 있는 어머니의 핏방울 셋에 들어 있는 것으로 되어 있다. 그 헝겊조각이 물에 떨어졌을 때 그 소녀는 "약하고 무력하게 되고 말았다". 어머니의 영혼이 양적으로 이해되고 따라서 어머니 바깥에서 활동하는 것이다. 민속학에서 자주 사용되는 용어로 말하자면, 하나의 "외적 영혼"(external soul)인 것이다. 서부 아프리카 흑인들의 영혼은 숲속에 사는 짐승 속에 있는 것으로 여겨진다. 영혼을 외부의 것으로 생각하는 이유는 그렇게 함으로써 그것이 더 큰 힘을 행사할 수 있기 때문이다. 거위지기 어머니의 경우가 그렇다. 그리고 여러 곳에 흩어져 있는 민속신앙에서는 마녀가 자기 영혼을 쥐나 검은 고양이의 형태로 내어보낼 수 있다고 믿는다. 벳징겐(Betzingen)의 두 처녀가 방앗간에서 같은 침대에 자고 있었는데, 밤에 사람들이 일이 있어 그 처녀 하나를 깨우려 했으나 깨어나지 못했다. 아침에 풍뎅이 한 마리가 그녀의 입에 기어들어가자 그녀가 깨어났다. 그녀는 마녀였고, 영혼을 바깥으로 내어보냈던 것이다.

사람들은 영혼이 바깥에서 활동하는 것이 더욱 큰 안전을 보장해 준다고 생각하기도 하였다. 이에 대한 아주 좋은 예는 심장이 없는 거인에 대한 노르웨이의 동화로서, 널리 퍼져 있는 주제의 한 형태이다. "멀리 멀리 물 가운데 섬이 하나 있고, 섬 위에는 교회가 하나 서 있고, 그 교회에는 샘이 하나 있고, 샘에는 오리가 한 마리 떠 있고, 오리 속에는 알이 하나 있고, 그 알 속에 내 심장이 있지"로 시작된다. 모든 동화에서 활발하게 활동하는 "고마운 동물"의 도움으로 젊은 용사가 그 알을 정복한다. 그가 그 알을 깨버리자마자 그 거인은 죽는다. 이러한 숨겨진 영혼(영혼물질)의 주제는 이미 언급한 바와같이 여러 곳에서 발견된다. 그것은 러시아, 고대 이집트, 인도네시아 군도와 고대 그리스에서도 나타난다. 삼손 이야기에는 좀 다르게 나타난다. 거기서는 생명이 몸의 한 부분에 달려 있었고, 불행하게도 그것은 쉽게 제거될 수 있는 것이었다.

비록 **마나**와 비슷하게 생각되긴 하지만, 영혼은 "외적 영혼"으로서 더 독립적인 가치를 가지게 된다. 육체 밖에 숨어 있으므로 실로 안전이 보장되기 때문에 외적 영혼은 보호신으로 등장하기도 한다. 그래서 이집트의 **카**(ka)는 그 주인을 보호하지만, 동시에 이중 자아이기도 하다. 스칸디나비아의 **필갸**(fylgja)도 둘째 자아로서 사람의 머리에 자리잡고 있지만, 몸을 떠나서 몽마(夢魔, Mar, Mahrte, nightmare, Alp, Trude 등) 혹은 늑대 사람(werewolf)으로 불행을 야기시킬 수도 있다. 그러나 동시에 그는 그 주인을 보호하고 주인의 불운에 동참하며, 짐승이나 여자의 모습으로 주인이 죽는 순간 그에게 나타나기도 한다. 외적 영혼의 이중적 성격은 바그너(Wagner)의 **발퀴레**(Walküre, 노르웨이 신화에서 전사자를 갈라내는 죽음의 사자 — 역자 주)에서 특이한 형태로 발전한다. 브륀힐데(Brünnhilde)는 보탄이 "파송한 영혼"으로서 지그문트를 보호하지만 동시에 그의 **죽음의 경고**를 발하는 자로서 매우 어둡고 심각한 존재로 나타난다:

죽음에 봉헌된 자에게만
나의 모습은 어울리는 것
나를 보는 자는
삶의 빛에서 떠나야 하는 것
그대는 발퀴레의 타는 듯한 눈초리를 보았나니
이제 그와 함께 가야만 하네.

바그너는 이 영혼의 천사를 매우 인간적인 인격으로 만들었기에 브륀힐데 속에서 구원해야 하는 의무와 죽게 해야 하는 의무 사이의 갈등이 두 개의 사랑간의 영혼적 갈등으로 화하게 하였다. 죽음의 경고를 전하는 음울하면서도 아름다운 이 놀라운 화음은 예로부터 영원히 인간적인 많은 것들에 대한 기억을 간직하고 있다.

영혼의 새[鳥]에 대한 표상도 그러한 태고적 표상들 가운데 하나다(이집트에서처럼 종종 인간의 머리를 지닌 일종의 황새인 **바**, 그리스의 **시레네** 등). 그들은 몸을 자유롭게 떠나고, 죽을 때는 반드시 몸을 떠나 하늘로 날아간다.

원시인 혹은 고대인과 오늘날 우리들 사이에 크게 다른 점은 우리들이 몸을 자명한 것으로 인식하고 영혼을 의문시하는 반면 그들은 정반대로 생각했다는 것이다. 뉴칼레도니아인 부소누라는 사람은 그의 백인 친구에게 말하였다: "당신들은 우리들에게 영의 개념을 알려주었다고 생각하나 그렇지 않다. 우리는 이미 그것에 대해서 잘 알고 있었다. 당신들이 우리들에게 가져다준 것은 몸이다." 우리는 힘이 결여된 가능성이라는 것에 머물러 있지만, 원시인들은 힘은 자명한 것으로 보되 힘 없는 가능성이란 어리석은 생각으로 여긴다.

"외적 영혼"에 대한 생각은 사후에도 그대로 남아 있는 "불멸하는" 영혼에 대한 사상의 전조라 할 수 있다. 불교나 그리스의 오르페우스교에서는 영혼이 육체와 분리되어 존재들의 순환 내지 연쇄 속에서 언제나 새로운 육체를 취할 수 있는 것으로 되어 있다. 그래서 자신의 의지를 죽이든지(불교에서와 같이) 혹은 성별과 선한 삶을 통하여(오르페우스교에서와 같이) 윤회의 수레바퀴에서 벗어나면, 영혼은 복된 무의식 속으로 들어간다. 불교에서는 열반으로, 그리스에서는 엘리시움(Elysium)으로 가는 것이다. 육체는 마치 조개껍질이 조개를 가두어 두듯(플라톤의 『파이돈』) 영혼을 묶어 놓는 감옥 혹은 성채이다. 육체는 세상적인 것, 물질적인 것으로서, 영혼은 그것으로부터 벗어나야 한다. 영혼의 승천에 관한 관념들도 이런 관점에서 이해해야 한다.

영혼에 대한 표상은 항상 인간 안에 존재하는, 그러나 인간으로부터 생겨나지는 않는 어떤 힘에 대한 근본적인 경험에 근거하고 있다. 이런 경험을 일관성있게 확장시키면, 영혼은 육체와 세계로부터 독립된 하나의 힘이 되는 것이다. 영혼은 너무나 독립적이어서 사후에도 존재하고, 아니, 그래야 비로소 자유를 얻으며, 나아가서는 육체가 태어나기 이전에도 이미 존재하는 것으로 된다. 영혼은 불멸하고 선재하는 것으로 간주되는 것이다. 홀로 힘있는 영혼을 위하여 육체는 포기되는 것이다. 고대 후기에 사람들은

> 육체는 재(灰)가 되나,
> 성스러운 대기는 영혼을 분리해 간다

고 말했다. 이것은 이미 이런 생각의 대가라 할 수 있는 플라톤에서 찾아볼 수 있는데, 그의 영혼사상은 오르페우스교의 영향을 받았고, 오르페우스교는 태고적부터 내려오던 원시 민간신앙을 하나의 심오한 교리로 정립한 것이다. 플라톤은 영혼이 날개를 가진 것으로("영혼의 새"!), 이 세상과는 다른 세상, 즉 보이지 않는 세상에 본향을 가지고 있으며, 신적 본성을 지니고 있다고 보았다.

그러나 영혼은 풍진세상에 묶여 있고 악한 세상에서 날개가 부러진다. 여기서 영혼은 자연히 생명력 혹은 생명 기능들의 복합체 이상의 것이 된 것이다. 영혼의 본질은 신적인 불꽃으로서, 후기 신비주의자들이 주장한 것처럼 "영혼의 근저"(Seelengrund)이다. 모든 지상의 것, 모든 물질적인 것, 모든 죄를 영혼은 탈화(脫化, Entwerdung)에 의해〔신비주의자 마이스터 에크하르트(Meister Eckhart), 테르스테겐(Tersteegen) 등〕, 혹은 신의 은총으로(오르페우스교), 혹은 신적인 것을 직관하고 싶은 향수를 불러일으키는 **에로스**의 귀력(鬼力)에 의해(플라톤) 옷을 벗듯 벗어버리고 마침내 순결하고 신적인 것이 되어 신적 존재와 합일하는 것이다.

영지주의파의 『토마 행전』(*Thomas-acta*)에 나오는 소위 **진주의 노래**는 대양 — 물질세계 — 가운데서 진주, 즉 영혼을 찾으러 동방에서 온 왕자의 체험을 묘사하고 있다. 이것은 세상, 물질, 죽음과 파멸로부터 영혼을 구원한다는 주제에 관한 수많은 각색들 가운데 하나일 뿐이다. 널리 퍼져 있는 바 "영혼의 승천" 신화도 그런 맥락에서 이해될 수 있다. 그것은 분명히 탈아적인 체험에 근거한 것이며, 신약성서에서도 어느 정도 역할을 하고 있다(2고린 12,2).

무력한 육체와 강력한 불멸의 영혼을 대비시키는 표상 — 주로 그리스적인 것 — 과 대조되는 것이 구약, 이슬람 그리고 그리스도교적 인간관이다. 거기서는 인간을 하나의 **피조물**로 보는 것이다. 인간은 구원을 받아야 할 영혼이 아니다. 페더슨(Pedersen)이 인상적으로 분석한 바와같이, 이들 종교에서는 힘을 지닌 존재로서의 인간 자신이 곧 "영혼"이다. 인간은 파괴되고 죽는다. 그러나 하느님이 그를 다시 세운다.

제 25 절

불사와 부활

생의 순환은 생이 하나의 목적, 하나의 방향을 얻을 때 깨어진다고 우리는 위에서 지적한 바 있다. 생이 그러한 목적 혹은 방향의 가능성을 지니기 위해서는 그 속에 이 땅 위의 삶과 죽음을 초월하는 무엇, 즉 이 세상에 속한 것이 아닌 신적인 무엇을 가지고 있지 않으면 안된다. 그러므로 그리스인들은 불멸의 영혼에 대해서 말한다. 그러나 영혼의 관념말고도 그들은 인간의 삶에 있어서 신적인 것을 잘 알고 있었다. 헤라클레스(Herakles)는 그 전형적인 예라 할 수 있다. 그는 삶의 고난 한가운데 우뚝 선 존재로서, 죽음의 신 유리스테우스(Eurystheus)를 섬기기 위해서 끝없이 일해야만 한다. 그러나 그의 진짜 투쟁은 죽음에 대한 투쟁이다. 드디어 그는 서방에 있는 신들의 정원에 가서 영원한 젊음을 주는 음식인 헤스페리덴(Hesperiden) 사과를 가져온다. 이제 그는 안전하게 하데스 — 지하세계 — 로 내려갈 수 있다: 죽음이 불멸의 신을 건드리지 못한다. 다른 이야기 — 알케스티스(Alkestis)의 이야기 — 에서는 그는 죽음과 격투를 벌여 노획물(알케스티스)을 내어놓으라고 강요하기도 한다. 후에 그는 열두 가지 위업과 무수한 영웅적 행위에 보태어 신격화되기까지 한다. 즉, 영원한 젊음 헤베(Hebe)가 신부로서 그를 기다리고 있는 올림푸스에 입성하는 것이다: "인간이었지만, 신이 되었고, 어려움을 참음으로 하늘을 얻은 것이다"(Wilamowitz).

그러나 같은 그리스인들 가운데도 어떤 사람들은 — 적어도 유리피데스는 — 인간의 신격화란 하나의 환상이라고 생각했다. 헤라클레스의 열두 위업은 유리피데스의 비극에서는 신격화의 영광으로 끝나지 않고, 열세번째의 끔찍한 행위로 끝난다. 즉, 분노에 가득 찬 헤라클레스는 자신의 자녀들을 죽이고 만다. 헤라클레스의 모습을 통해 그리스적 사고의 비극적 양면성이 강력하게 대두되는 것이다. 즉, 자신의 힘으로 신적인 경지에 도달하는 인간, 죽을 수밖에 없는 존재이지만 위대한 인간이 신적 불멸성의 가장 강력한 증거가 된다는 생각과, 인간의 최고의 노력과 엄청난 시도가 다만 그를 광증으로, 가장 처참한 곤경으로 이끌 뿐, 신적인 것은 그에게 영원히 도달할 수 없는 것으로 남아 있으며 그러한 것을 얻으려는 노력은 근본적으로 **히브리스**(hybris), 즉 교만이라는 생각이 동시에 발견되는 것이다.

그런데도 신들의 나라는 눈짓한다. 그러나 특권을 입은 소수만이 현세에서 그것을 발견할 수 있기에 인간의 동경은 생의 목표를 죽음 이후로 옮겨놓는다. 그리하여 신들의 나라는 죽은 자들의 나라가 되는 것이다. 그 나라는 머나먼 섬, 해가 지는 서방, 높은 산, 사람이 살기 어려운 북극의 안개 너머, 하늘 위, 땅 밑 깊은 곳 등 사람이 잘 알지 못하는 곳, 따라서 영원한 마지막 고향이 될 듯한 느낌을 허락하는 곳이라면 어디든 거기에 있다고 생각하는 것이다. 왜냐하면 인간의 가장 깊은 본질은 동경이지만, 인간의 삶은 이 동경을 충족시켜 주지 못하기 때문이다.

죽은 자들을 위한 자리로서는 지하의 세계가 가장 적합하다. 땅은 본래 죽음이 아니라 생명을 품고 있는 풍요로운 모태다. 그러므로 죽은 자를 매장하는 풍습은 무언가 필요없이 된 것을 처리해 버리는 행위가 아니라 죽은 자로 하여금 새로운 생명을 얻도록 도와 주는 의례인 것이다.

종종 죽음의 나라는 동시에 신들의 나라이다. 거기는 여기와 모든 것이 다르다. 고대 이집트인들이 말한 것처럼 그곳은 "다른 나라"이다. 서토라쟈인들은 거기에 담배가 매우 높이 자라서 그 잎을 따기 위해서는 나무에 기어올라가야만 한다고 말한다. 그러나 그것은 동화의 나라나 심심풀이로 만들어 낸 나라가 아니다. 그것은 멀리 있으나 동시에 가까운 나라요, 사람이 그의 생명을 새롭게 할 수 있는 나라다. 최초의 중국 황제가 오백 명의 소년 · 소녀들을 데리고 영생을 얻기 위하여 대양 한가운데 있는 그 다른 나라로 떠났다는 산동 지역의 전설도 이런 관점에서 이해되어야 할 것이다.

죽음이란 견디기 어렵기 때문이다. 우리의 온 일생은 사실상 죽음에 대한 부정이다. 우리는 죽음이 항상 가까이 있는 줄 잘 알면서도 마치 없는 것처럼 행동한다. 국가 역(1635년에 정부의 주도하에 번역된 네델란드어 성경 — 역자주) 시편 45편의 말이 옳다: "그들 마음 속 가장 깊은 곳에서 생각하기를 그들의 집은 영원할 것이고, 그들의 거처는 대대로 남을 것이라고." 같은 생각을 현대적으로 표현한 것을 선호한다면 — 현대는 시편, 더군다나 잘못 번역된 시편으로 만족하지 못하고 오히려 정신과 의사의 말에 더 비중을 둔다 — 프로이트는 "우리의 무의식은 죽음을 믿지 않고, 마치 불멸할 수 있는 것처럼 행동한다"고 하였다. 우리의 본령은 생이다. 마음 속 깊은 곳에서 우리는 죽음을 두려워하고 부자연스러운 것으로 생각한다.

그 "마음 속 가장 깊은 곳에 있는 생각"은 원시인, 혹은 반쯤 원시적인 사람들에게서 매우 강렬하게 표현되고 있다. 어떤 이성적 계몽이나 삶에 대한 어떤 퇴폐적인 경멸도 죽음에 대한 그들의 역겨움을 감소시키지 못한다. 마오리족의 한 국가적 영웅은 강하게 말하기를 죽음은 "불명예스러운 일이요, 인간의 존엄성에 대한 모독"이라고 하였다. 오늘날도 우리는 그것을 이해할 수 있다고 나는 생각한다. 어떤 사람이 그의 "자연스런 죽음"을 맞이한다는 것은 원시인들의 사고로는 불가능하다. 어떤 사람이 우리들이 보기에 매우 "자연스러운" 원인에 의하여 죽었다 하더라도, 원시인들에 의하면 악한 세력 혹은 귀신이 그를 건드린 것이다. 말하자면 아폴로의 화살이 그를 맞춘 것이다. 혹시 그는 자기도 모르게 어떤 터부를 어겼는지도 모른다. 혹은 한 강력한 주술사가 그의 적일 수도 있다. 여하튼 "당연하게" 죽는 법이란 있을 수 없다.

죽음에 대한 항의가 고대 이집트에서처럼 열정적으로 일어난 곳은 없다. 왕들의 무덤 위에 세워진 피라미드는 죽음을 막기 위해 거대한 석벽과도 같이 지금도 버티고 서 있다. 수천 년 된 종교 문서들에는 그 어떤 소리보다도 죽음이 아니라 생명이 지배해야 한다는 외침, 아니 죽음이란 있어서는 안된다는 외침이 울리고 있다. 그리고 이 문서들은 철저히 일관성있게 죽음이란 말 자체를 사용하지 않고 있다. 오시리스 신의 죽음의 밤이 어떤 때는 매우 두렵게 "커다란 공포의 밤"이라 불리고, 어떤 때는 용기있는 자기 방어조로 "생명으로 나아가는 밤"이라고 불릴 때, 불안과 희망이 교차하고 있음을 알 수 있다. 관을 "생명의 주인"으로, 무덤을 "영원의 집"으로 부르는 항의 속에서 우리는 불안과 희망이 동시에 울리는 것을 보는 것이다.

어떻게 죽음이 생명을, 즉 불가능한 것을 가능하게 할까? 로마인들은 그들의 가문(gens)이 존속된다는 사실에서 위로를 받았고, 이스라엘 사람들은 그들의 민족과 영원한 도성의 존속에서 위로를 받았으며, 이탈리아 문예부흥은 불멸에 대한 희망을 후대에 남길 명성으로 대체하였다. 파우스트는 영겁의 시간에 도전할 "그의 지상의 날들의 자취"를 꿈꾸었다. 그러나 인간 영혼의 가장 강력한 욕망은 역시 개인 인격체의 존속 쪽으로 기운다. 죽음과 삶의 규칙적인 순환을 보장하는 교리를 지닌 통과의례들(18절)이 이것을 보여준다. 다약족(Dajaks)에 속하는 올레 응가주(Ole Ngadju)들은 죽음은 사망 과정의 단지 시작일 뿐이라고 생각한다. 본래의 인격인 "영혼의 골수"는 죽음과 더불어 영혼의 도시에 가기는 하나, 거기서 자기의 짝, 즉 육체적 영혼을 애타게 기다리면서 배회한다고 한다. 이 육체적 영혼은 의식은 없다 해도 사체에 남아 있으며, 그런 상태로 **티와**(Tiwah), 즉 공식적인 장례 때까지 머물러 있다. 장례는 훨씬 뒤에, 때로는 심지어 십 년 후에 사체에 뼈만 남았을 때 비로소 치러진다. 그래야만 비로소 두 영혼은 하나로 합쳐지고 사자는 새로운 삶의 순환에 최종적으로 진입한다. "통과"가 완결된 것이다. 그리고 이로써 개인 인격체의 존속이 보증되는 것이다.

그러나 이 원시적인 불멸사상과 플라톤의 사상, 그리고 그리스도교의 부활사상 사이에는 물론 매우 커다란 차이가 있다. 원시인들의 관심은 연속성, 순환, 환생(reincarnation)에 있다. 에스키모들은 방금 태어난 아기에게 가장 최근에 죽은 친척의 이름을 준다. 이것을 "죽은 자의 소생"이라 부르고, 이와 더불어 상을 끝낸다. 서아프리카에서는 갓 태어난 아기에게 최근에 죽은 사람의 여러 가지 소유물들을 준다. 아기가 어떤 물건을 잡으면, "보라고 아무아무 아저씨가 자기 담뱃대를 알아차리잖아!" 한다. 여기서는 고차원의 삶, 새로운 삶에 대해서는 전혀 관심이 없다. 한 기간에서 다른 기간으로 넘어가는 경계는 매 기간이 그렇듯 넘어가기 쉽기도 하고 어렵기도 하다. 적어도 사람들은 그렇게 생각하며, 자연적 생명의 영원한 규칙성(6,7,8절 참조)으로부터 모든 위로를 찾아낸다. 그러나 죽음의 냉혹한 비자연성은 개인 인격체의 존속에 대한 믿음 속에서 "그럼에도 불구하고"라는 역설이 더욱더 강하게 드러나도록 만든다. 생과 생의 경계는 간격과 심연이 되고, "통과"는 하나의 기적이 되고, 저편의 삶은 하나의 새로운 삶, 다른 종류의 삶이 되는 것이다.

이 세상의 삶과 미래의 삶 사이의 거리는 두 가지로 측정될 수 있다. 즉, 종교적인 측정과 종교-윤리적 측정이다. 첫번째 척도는 불교에서 가장 순수한 형태로 적용되었다: 신과의 삶은 생각할 수 있는 모든 것, 존재하는 모든 것 저편에 놓여 있는 삶이고, 따라서 삶에 대해서도, 신에 대해서도 아무것도 말할 수 없게 된다. 지고의 복스러운 것은 다만 부정적으로만 표현될 수 있다. 즉, 그것은 이름을 가진 모든 것 저편에 놓여 있다. 그리스인들이 말한 바 **저편**(epekeina)이다. 죽은 자의 해골만 보고 그 주인이 어디에 있는가를 알아맞추는 점장이에 대한 불교의 이야기가 전형적이라 할 수 있다. 붇다가 그에게 해골 세 개를 내어놓았더니, 그는 그 장본인 하나는 지옥에, 하나는 인간 세계에, 그리고 또 하나는 하늘에 다시 태어났다고 정확하게 맞추었다. 붇다가 마침내 "적멸"〔寂滅, 열반(nirvana)〕에 든 사람의 해골을 내어놓았더니, 그는 땀을 흘리면서 "끝도 경계도" 보지 못한다고 했다. 모든 시대의 신비주의자들은 이런 사상을 여러 형태로 전개시켰다. 다음으로 종교-윤리적 척도는 힘을 소유해야만 한다는 원시적인 요구 대신 윤리적 요구를 불멸의 조건으로 내세웠을 때 사용된다. 이집트에서는 일찍이 사자(死者)가 오시리스의 왕국에 들어가면 오시리스와 그의 마흔두 명의 부관에 의하여 재판을 받는다고 사람들이 믿었다. 그의 마음은 정의의 여신의 상징에 의해 저울질된다는 것이다. 이란인들이 상상한 신바트(Cinvat) 다리도 정의로운 사람이 건너면 넓고 쉽게 건널 수 있게 되고, 악한 자가 건너면 아주 좁아져서 건너는 사람이 깊은 구덩이로 떨어지도록 되어 있다. 그외에도 사후의 상벌에 대한 많은 이야기들을 들 수 있다.

이 모든 이야기의 근본사상은 불멸이 당연한 것이 아니고 더 높은 차원의, 그리고 이 세상의 삶과는 다른 종류의 삶을 뜻한다는 것이다. 생의 연속이 도약으로 변하는 것이다. 순환을 통한 생의 연장이라는 양적인 것이 질적인 것으로 대체되는 것이다.

신비주의 역시 단순한 연속성만을 인정하지 않으려 하지만, 그럼에도 한 가지 삶으로부터 다른 삶으로의 이행을 질적으로 다른 종류의 삶으로의 이행보다는 더 강렬한 삶으로의 이행으로 생각한다. 디오니소스를 섬기는 사람들은 이미 신적인 것을 자신들 속에 가지고 있어서, 그것이 성별(聖別)의 탈아와 금욕을 통해 충분히 정결하게 되고 강화되면 죽음을 극복한다. 따라서 불멸이란 그리스인들에게는 신격화되는 것을 의미한다. 바코스(Bacchus)적 광란의 탈아경에서 인간은 자기 바깥으로 벗어나고 그의 의식은 확장되어 신적 넓이를 가지게 되며, 대지의 중압은 그로부터 떨어져 나간다. 티탄(Titan)적인 요소는 뒤로 물러나고 신적인 것, 디오니소스적인 것이 치솟는 것이다. 이것은 여전히 도약이라기보다는 언제나 이월(移越)일 뿐이다.

신비주의가 범신론적 색채를 띠게 되면 연속의 사상은 더욱 분명해진다. 거대한 신적인 삶 전체에는 웅덩이들은 있지만 심연은 없다. 아무것도 잃지 않는다. 이같은 범신론적인 불멸사상은 매우 오래된 사상이다. 이미 이집트의 피라미드 문서 — 적어도 기원전 2500년 — 에서 우주신(Allgott)인 아툼(Atum)이 자기에게 도움을 간구하는 사자에게 말한다. "나에게는 어떤 신적 씨앗도 멸실되지 않는다. 그러므로 그대도 나로부터 멸실되지 않는다." 프랑스의 한 이집트 연구가는 이같은 믿음을 적절하게 표현한다: "이 세상에 죽음은 없다. 변형만이 있을 뿐이다." 이것은 그러나 매우 현대적인 생각이기도 해서, 메터링크(Maeterlink)의 불멸신앙이기도 하다. 그의 작품 『푸른 새』(L'Oiseau bleu)의 어린 주인공은 태양과 꽃으로 가득 찬 공동묘지에서 갑자기 "죽음은 없음"을 발견한다. 이것은 타고르(Tagore)의 신앙이기도 하다. 그의 다정한 눈에는 하늘이 푸르게 보이는 것처럼 죽음은 다만 검게 보일 뿐이다. 그렇다고 하여 죽음이 삶을 어둡게 만들지도 않는다. 마치 푸른 하늘이 새들의 날개를 얼룩지게 하지 않는 것처럼. 이것은 또한 마이어(C. F. Meyer)의 신앙이기도 하다. 그의 멋진 추수 노래에 다음과 같은 구절이 있다:

> 발걸음을 재라, 비약을 재라!
> 대지는 아직 오래오래 젊게 남아 있고
> 거기에 알곡 한 알 떨어져 죽어 휴식하노니
> 휴식은 감미롭고 알곡은 행복하도다.
> 그리고 흙덩이를 뚫고 싹트는 한 알의 알곡,
> 그 행복, 감미로운 빛.
> 어느 알곡도 이 세상으로부터 떨어져 나가지 않나니,
> 모든 알곡은 신의 마음에 들도록 떨어지는구나.

"신적 씨앗은 하나도 멸실되는 것이 없다"는 생의 느낌은 기원전 2000년에나 서기 2000년에나 거의 마찬가지다. 죽음은 없고 다만 변형만 있을 뿐이다. 죽음의 공포는 이와 같은 형태의 불멸신앙 앞에는 존재하지 않는다.

그러나, 죽음의 골짜기가 더 깊고 더 넓은 것으로 인식됨에 따라 생명의 승리가 그만큼 더 놀라운 것으로 받아들여지는 종교들에서는 죽음의 공포가 남아 있다. 불멸이 아니라 부활을 믿는 종교, 파르시(Parsee)교, 이슬람교 그리고 가장 분명하게 그리스도교에도 남아 있다. 이 점에서도 그리스도교는 유대교에서 유래했다는 것이 드러난다. 그리스도교는 죽음을 아주 심각하게 받아들이며, 인간은 죽을 수밖에 없다고 생각한다. 육체뿐만 아니라 육체와 영혼, 전 인간이 죽는다고 생각한다. 심지어 바울로에게서도 마찬가지다. 죽지 않고 남아 있는 **영**(pneuma)은 인간의 정신이 아니라 인간에게 부어진 신적 영인 것이다. 인간 그 자체로부터는 아무것도 남지 않는다. 인간은 한갓 피조물일 뿐이다. 그러나 하느님이 인간을 무로부터 유로 불러낸 것처럼 하느님은 인간을 새로이 창조할 수 있고 또 그렇게 할 것이다. 부활은 일깨움이요, 일깨움은 새로운 창조. 하느님과의 유대는 전적으로 그의 신실성에 의한 것이지, 결코

지금 있는 그대로 남아 있을 수 있는, 그리고 될 수 있는 것이 되는 인간 능력에 의한 것이 아니다. 단순하지만, 믿음의 깊이에서 우러난 말로 아우구스티누스의 어머니는 말한다: "하느님에게는 아무것도 멀리 있지 않으니, 세상이 끝날 때 그가 나를 어디에서 다시 살리실지 모르실까 두려워해서는 안된다."

신과 인간

성스러운 행위 I.

외적 행위

제 26 절

정화, 제사, 성례

이제 인간과 신의 관계에 대한 논의를 시작하고자 한다. 우선 제의(祭儀)와 같이 외적인 것으로부터 시작하자. 위에 이미 언급한 것처럼(제1절), 내적 현상과 외적 현상을 서로 분리해서 생각할 수 없다. 과거에 했던 것처럼, 제의를 고고학의 성역으로 간주하여 내적인 종교적 삶과 엄격하게 구별해서 생각해서는 안된다. 신화와 교리 못지않게 제의에도 생동하는 경건성이 결정(結晶)되어 있음을 간과하고 내적 삶의 묘사에만 국한해서는 안되듯, 우리는 심리적인 근거를 찾으려는 노력을 포기하고 다만 외적 관행이나 풍속 연구에만 집착해서도 안된다. 흔히 그러한 결정 과정 속에서 경건성이 생명을 상실할 수밖에 없는 경우가 많은 것이 사실이지만, 경건성의 형식은 아직도 확실하게 다시 인식할 수 있다. 제의에서 신과 인간과의 관계는 가시적으로 되는 것이다.

인간은 말할 줄 알기 전에 이미 의례행위자(ritualist)였다고 체스터톤(Chesterton, 1874~1936. 영국의 비평가 — 역자 주)이 말한 바 있다. 성스러운 행위는 종교적 체험과 밀접한 관계를 가지고 있으며 그 체험의 외적 형식이다. 세상에서 어떤 힘을 발견한 인간은 우선 놀라고, 그에 대해서 어떤 대책을 강구한다. 두려워 도망을 치기도 하고, 자신과 그 무서운 힘 사이에 터부의 벽을 세우기도 하고, 반대로 그것을 자신의 영역 안으로 끌어들이려 하기도 하고, 그것을 붙잡아 두려고 하기도 한다. 한마디로, 인간은 주술적 성별(聖別)로부터 숭배에 이르기까지 수천 가지 종류의 제의 행위를 시작하는 것이다.

제의는 신이 가까이 계심을 전제로 한다. 그러므로 인간이 행하는 최초의 성스러운 행위는 **정화**(淨化, purification)이다. 그것은 수많은 원시종교들과 반

원시적 종교들 가운데 나타나며, 현재도 위대한 세계 종교들에서 나타난다. 정화는 청결과는 아무 관계가 없다. 모세나 무함마드의 율법을 위생적 관점에서 훌륭하다고 칭찬하는 것은 오해에서 나온 것이다. 고대 페르시아 의식에서 가장 중요한 성결 수단인 황소 오줌이 아주 놀라운 살균제라는 등의 칭찬이 그런 것이다. 정화는 일종의 통과의례(rites de passage)이다. 그것은 어떤 사람으로 하여금 성스러운 영역에 들어갈 수 있도록 하려는 것이다.

모든 정화의례는 두 가지 목적을 가지고 있다. 즉, 악을 막아내고 선한 힘을 끌어들이기 위한 것이다. 스스로 힘을 지님으로 해서 그가 만나는 힘에 안전하게 접근하거나 그 힘을 자신의 몸으로부터 멀리할 수 있는 것이다. 그런 목적으로 예를 들어 교회에 들어갈 때 성수(聖水)를 뿌린다. 그리고 또 어떤 사람이 특이하게 성스러움으로 "장전된" 상태로부터 보통의 삶으로 다시 돌아올 때 정화는 그를 성스러운 상태로부터 해방시킨다. 병이나 사자와의 접촉 뒤에 이루어지는 정화의례도 그런 것이다.

정화의례에는 큰 힘을 지닌 것으로 믿어지는 매체가 사용된다. 성수는 사제의 축복에 의해 힘을 지니게 되고, 황소 오줌은 황소가 특별히 성스러운 동물이기 때문에 힘이 있는 것이다. 유럽의 많은 지역에서는 예나 이제나 만하르트(Mannhardt)가 "생명 막대기로 때림"이라고 특징지은 관행이 있다. 성모의 빛 미사 날에 처녀·총각들은 응접실에 접해 있는 방에서 회초리로 때려 서로를 침대에서 끌어낸다〔네덜란드어 "게으름뱅이"(uilak)가 그것과 관계되어 있다. 즉, 침대에서 게으름을 피우는 녀석을 끌어낸다는 것과 연관되어 있다 — 역자 주〕. 만하르트는 푸르러진 막대기로 때리는 것이 본래는 자연의 다산력(多産力)이 사람, 특히 여자들에게 옮겨간다는 생각에서 나온 것임을 상세히 보여주고 있다. 로마에서는 "정화의 달" 2월에 행해지는 오래된 루퍼칼리아(Lupercalia) 축제에 사제들이 돌아다니면서 만나는 여자들을 모두 가죽 줄로 때렸다. 그 줄이 이른바 "유노(Juno)의 웃옷"인데, 유노는 여자들을 위한 다산(多産)의 여신이다.

통과의례로서의 정화는 주로 한 시기에서 다른 시기로 넘어가는 결정적인 시점(18절 참조)에 이루어진다. 지나간 시기의 "더러움"이 청소되어야 하는 것이다(물론 오늘날 우리가 이해하는 청소는 아니지만). 로마의 힘의 중심이라 할 수 있는 베스타 신전은 일 년에 한 번씩 정화하는데, 그때 공기 중에 위험이 있다고들 했다. 청소하는 날은 **불길한 날들**(dies nefasti)로 통했다. 더러움은 매우 조심스럽게 감추어진다. 단순히 신전의 더러움뿐만 아니라 일 년 동안의 나라 전체의 더러움도 마찬가지이다. 모든 더러움이 제거되면, 한 오래된 달력이 말하는 대로 다시 **해도 무방함**(fas)이 시작된다. 그렇게 되면 사람들은 다시 안심하고 무엇을 할 수 있는 것이다. 계절이 바뀌거나 해가 바뀔 때면 정화를 한다. 적어도 많은 사람들의 눈에는 정화 개념에는 어떤 불길한 성스러움과 불행의 성격이 연관되어 있는 것으로 보인다.

로마인들에게는 **정결례**(lustration)라는 것이 잘 알려져 있었는데(lustrum은 본래 "세정수"란 뜻을 지니고 있다), 그것은 백성들, 밭, 그리고 그밖의 무엇이든지 시간적 간격을 두고 규칙적으로 갱신하여 삶을 새롭게 시작하도록 하는 것이다. 그리스도교의 세례도 악한 세력을 물리치고(마귀를 쫓아내는 의식 exorcism과 연결되어 있음) 성령으로 충만하게 하여 사람을 **새로운 피조물**로 만드는 일종의 **정결례**라 할 수 있다. 그것은 사람을 거듭나게 하는 것이다. 따라서 세례는 "중생의 목욕"(디도 3,5)이라고도 불리는 것이다.

어느 정도 역사를 지닌 종교에서는 조만간 도덕적이고 합리적인 사고가 생겨서 의례적인 정화에 비판을 가하기 시작한다. 원시적인 사고방식에서는 의례적인 범칙과 도덕적인 잘못을 구별하지 않고, 물질적 더러움과 영적 더러움을 구별하지 않는다. 그러나 더 이상 원시적으로 사고하지 않는 사람들은 양자를 구별하기 시작하며 의례적 수단을 영적으로 해롭고 무가치한 것으로 생각한다. 구약의 예언자들과 복음서에 그 본질적인 면이 분명하게 나타난다. 도덕적이기보다는 지적인 관점에서 본 것이지만, 오비드(Ovid. 1세기 전후의 로마 시인 — 역자 주)의 구절은 잘 알려져 있다:

너무도 편한 사람들, 그대들은 피문은 끔찍한 죄가

강에서 길어온 물로 씻음받을 수 있다고 생각한다.

이보다는 덜 알려졌지만, 바라문교의 정화의례에 대한 붇다의 항의는 아주 분명하다: "아무리 자주 목욕을 해도 물로 사람이 정결하게 되는 것은 아니다. 진리와 덕 가운데 사는 사람이야말로 정결한 자이고, 그가 바라문이다." 이런 항의는 흔히 합리주의에서 나오지만, 신앙의 입장에서도 이와 못지않게 비판적이다. 어떤 때는 외적 행위와 내적 체험을 구별하지만, 또 어떤 때는 양자가 다 신앙의 비판을 받게 되는데, 신앙은 외적인 것, 내적인 것 그 어느 것에도 의존하지 않는다. 그래서 루터는 세례에 대해서 말한다:

>사람들이 물을 부을 때
>눈은 다만 물을 보나
>성령 안에서 믿음은 이해한다,
>예수 그리스도의 피의 힘을.

성스러운 행위의 두번째 종류는 제사인데, 많은 종교에 있어서 중요한 자리를 차지하고 있다. 제사에서는 정화의례에서와 같이 어떤 힘과 접촉을 한다든가 그 힘과 관계를 끊는 것에 그치지 않고, 한 걸음 더 나아가서 힘이나 신적 능력을 직접 소유하고자 한다. 제사는 여러 종류로 분류할 수 있다. 그 가운데 가장 중요한 것은 ① 신에게 드리는 선물로서의 제사가 있다. 그것은 신을 주술적으로 강요하기 위한 선물이든지, 마치 통치자에게 조공이나 경배를 바치듯 신에게 바치는 선물이든지, 아니면 신을 매수하기 위한 선물일 수 있다. 그러나 이 세 가지 목적을 다 가지고 있을 수도 있다. 그리고 ② 신에게 음식을 차려 놓는 제사가 있는데, 여기서는 사람이 어떤 의미에서 신의 생명을 유지시켜 준다. ③ 속죄제가 있는데, 사람의 죄악을 덮어주는 것이지만, 어떤 경우에는 선물을 바치거나 매수하는 제사와 겸할 수도 있고, 많은 경우 어떤 다른 심리적 근거를 시사하는 것 같기도 하다. ④ 성례적(sacramental) 제사 식사가 있는데, 사람이 신, 성스러운 동물, 신적 실체 등을 함께 먹거나, 신과 같이 식사를 하는 것이다.

이제까지 사람들은 모든 제사를 한 가지 원칙에서 설명하려 하였다. 가장 오래되고 상식적인 설명은 **받기 위해서 준다**(do-ut-des)는 생각이다. 내가 신에게 바치는 것은 신이 나에게 보응하게 하기 위함이다. 즉, 선물을 줌으로써 선물을 받으려 하는 것이다. 말할 것도 없이 많은 제사는 이런 원칙에서 설명될 수 있다. 그러나 이러한 원칙 가지고는 모든 제사의 심리적 근거를 설명할 수 없다. 때에 따라서는 사람들이 초청받기 위하여 다른 사람을 식사에 초대할 수 있다. 그러나 그것이 모든 제사에 다 해당되는 일반적이고 근본적인 동기라고 볼 수는 없다. 만약 제사란 것이 모두 이런 이해타산에 근거한 것이라면, 제본스(Jevons, 1858~1936. 영국의 종교학자 — 역자 주)가 바로 지적했듯이 가장 오래된 많은 종교현상들은 종교가 아니라고 해야 할 것이다. 그럼에도 **받기 위해서 준다**는 원칙을 전혀 배제할 필요는 없다. 그것을 좀 넓게 이해하면 모든 제사와 관계되는 사고를 이해하는 열쇠가 될 수 있다.

원시인들에게는 누구에게 무엇을 준다는 것이 오늘 우리들과는 전혀 다른 의미가 있었다. 선물은 받는 사람의 마음에 들어야 하지만, 동시에 그것은 받는 사람에게 주술적으로 "작용"하는 것으로 되어 있다. 생각이나 말처럼 선물도 사람에게 압력을 행사한다. 그것은 단순한 이해타산과는 다르며, 경배나 존경의 표시와도 다르다. 선물, 혹은 제물은 "힘"의 행사다. **마나**를 많이 지닌 왕들은(12절 참조) 이것을 보여주며 많은 선물을 나누어 줌으로써 그것을 입증한다. 그래서 선물을 나누어 주지 않는 왕은 과거 이집트에서도 스칸디나비아에서도 진짜 왕이 아니었다. 우리는 선물로 무엇을 "할 수 있다"는 사실을 염두에 두어야 한다. 그것은 음식이나 다른 값나가는 물건으로 되어 있으며 "힘"을 발휘한다. 무엇을 준다는 것은 힘을 동원하는 것이다. 본래 제사와 돈은 같은 것이었다. 고대 독일어의 제사란 단어는 "겔트"(gelt, 돈)였다. 돈은 제물로서 성스러운 근원을 가지고 있다. 원시적인 주는 행위로부터 한편으로는 성스러운 행위인 제사가 발전되었고, 다른 한편으로는 상업과 돈거래라는 세속적 행위가 발전되었다. 선물이 "효력이 있다"(gilt)는 것은 곧 힘을 발휘한다는 것이다. 이로부터 북아메리카 인디언들의 풍속, 선물을 나누어 주는 **겨울 축제**(potlatch)도 유래한다. 얼핏 보기에는 아무 의미없는 낭비요, 서로 경쟁하면서 가치를 파괴하는 것같이 보인다. 그러나 그것이 사람에게 위신을 세워주고 "신용"을 창조하며 "효력이 있는" 것이다. 즉, 힘을 발휘하는 것이다.

뿐만 아니라, 선물은 받는 사람을 묶는다. 그러므로 야곱은 에사오에게 그렇게 너그럽게 선물을 주었다(창세 33장). 바로 이렇게 제물은 하느님을 묶어서, 그와 더불어 "언약"을 이루는 것이다: "이것은 주께서 이 모든 말씀을 따라, 너희에게 세우신 언약의 피다"(출애 24,8).

그래서 제물을 바치는 사람은 힘을 산출한다. 이로쿼이족이 기도에 대해서 말하듯, 기도하는 사람은 그의 힘(orenda)을 저축하는 것이다. 힘이 움직이도록 하며, 그것을 통해 신에게 "작용"하는 것이다.

그래서 우리는 어째서 흔히 제사를 드려도 제사를 받는 신이 없는 경우가 있는지를 이해할 수 있다. 신이 아니라 제사가 일차적이다. 제사의 종교에 신들이 있다면, 제사의 힘은 그들에게 향하게 되고 제사는 선물이 되는 것이다.

그러나 이 경계가 분명하지는 않다. 제물을 올려놓는 돌 자체가 신이 될 수도 있다. 라프란트(Lappland)에서는 돌 위에 노루 피를 붓고 여름 여행에 복이 있기 위해 숭배한다. 돌들은 귀가 밝아서 수십 리 떨어져서도 숭배할 수 있다는 것이다.

만약 더 인격적 의미의 신을 알지 못하거나, 혹은 더 이상 신들을 인격적 존재로 취급하지 않을 때 제사는 그 자체로서 힘을 발휘한다. 내가 위에서 말한 네번째 제사, 즉 성례적 제사가 바로 그런 것이다. 이 제사는 인격적 신을 필요로 하지 않는다. 그것은 어떤 비인격체인 신적 물질과 관련하여 행해지는 것으로서 그 물질을 움직이게 하여 특정한 사람이나 부족 속에 강력하게 작용하도록 하는 것이다. 다른 제사 형태에서는 신에게 집중되어 있는 것으로 되어 있는 생명의 물질이 성례적 제사에서는 성스러운 동물, 성스러운 식물 등 바쳐진 제물 그 자체에 거하는 것으로 되어 있다. 제물에 들어 있는 생명력이 제물을 바치는 사람(들)에게 나뉘어지는 것이다. 그리고 이 생명력은 일종의 상호작용이 발생한다는 뜻에서 제물을 바치는 사람과 제물 — 혹은 신 — 사이를 묶어준다. 즉, 제물을 바치는 사람으로부터 힘이 발산되어 신으로 하여금 힘을 쓸 수 있도록 만들며, 그 역으로도 되는 것이다. 이러한 합리주의적이 아닌 의미에서 "받기 위하여 준다는"(do-ut-des) 원칙은 어느 정도 타당하다. 그러나 더 정확하게 일반적으로 말하자면, 제사는 성스러운 힘을 동하게 하는 행위라 할 수 있으며, 이 움직임은 제사를 드리는 사람과 제물의 두 극 사이의, 혹은 제물을 바치는 사람, 제물 그리고 신의 세 극 사이에서 진행되는 운동이라 할 수 있다. 공학적인 예를 사용한다면, 우리는 한 걸음 더 나아가서 제물을 어떤 신이나 영에게 바친다고 생각하는 인격적인 관념에서는 일종의 전류가 신과 제사드리는 자를 연결시킨다고 말할 수 있다. 본래의 제사에서는 전류의 흐름이 전환된다. 따라서 여기서는 주술적으로 이해된 힘의 넘쳐흐름이 인격적 숭배와 감사의 표시로서의 선물을 대체하는 것이다. 물론 이 성례적·주술적 제사가 경배와 감사의 제사로 쉽게 발전할 수도 있다. 그래도 거기에는 종종 아직도 주술적인 것, 노력 없이 이루어지는 것, 원시적 의미에서의 "선물"의 자취가 남게 된다.

이런 사상은 언뜻 보이는 것처럼 그렇게 이상하거나 예외적인 것이 아니다. 그런 것은 기도에서도 찾아볼 수 있다(제27절 참조). 기도에서 우리는 인격적 기도와 신비주의적 기도를 구별하는데, 후자에서도 역시 두 극 사이에 일종의 전류가 왕래한다. 그것을 스공(Segond)은 매우 적절하게 "드릴 것을 가지려는 원"으로 특징지었다. 파울 게르하르트(Paul Gerhardt, 1607~1676. 독일의 시인 — 역자 주)의 아름다운 시에 그런 상호작용이 표현되어 있다:

저는 옵니다. 가지고 와 당신께 드립니다,
당신이 나에게 주신 것을.

"준다는 것", 바친다는 것은 힘을 행사하는 것과 같은 의미를 지니고 있기 때문에 가부장, 왕 혹은 사제 등 **마나**를 가장 많이 가지고 있는 자가 제사를 드리게 된다. 인간이 어떤 힘이나 신에게 의존한다는 것과 같은 우리에게 익숙해진 생각은 여기서는 전혀 찾아볼 수 없다. 고대 인도에서는 제사가 가장 강력하게 이런 방향으로 발전했다. 거기서 바라문(brahmana, 婆羅門)들은 자기들이 지니고 있는 힘을 거대한 제사를 통하여 활성화시킴으로써 온 세상과 신들을 지배한다. 거기서는 제사야말로 가장 성스러운 행위로서 어떤 제사의 대상도 필요로 하지 않는다. 제사는 하나의 거대한 의식으로, 언뜻 보기에 별로 중요한 것 같지 않으나 온갖 힘들을 방출한다. 세계들을 지배하고 신들을 무용지물로 만들 수 있는 인간 의지력의 최도 긴장상태이다. 제사는 여기서 본격적인 의미에서 우주적 과정이 되어버린 것이다.

위에 서술된 관점으로부터 속죄제도 심리학적으로 설명될 수 있다. 일들이 진행되는 과정에서 부당하게 결정된 것, 과오로 인해 낭패를 본 것, 혹은 경솔하게 확정된 것이 속죄제를 통해 다시 풀리는 것이다. 잘못된 방향으로 흐르게 된 전류를 바로잡는 것이다. 그러므로 사람들은 위기에 봉착하면 고대 인간 제사의 관행으로 되돌아가곤 한다: 살라미스(Salamis) 전투에서 페르시아인 세 사람이 제물로 바쳐졌으며, 시저가 죽는 날 페루기아(Perugia)에서 300명의 명사들이 옥타비아누스(Octavianus)의 명령에 의하여 살육되었는데, 포악함과 정치적인 목적도 있었지만 동시에 고대 종교적 전통의 연장이라 할 수 있는 행위였다.

최고의 본래적 제물은 사람 자신이다. 안셀무스(Anselmus, 1033~1109. 캔터베리의 대주교이자 신학자 — 역자 주)가 골고타(Golgotha)의 희생에 대해서 가한 해석은 이러한 생각을 보여주는 것으로서 매우 오래된 게르만족의 상상에서 자란 것이다. 무언가 잘못되고 실수가 저질러졌다면 그것에 균형을 취해 주는 다른 어떤 것이 일어나야만 한다. 사람이 이웃에게 죄를 지었다면, 자기의 목숨이나 혹은 그에 해당되는 어떤 것으로 보상해야 한다. 그러나 하느님에 대해서는 우리의 죄가 무한하기 때문에 우리의 생명을 바치거나 혹은 어떤 벌을 받음으로써 해결될 수는 없다. 하느님께서 자기 자신을 바쳐야 하는 것이다. 그러나 이것 역시 생각할 수 없으므로, 신-인간의 형상을 가진 분 그리스도가 **왜 하느님은 사람이 되어야만 했던가?**(Cur deus homo)라는 질문에 대답을 제공해 주지 않으면 안되는 것이다.

사실 골고타의 제사에서 제사의 관념은 완성된다. 성스러운 자가 자기 자신을 바치며 자기의 영혼을 많은 사람의 속량물로 바치고, 그렇게 함으로써 하느님과 새로운 언약을 성취시키는 것이다. 그리스도교의 예배는 원칙적으로 이 제사에 참여하는 것에 불과하다.

성례(sacrament)는 보통 행위와는 달리 좀더 깊은 목적으로 이루어지는 인간의 행위다. 이미 가장 기본적인 일상행위에도 직접적인 가치 이상의 것이 숨어 있다. 이것은 먹고 마시는 것과 같은 행위에서 뚜렷하게 나타난다. 우리들에게도 식사는 단순히 "영양보충" 이상의 것이다. 고대인들이나 원시인들은 음식을 성스러운 것으로 보았고, 식사를 성스러운 행위로 간주했다. 오늘날까지 많이 남아 있는 각종 음주 의례들은 그 자취다. 이런 행위들을 우리는 **성례적 행위**(sacramentalia)라 부른다.

진정한 성례는 먹기 위하여 먹는 것이 아니라 하느님께 나아가기 위하여 먹고, 깨끗하게 되기 위하여 씻는 것이 아니라 죄를 멀리하기 위하여 씻을 때 비로소 성립된다. 그래서 아티스(Attis) 밀교 신자들은 팀파니에 빵을 담아 먹고 신발에 음료를 담아 마셨다. 그리고 그리스-이집트의 신 세라피스(Serapis) 신봉자들은 친구들을 신전에서 행하는 "주 세라피스의 식탁"에 초청했는데, 분명히 성례적 만찬이었지만, 동시에 사람들이 먹기 위해 참여했던 식사였던 것 같다. 초대 그리스도인들의 애찬(愛餐, agape) 역시 일종의 **주의 식사**(kuriakon deipnon)로서, 축복의 말로 시작하고 끝났으며 주를 기다렸다. 그러나 그들은 실제로 식사시간을 이용했고, 고린토 교회에 대한 바울로의 편지에 의하여 알 수 있듯이 한때는 식사를 대신했다. 그러나 물론 곧 그것으로부터, 떡과 포도주를 주의 몸과 피로 먹고 마시며 그리스도와 교제를 나누는 본래적인 성만찬이 분리되어 나왔다.

제 27 절

성스러운 시간

원시인들에게 삶이란 기간들의 순환이란 사실을 우리는 앞에서 지적하였다. "그 순환적인 단조로움에는 죽음이 삶을 따르든 삶이 죽음을 따르든 별 상관이 없다"(Harrison, Jane Ellen, 1850~1928. 영국의 고전학자 — 역자 주). 특별한 순간, 가끔 위험하기까지 한 힘으로 충전된 성스러운 시간은 이월(移越)의 순간들이요 경계점들로서, 이때에 사람들은 의례를 통하여 삶의 수레가 위험한 지역을 넘어갈 수 있도록 도움을 받는 것이다. **시간**(tempus)이란 이월의 위기적 시점, 전환이 있는 곳이다.

"시간은 무엇인가?" 아우구스티누스는 물었다. "아무도 나에게 묻지 않는다면 나는 안다. 그러나 누가 그것을 설명하라고 요구한다면, 나는 모른다." 그가 고민한 이유는 시간을 하나의 연속으로 생각하는 것이 불가능하기 때문이다. 현재는 시간이 되기 위해서는 미래가 되지 않으면 안된다. 그렇지 않으면 현재는 곧 영원이 될 것이기 때문이다. 그러나 미래가 되는 순간 현재는 더 이상 현재가 아니요, 미래는 미래가 아니다. 여기에 우리의 난제가 있고, 그것을 우리는 시계판에 보이는 연속적 시간이라는 허구로써 은폐한다. 우리가 시간에 대해서 실제로 가지고 있는 것은 두드러진 시점들(tempora)뿐이다.

그리고 이 시점들은 자의적으로 선택되지 않고 항상 그 가치, 그것이 가지고 있는 힘과 연관되어서 선택된다. 한때, 한 시기는 단순히 양적인 것, 얼마나 오래 지속되었는가에 대한 이름이 아니다. 시간은 단순히 시계판에 동일한 간격으로 구분된 숫자와 같이 공허한 것이 아니다. 매 시간, 매 시기는 그 가치에 따라 질적으로 취급된다. 예를 들어 원시인들의 태도에는 한 해는 거의 언제나 한 절기, 즉 한 추수의 해로 특징지어진다. 로마 시대의 새해는 3월 1일에 시작된다. 그때 농사나 전쟁이 시작된다. 다시 말해서 로마인들의 삶 중심에 자리잡고 있는 거대한 힘이 그때에 나타나는 것이다. 그것을 사람들은 마르스(Mars, 전쟁의 신 — 역자 주)라 불렀다. 따라서 한 해는 결코 별 의미가 없는 숫자가 아니라 농업, 전쟁, 수공업과 관련하여 특정한 방식으로 평가되는 기간인 것이다. 그래서 고대인들은 새해의 신과 묵은 해의 신을 항상 대립시켰다. 새해의 신의 현현은 묵은 해의 신을 몰아내는 것이다.

앞에서 보았듯이, 여러 가지 종류의 의례들은 대부분 기간들의 교체가 계속되게 하기 위함이요, 위기의 순간들을 잘 넘기기 위한 것이다. 만약 계절의 바뀜이 중단되면 만물의 종말이 가까운 것이다: 스칸디나비아의 전설에 의하면 여름이 사이에 끼지 않고 세 번 연속되는 겨울인 길고 긴 **어둠의 겨울**(Fimbulwinter)은 종말의 표지다. 사람의 일생과 마찬가지로 전체 시간의 경과도 시기들로 구분된다: 어떤 시대는 "황금"의 시대 혹은 "철"의 시대로 평가되고, 유대인들의 희년(喜年, Jubilee)이나 로마인들의 **세쿨룸**(saeculum, 세대·시대)과 같은 이른바 "큰 해들"의 길고 짧은 시기로 나뉘어지기도 한다. 그리고 일 년은 다시 농사나 해와 달의 운행에 따라 달, 주, 날, 시간으로 나뉘어진다. 모든 시기는 종교적으로 특징지어진다. 즉, 모든 시기는 삶을 지배하는 힘과의 관계에서 그 가치가 결정되는 것이다. **달력**은 시기 변천의 연속뿐만 아니라 인간 삶의 박자를 조절하고 보증한다. 어떤 날은 한 특정한 작업이나 무슨 일에든 유리하고, 다른 날은 불리하다〔길일(dies fasti), 불길한 날(dies nefasti), 안식일(sabbath)〕. 밤에 하는 일은 낮에 하는 일과 다르고, 한낮의 시각은 특정한 낮 귀신에 바쳐지며, 한밤중의 시각은 어둠의 힘들에 속해 있다. 모든 시간은 그 자체의 가치를 가지고 있고, 그 가치는 그 시간과 더불어 나타나는 힘에 따라 측정되는 것이다. 이런 의미에서 모든 시간은 구원의 **시간**(kairos)인 것이다.

그러나 특히 본래적 의미에서의 시점들(tempora), 이행의 시간들, 결정적인 시점들이야말로 구원의 시간들이다. 그것들은 신의 도래, 현현(epiphany)을 뜻하며, 이에 응하여 **축제**가 벌어진다.

이행의 시간, 결정적인 시점에 사람들은 축제를 벌인다. 새해 축제는 가장 중요한 이행을 표시하는 전형적인 축제다. 고대 로마에서는 2월은 정화의 달로서 이때 모든 것이 정화되어 3월 1일(새해)에는 새출발을 할 수 있는 것이다. 농사와 전쟁이 다시 시작되고, 베스타의 화로에는 성화가 다시 지펴지며, 삶 자체가 다시 새로 시작된다. 따라서 원시적 관념에서 축제란 사치스러운 것이 아니라 그 반대였다. 그것은 사물의 진행을 구성하며 확실한 의미에서 세계를 창조한다. "축제란 재발견되고 새로이 형성되는 혼돈이다"(Caillois). 축제는 사물들과 그 환경을 확정하고 그것들에게 실재적 존재를 부여한다. 그것은 생명의 연속을 보장한다. 성스러운 시간은 생명을 갱신해 주고 일정 기간 동안 생명이 다시 지속되도록 하며, 미래의 커다란 한 토막에 걸쳐 생명을 확산한다. 로마 가톨릭의 부활절 행사도 이에 상응하여 형성되었다. "부활절에 교회에 가서 절기를 지키는" 자는 자기가 앞으로 한 해 동안 영적인 것들과 충분히 연결되어 있다고 생각해도 된다. 이런 것은 시골 개신교인들 사이에도 심심치 않게 찾아볼 수 있다. 이러한 **마나**는 물론 더 이상 음식과 행복을 다 포괄하는 분화되지 않은 힘은 아니지만, 영적으로 된 **마나** 역시 원시적인 관계에서와 마찬가지로 삶 전체에 주술적·의례적으로 골고루 분배되는 것이다. 영적인 재화가 마치 자연적인 재화처럼 취급된다. 그러나 이스라엘에서는 상황이 좀 다르다. 거기서는 옛날의 자연 축제들이 역사적인 의미를 얻게 된다. 유월절(passover)은 추수의 시작을 축하하는 축제로서 원시적인 정화의례와 통과의례로 거행되었던 것이었는데, 이스라엘 백성의 출애굽을 기념하는 것으로 바뀌었다. 즐거운 추수 축제인 오순절은 시내 산에서 율법이 선포된 것을 기념하는 축제가 되고, **하누카**(Hanukkah)는 동지 축제로서 집집마다 대문에 불을 밝혀 지냈는데, 안티오쿠스 4세(Antiochus IV, 기원전 175~163년 통치)가 3년간(기원전 168~165) 성전을 더럽힌 뒤 유다 마카베오(Judas Maccabeus)가 성전을 다시 봉헌한 것을 기념하는 즐거운 축제가 되었다. 또한 죽어가는 해(year)의 신 **탐무즈**(Tammuz)에 대한 통곡은 성전의 파괴에 대한 통곡으로 바뀌었다. 따라서 삶의 주기적인 갱신은 백성의 역사에 대한 하느님의 개입을 기념하는 것으로 바뀌어져 성스러운 시간은 구원의 시간이 된 것이다. 이와같이 종교적 주기를 종교적·역사적인 것으로 바꾼 것은 종교사가 아는 한 가장 중요하고 근본적인 변화 가운데 하나이다.

제 28 절

성스러운 장소

시간에 해당되는 것이 공간에도 적용된다. 자연과학은 모든 것이 동일하고 서로 교환될 수 있는 동질의 공간을 말한다. 그러나 실제로 그런 공간은 존재하지 않는다. 모든 공간은 각각 자체의 특징과 가치를 가지고 있다. 어떤 공간에 어떤 힘이 나타나면, 그때문에 그 공간은 독특하게 되고, 다른 공간과 구별된다. 우리는 그것을 성스러운 곳이라 부른다.

어디서든 정주해 사는 원시인들에게는 그들의 마을이 놓여 있는 주거지역과 그 주위에 있는 초원, 숲, 산지가 엄격히 구별된다. 이것은 특히 그리스인, 로마인, 게르만인들에게 그러했다. 마을 경계 안은 안전하다. 거기서는 쟁기가 사용되며 농사와 더불어 생긴 법이 지배한다. 그리스인들에게 있어서 그곳은 정의의 여신 테미스(Themis)가 지배하고, 집과 친족의 수호신이 살고 있으며, 거기에는 매장이 허락되지 않고, 피가 흘러서는 안되며, 사형선고가 내려져서는 안된다(그것은 항상 경계 바깥에서 이루어진다). 그밖에는 아레스나 헤카테 같은 귀신들이 거한다. 로마인들에게도 마찬가지다. 쟁기로 그어진 성스러운 경계인 태고의 **밭고랑**(pomoerium) 안에는 베스타의 화로가 있으나, 그 바깥은 위험하다. 성스러운 쟁기로 판 고랑이 마치 주술적인 원처럼 밖으로부터 사람들을 보호하는 것이다.

경작지(adama)는 히브리인들에게 아담의 거주지이며, 그는 땅에 속해 있고 거기서 나왔다. 게르만인들에게도 사람의 힘은 경작지의 경계 안에 한정되어 있었다. 그 바깥은 **으스스하고, 트롤데**(trolde)들과 요정들이 사는 곳이다. 이 거인들은 농사를 싫어하고 여자 거인들은 말과 쟁기와 함께 농부들을 잡아 치마폭에 감아버린다고 한다. 원시인들은 자기들의 집과 화로, 자기 마을 혹은 도시, 그리고 자기 지역 — 이른바 자기 국가가 아니라 자기 고향 — 에 강하게 묶여 있는 것이다.

  거기에 자기 힘의 강한 뿌리가 있다

는 생각이 그들에게는 특별하게 작용한다. 자기의 힘의 중심이 자기 집 화로와 시장터에 있는 것이다. 낯선 곳에서는 "으스스하고" "비참하게" 느낀다. 오늘날도 소박한 사람들과 농촌 출신의 신병들, 시골 아가씨들에게 향수가 가장 강하다. 세계주의(cosmopolitanism)는 실로 문명의 현상이다. 로마의 전성시대에도 추방은 가장 무서운 벌이었다. 이스라엘 사람들에게 이방 나라는 여호와가 존재하지 않는 나라다(시편 107편). 테미스토클레스(Themistokles)가 아테네 사람들을 배에 실어 보내려 할 때, 그들은 신들의 신전과 조상들의 무덤에서 떠나는 사람들은 살 수 없다고 말한다.

 그런 "힘의 중심지"를 우리는 신전이라고 부르지만, 엄격히 말해 이 말이 거의 모든 경우에 다 적용되기에는 좀 지나치게 거창한 이름이기는 하다. 미나핫사족(Celebes)의 마을 한가운데는 몇 개의 성스러운 돌이 놓여 있고, 마을이 시작될 때 길조를 보여준 새소리를 상징하는 몇 개의 작은 막대기가 있으며, 약탈해 온 해골 — 물론 "힘"으로 장전되어 있는 — 몇 개가 놓여 있다. 이 수집품들을 "마을의 구원과 힘"이라 부른다. 동시에 "부르는 자들"이라고도 하는데, 그것은 외부에 나가 있는 마을 사람들을 불러 돌아오게끔, 다시 말해 향수를 일깨워주기 때문이다. 우리는 여기서 우리도 능히 공감할 수 있는 경건심과 사랑이 우리에게는 매우 낯선 원시적 힘의 표상들과 서로 얽혀 있음을 본다. 참된 의미에서 성스러운 곳을 우리는 대하고 있는 것이며, 현대적인 "상징적 사고"란 찾아볼 수 없다. 모든 것이 구체적이고 확실하다. 마을의 구원과 힘이 돌들에 들어 있는 것이다.

 뉴기니아 근방의 한 섬인 도부에는 마을 한가운데에 넓은 공간이 있는데, 거기에 어머니들, 어머니들의 형제들 그리고 할머니 등이 묻혀 있다(그곳은 모계

사회다). 산 사람들 사이에 조상들이 쉬고 있으며, 산 자들의 삶을 결정한다. 수리남(Surinam)에 사는 매우 원시적인 듀카족은 소위 **프라가티키**(fraga-tiki)란 것을 가지고 있는데, 긴 흰 천을 단 가로지른 막대기로 일종의 깃대다. 그리고 그 막대기 옆에는 납작한 돌이 있어서 그 위에다 제물을 바친다. (식민지가 된다든가 해서) 그 막대기를 옮길 때에는 반드시 온갖 종류의 의례가 행해진다. 여기서도 역시 성스러운 곳에 모든 죽은 자들이 모여서 산 자들과 접촉한다. 힘이 집중되어 있는 성스러운 곳에서는 인간의 통상적인 힘은 소용없다. 성스러운 곳은 **도피처**(asylum)이다. 바그너는 여기서도 매우 오래된 사고를 묘하게 대변했다. 즉, 그의 그랄(Gral) 신전의 성역에서는 짐승에게도 손을 댈 수가 없다. 그외에도, 오스트레일리아의 한 성소에는 신을 섬기는 것이 아니라, **쮸룽가**(tjurunga), 곧 성별 때 사용되는 성스러운 물건이 보존되어 있는데, 사람들은 그곳으로 도피할 수 있다. 그곳에서는 심지어 식물들도 안심할 수 있다. 구약성서의 도피권 — 제단을 붙잡음으로써 — 과 중세의 도피권도 잘 알려져 있다.

힘의 중심지로서의 성스러운 곳, 혹은 다신교와 유일신교의 출현과 더불어 신의 거처로 여겨지는 성스러운 곳은 통상적인 지상의 장소성을 지니고 있지 않다. 그것은 우주적인 의미를 지니고 있으며 속계 한가운데에 있는 하나의 조그마한 성소, 혹은 좀 덜 원시적 종교성의 용어로는 이 세상 한가운데 있는 하나의 "다른 세계"다. 바빌론에서 신전을 봉헌할 때 창조의 찬송을 부른 것은 이런 우주적인 성격을 표현한 것이며, 시편 24는 오늘날까지도 로마 가톨릭 의례에서는 교회를 봉헌할 때 사용된다. 이 시편은 동시에 창조를 찬양한다. 온 백성에 의해 12세기 프랑스에 세워진 성당은 진정한 "우주의 거울"이다. 거기에는 창조로부터 마지막 심판에 이르기까지 모든 것이 표현되어 있다. 장식 하나 하나가 모두 상징적인 가치를 지니고 있다.

어디에나 찾아볼 수 있는 교회, 신전, 도시와 주택들의 **방위설정**(orien-tation)도 동일한 원리에 근거해 있다. 성소의 위치는 우주의 법칙과 일치해야 하는 것이다. 그래서 해가 뜨는 것, 별이 뜨는 것 등과 일정한 관계를 가지도록 건물을 지었다. 고대 로마에서는 **점장이**(augur)들의 임무는 속된 땅으로부터 조그마한 "성스러운 땅"을 구별하여(finire) 성스러운 목적을 위해 일정한 장소(templum)를 "해방시키는" 일을 맡았다.

힘이 집중되어 있는 곳은 어디든 성스러운 곳이다. 문자 그대로 힘을 보장해 주는 식량이 보관되어 있는 저장소는 고대 로마에서 매우 성스러운 곳이어서 정결치 못한 사람 — 가족의 일원이 아닌 사람 — 은 가까이 가지 못했다 (penus는 창고란 뜻을 가지고 있는데, 거기서 창고의 수호신, 혹은 집의 수호신 Penaten이 유래됨). 여기서 다시 원시인들은 물질적인 것과 영적인 힘을 구별하지 않고, 평일의 삶과 일요일의 삶을 구별하지 않았음을 볼 수 있다. 일상적인 양식이 그들에게는 성스러운 것이었다.

신비스러운 성격을 지녔으며 사람들이 두려운 마음으로 접근할 수밖에 없는 장소들도 성스러운 곳이었다. 그리하여 고대 로마나 다른 지역에서는 루쿠스 (lucus)라는 성스러운 숲이 있었다. 처음에는 그 숲 자체가 성스럽고 신비한 힘이 집결된 곳으로 취급되다가, 후에는 신들의 "거처"로 간주되었다. 산, 숲, 화로 등 힘으로 가득 찬 누멘적(numinos) 장소들이 신의 집이나 거처, 신전과 제단이 되는 것이다. 신과 그의 장소 사이에는 밀접한 관계가 성립하며, 신이 어떤 장소의 힘 이상으로 간주되지 않는 경우가 적지 않다. 이슬람 이전의 아라비아 종교에서도 그러했고, 야훼도 "시내 산의 야훼"로 불리었다. 심지어는 그저 "시내 산"으로 불리기도 했다(판관 5,5; 시편 68,9). 어떤 신은 특정한 풍경과 연결되어 있어서, 그 풍경의 모습이 신의 현현 형태로 알려지기도 했다. 그리하여 올림푸스 산정을 둘러싼 안개 구름은 제우스의 현현, 넓은 평원은 헤라 아르게이아(Hera Argeia)의 현현으로 간주된 것이다.

신전이나 교회는 신의 집이다. 신이 거기서 사는 것이다. 개신교 경건주의자들의 것이든 유대인들의 회당(synagogue)이든, 신이 거하는 곳이 아니라 회중이 모여 "기도하는 집"은 이러한 본래적 성격을 잃어버린 것이다. 이 두 경우에 그 장소는 예배의 장소요(proseuche = synagogue) 훈계의 장소다. 말하자면 내적 제사의 장소로서, 본래적인 제의의 장소는 아닌 것이다. 거기서는 영혼이 자신을 살피기는 하나, 하느님께 향하지 않을 위험이 있다. 초대 그리스도교의 바실리카(basilica)도 처음에는 단순한 집회장소였는데, "빵을 나눔으로"(성찬예식을 행함으로 — 역자 주) 곧 주의 집, "교회"가 되었다.

힘이 나타나는 곳을 향해 사람들은 원근 각처에서 모여든다. 그것을 이스라엘, 이슬람, 그리스도교에서는 순례라 부른다. 하느님의 살아 있는 현존을 인식할 수 있는 곳으로 가는 것이다. 사우디 아라비아 왕 이븐 사우드(Ibn Saud)가 성도(聖都)를 탈환한 후 메카(Mecca)로 가는 순례 이야기는 깊은 인상을 준다. 마지막 언덕을 넘을 때 그는 말에서 내려 왕의 옷을 벗고 평범한 순례자의 옷으로 갈아입은 후, 무기를 다 버리고 성도에 들어갔다. 그러면서 그는 계속해서 "오 하느님, 당신의 명령대로 제가 왔습니다. 당신은 오직 한 분뿐이십니다. 제가 왔습니다"를 반복했다고 한다.

제 29 절

성스러운 말

괴테의 파우스트가 요한 복음의 "태초에 말씀이 있었다"는 말을 "태초에 행위가 있었다"로 바꿨는데, 그것은 원시인들의 척도에 의하면 잘못된 것이다. 원시인들에게는 말 그 자체가 곧 행동이요 행위다. 말은 곧 **마나**로서의 말이다. 말을 한 마디 한다는 것은 장전된 권총을 쏘는 것과 마찬가지다. 말은 결정적인 힘을 가지고 있다. 그것은 어떤 상황을 확정적으로 만들기도 하고, 그런 상황을 깨어버리기도 한다. 그러므로 사람이 말하는가 침묵을 지키는가는 매우 중요한 차이가 있다. 축복은 그저 좋은 것을 바라는 것이 아니라 좋은 일이 일어나도록 하는 힘이며, 저주는 단순히 좀 불친절한 발언이 아니라 구체적인 위험이요 재앙이다. 발언된 말 한 마디 한 마디에서 힘이 나가는 것이다. 그러므로 여러 종교의례에서 **말을 삼가는 것**(favete linguis)이 중요한 자리를 차지하는 것이다. 성스러운 행위에서는 침묵, 혹은 적어도 순전히 "좋은" 말만 해야 하는 것이다. 이러한 표현은 고대 로마의 의례에서 나온 것이지만, 그러한 내용은 도처에서 발견된다. 중부 셀레베스에서는 종교의례가 거행되는 동안 웃거나 말하는 사람은 병이 난다. 뿐만 아니라 포소(Poso)에서는 그러한 경우에는 그 의례가 아무 소용이 없어진다고 믿는다. 고대 게르만족들은 말 그 자체가 이익도 가져오고 손해도 가져온다고 철저히 믿었다. 스칸디나비아 전설에서는(네덜란드 속담) "욕한다고 아픈가?"는 통하지 않는다. 어떤 사람이 다른 사람에게 "그런 짓 하면 못써!" 했다면, 비록 그가 그런 일을 하지 않았다 해도 불명예가 된다. 전설에서는 이런 풍속을 오용하는 경우가 나타나는데, 어떤 사람으로 하여금 나쁜 종말을 맞게 하기 위하여 그를 자극하여 생명에 위험한 행동을 하게 하는 것이다. 어떤 여자를 마녀라고 욕한다든가 그의 정숙함을 부정하면, 누군가가 그 여자를 위하여 복수를 해서 명예를 회복시켜 주지 않는 한 마녀 혹은 부정한 여자의 벌을 받아야 했다. 저주에 못지않게 축복도 대단한 힘을 가지고 있다.

나는 어렸을 때 이사악이 야곱에게 잘못된 축복을 해서 다시 고칠 수 없게 된 성경 이야기를 읽고 놀랐던 일이 생각난다. 물론 그것은 좋은 말이었다. 창세기의 이야기에는 마치 가장 이사악이 실수로 엉뚱한 아들에게 자기의 힘을 주었고 야곱은 이 힘을 가지고 달아난 것처럼 되어 있다. 축복은 하나의 힘이요 구체적인 구원으로서, 한 인간의 영혼에 자리잡고 그로 하여금 모든 일에 형통하도록 하는 것이다(창세 27장).

사람이 어떤 물건이나 사람을 어떤 힘에 봉헌할 때 하는 말에도 같은 힘이 들어 있다. 로마인들은 그것을 **서약**(votum)이라 불렀다. 사람이 어떤 신에게 제물을 드리면 그것은 신의 절대적인 소유가 되는 것이다. 사람들은 불확실한 전투에서 자신과 원수를 함께 죽음의 힘들에게 봉헌할 수 있다. 가끔 로마군의 지휘관들이 그렇게 했는데(devotio, 헌신), 그럼으로써 전세를 뒤엎을 수는 있었으나 그 자신은 비록 그 전투에서가 아니더라도 반드시 죽어야 했던 것이다. **서약**의 힘을 우리는 성서나 수도원의 규칙을 통해 잘 알고 있는데, 자신을 한 특정한 신에게 바치는 일로서, 어떤 특정한 조건을 붙이기도 한다. 창세기 28,20 이하에 기록된 야곱의 서약은 전형적인 것이다. 가장 잘 알려진 서약의 형식은 **맹세**인데, 일종의 자기에 대한 저주라 할 수 있다("내가 이렇게 이렇게 하지 않을 때는 여호와께서 그렇게 하옵소서"의 형식을 취함). 이것은 거의 자동적으로 작용하는 힘의 말로서, 이른바 **결백선언**이라는 것에 가장 분명하게 나타나 있는데, 특정한 행위 없이 순전히 말의 힘이 작용하도록 하는 것이다. 교황 레오 3세가 800년 성탄 때 찰스 대제 앞에서 자기는 자기에게 가해진 성직매매의 누명으로부터 결백하다고 선언함으로써, 그 송사를 무력하게 만든 예는 유명하다.

하우징가(Huizinga)가 지적하는 대로, 중세에서는 아직도 단순히 엄숙한 **청원**도 마치 동화에 나오는 소원(37절 참조)같이 성사되는 힘을 가지고 있었다.

특히 엄숙한 말이 더 큰 힘을 가졌다. 로마인들은 **확실한 말**(certa verba)에 대해서 언급하고 있는데, 주술적 힘을 불러일으키는 엄숙한 문구를 **카르멘** [carmen, **주문**(charme, charm)]이라고 불렀다. 플리니우스(Plinius)에 의하면 베스타의 여 사제들의 **카르멘**으로부터 발하는 힘이 도망치는 노예들을 즉석에서 주술로 사로잡을 수 있다고 한다. 이러한 주술적 문구는 사람이 아플 때나 위기에 사용되는 서언들이 가장 흔하다. 시골에서는 아직도 주문으로 치료하는 일이 무엇인지 잘 알고 있다. 그리스인들은 병자들을 위하여 "주문"을 노래했다고 한다(epodai). 그리고 올림푸스 신들 가운데 의사의 이름 **파이안** (Paian)은 이런 주술적 노래로부터 유래했다 한다. 원시적인 사고방식과 현대적인 사고의 가장 분명한 차이는 이런 성스러운 주술적 치유어와 의사들에 의한 처방의 차이에서 드러난다. 비록 많은 물약이나 가루약의 전능성에 대한 환자들의 대단한 신뢰에는 아직도 옛 처방의 힘에 대한 신앙이 상당히 남아 있다고 이의를 제기할 수 있을는지도 모르지만. 그러나 성스러운 말은 좀더 고상한 목적을 위해서도 사용된다(26절에서 브라흐만에 대해서 언급된 것 참조). 이집트에서는 사자(死者)의 관에 주술서 한 장 — 모든 장들을 다 합해서 『사자서』라 부른다 — 을 함께 넣어주는데, 그것은 사자가 다른 세계에서 직면할 모든 위험에 유익한 안내자가 된다는 뜻이다. 남이탈리아 오르페우스교 신자들은 죽을 때 금판에 새겨진 이같은 도움이 되는 말을 가지고 피안의 세계로 떠난다. 종종 이러한 잠언들이 우리가 알아들을 수 있는 언어로 된 다른 세계에서의 일종의 여행 안내서라면 — 위험도 경계하고 충고도 하는 — 또 다른 많은 경우에는 주술적 문구들은 우리가 이해할 수 없을수록 더 성스럽고 힘있다. 이러한 이해 불가능성은 외국어나 혹은 케케묵어 전혀 알아들을 수 없는 말로 된 문구를 반복함으로써 얻어진다. 로마의 매우 오래된 사제들의 집단인 살리족 (Saliers)이 부르는 노래는 "자신들도 전혀 이해하지 못하지만, 종교인고로 바꾸지 못하게 되어 있으며, 성화된 것으로 유지되어야 한다". 이해할 수 없을수록 더 좋다는 말이 흔히 타당하다: 교회에서 라틴어를 선호하고, 일반적으로 종교에서 고어를 선호하는 것은 바로 신비스러울수록 더욱 큰 "힘"을 지닌다는 관점에서 설명될 수 있다. 여기저기 주술어를 삼키는 습관이 있다는 것은 성스러운 언어의 힘이 얼마나 구체적으로 생각되는지를 잘 보여준다. 먹어 버리면 가장 큰 효과가 나타난다고 믿는 것이다. 민수기 5장(구약성서의 한 책 — 역자 주)에서는 간음을 범했다고 의혹을 받는 여자에게 일종의 신적 심판이 내려지는데, 물에 용해된 저주 — 즉, 저주가 쓰여진 잉크 — 를 마시게 되어 있다. 범죄한 것이 사실이라면 이 성스러운 말은 "작동하기 시작하여" 그 여자에게 병이 나는 것이다.

원시인들이나 반원시적인 사람들은 햄릿이 "말들, 말들" 하며 경멸한 것에 결코 동의할 수 없으며, 괴테의:

왜냐하면 개념들이 사라진 바로 그곳에
한 마디의 말이 적시에 등장한다.

라는 말에도 동의하지 않는다.

더욱이 언어 실재론은 상당 기간 동안 지배적이었고, 지금도 아직 사라지지 않았다. 중세의 유명론자들 — 즉, 말은 말 이상 아무것도 아니라고 취급하는 현대적 정신들 — 과 실재론자들 — 사물의 본질을 바로 말에서 찾는 — 의 투쟁은 이런 원시적인 사고방식을 떠나서는 이해하기 어려울 것이다. 우리의 "현대적" 사고에서도 그것에 대해서 너무 쉽게 조소해 버려서는 안된다. 물론 천박한 실증주의자들처럼, 사물의 본질을 관념에서 찾으려는 관념론 전체를 비웃을 수 있다. 다른 한편, 단어 그 **자체**가 어떤 실재성을 지니고 있다는 생각은 엄청난 거짓 지혜와 가장 고약한 궤변이 될 수도 있다. "문자는 죽이고 영은 살린다"란 말은 이 점에서 하나의 경고가 된다.

그러나 우리들의 제한된 "현대적" 사고방식을 일단 떠나면, 상황은 전혀 달라진다. 말은 그 원초적인 힘으로 사물을 창조한다. 사물이 먼저 있고, 그 다음에 이름이 주어지는 것이 아니다. 오히려 이름을 부름으로써 존재를 가능케 한다. 도부 섬 사람들에게는 사랑의 주문이 없으면 사랑의 감정이 생기지 않는다. 남녀가 지속적으로 서로에게 주술적인 힘을 방출함으로써만 서로 가까워질 수 있는 것이다.

그리고 어떠한 기도 형태도 처음에는 주술적 주문이었다. 코드링톤(Codrington)에 의하면 멜라네시아의 기도는 사실 기도라 부를 수 없다. 왜냐하면 그 기도는 응답이 이미 전제되어 있기 때문이다. 그것은 주술적이며, 일종의 **마나(mana)적 단어다.*** 비록 주술적이지는 않더라도 기도에는 심리적으로 가끔 기도하는 사람의 강요적 자세가 존재한다. 물론 고상한 형태의 강요이긴 하지만. 얍복(Jabbok) 강가에서 기도한 야곱의 태도는 그런 점에 있어서 고전적 예라 할 수 있다: 즉, "나를 축복하지 않으면, 당신을 놓아주지 않겠다"는 태도를 취하는 것이다. 그런 기도에는 겸손이 결여되었다고 말할 필요는 없다. 질풍 같은 정열적인 기도라고 해야 할 것이다.

이미 원시인들 가운데도 기도가 단순히 주술적인 언어로서뿐만 아니라 경건과 신에 대한 신뢰와 감사 혹은 무력감의 즉흥적인 표현으로서 드러지기도 했다. 거기에는 소원이 자동적으로 이루어진다는 생각이 없다. 하일러(Heiler)는 밑에 언급할 책에서 기도의 수많은 예들을 들고 있는데, 예컨대 헤레로족(Herero, 서남아프리카)의 기도와 같이 아주 아름다운 것들도 있다. 그들은 성스러운 "창조의 나무" 옆을 지나가면서 "모든 것의 아버지, 성스럽고 근접할 수 없는 분!"이라고 말한다는 것이다. 따라서 기도가 반드시 주술의 주문에서 시작되었다고 말하기는 어렵다. 물론 양자를 항상 분명하게 구별할 수 있는 것은 아니다. 그리고 기도가 다시 주문으로 변하는 경향은 항상 있다. 즉, 그 자체로 "작용"하는 말이 되는 것이다. "인사드립니다"(네덜란드 천주교인들이 마리아에게 드리는 매우 짧은 기도, Avemaria — 역자 주)나 "우리 아버지"(천

---

* 오버레이슬 주(네덜란드 북쪽의 한 주 — 역자 주) 아흐트후크 지역 어디, 어떤 목사관에서 장로 한 분이 식사 전에 매우 길게 기도를 했다. 그의 기도 형식을 묻자, 이 경건한 장로는 대답하기를, 우선 주기도로 시작해서 사도신경, 십계명 그리고 마지막으로 성경책 이름들을 외웠다고 했다. 이 정도의 기도를 하는 데 별로 시간이 걸리지 않았기 때문에 그는 다시 한번 처음부터 기도를 시작했다. 그것들은 그가 장로 장립 때 받은 "거룩한 말씀들"이었다. 단지 야곱의 아들들만이 기도에서 빠졌다.

주교인들의 주기도. 역시 짧은 기도, Paternoster — 역자 주)같이 기계적으로 반복하는 기도가 그런 경우다.

기도가 항상 즉흥적일 필요는 없다. 기도 습관도 있고 기도 의무도 있다. 이슬람교의 **살라트**(salat)에서는 기도하는 사람이 이미 고정되어 있는 기도의식의 특정한 부분에서 개인적인 기도를 붙일 수 있다. 그와 비슷한 것이 초대 그리스도교에서도 있었는데, 집사나 감독이 큰 소리로 정해진 기도를 한 다음에 회중이 조용히 기도하는 것이다. 따라서 어느 정도의 균형을 유지했다. 그러나 고정된 규칙은 개인의 삶에 있어서도 무시할 수 없지만, 공동체에서는 결코 결여될 수 없다. 그래서 기도하는 시간 — 특히 이슬람, 유대교, 그리스도교 — 기도하는 방향 — 유대교는 예루살렘을 향하여, 그리고 이슬람에서는 무함마드에 의하여 예루살렘으로부터 메카로 옮겨짐 — 이 정해진다. 기도는 특정한 몸짓과 연결되어 있으며, 본래는 의례 자체 — 합장을 한다든가, 무릎을 꿇는다든가 하는 — 가 이미 기도이다. 몸짓의 언어가 말하는 언어보다 더 본질적이다(언어에 대한 행위의 우선성). 셈족의 문화에서는 주인은 앉고, 하인은 선다. 이것으로부터 **아바드**(abad, 종이 된다, 예배한다)라는 말이 유래한다.

일반적으로 기도는 두 가지 방향으로 발전한다. 첫번째는 신비주의적 방향이다(34절 참조). 기도가 신으로부터 무엇을 얻는 것이라는 생각은 여기서 배후로 물러나고 심지어 기도에서 소원을 말하는 것조차 멸시된다. 기도는 오히려 모든 힘과 전 인격, 전 존재를 바치는 행위이며, 자기 자신을 쏟아붓는 행위이다. 만약 기도에서 무엇을 요구한다면, 그것은 다만 "드릴 것을 가지려는 원"에 불과하다(Segond). 왜냐하면 기도하는 자는 이미 자기 속에 내재하는 힘으로 기도하기 때문이다. 이러한 기도에서는 무조건적으로 인격신이 필요한 것은 아니다. 그 반대이다. 그 전형적인 형태를 우리는 무신론적인 불교에서 찾아볼 수 있다. 신비적 기도는 오히려 일종의 상호작용이라 할 수 있는데, 성스러운 힘이 안에서 바깥으로, 그리고 바깥에서 안으로 흘러들어오는 것이다. 타울러 (Tauler, 약 1300~1361. 독일 신비주의자 — 역자 주)는 이것을 "마음이 하느님 안으로 올라감"이라고 표현하였다. 귀용(Guyon, 1648~1717. 프랑스의 신비주의자 — 역자 주) 여사는 기도하는 영혼을 "하느님 앞에서 쉬지 않고 타는 등불"과 같다고 하였고, 17세기의 신비주의자 마르게리트-마리 알라꼬끄(Marguerite-Marie Alacoque, 1647~1690. 프랑스의 수녀 — 역자 주)에 대해서 사람들은 말하기를 그녀의 영혼은 하느님 앞에서 마치 "화가를 기다리는 캔버스"와 같다고 하였다. 여기서 기도는 기도하는 사람의 심리적 뉘앙스에 따라 독백, 명상, 심화, **침잠**(Versenkung), 혹은 탈아적 도취가 될 수 있다.

또 다른 형태는 대화적인 기도다. 기도는 다른 사람과의 대화요, 여기서 인격과 인격의 접촉이 일어난다. 기도하는 사람은 자기의 소원을 말한다. 마치 좋은 친구나 아버지에게 하듯, 물질적인 것에 대한 자기의 소원도 표시하는 것이다. 이런 기도에는 투쟁과 평화도 있고, 무엇을 "강요"할 수도 있으나, 무엇보다도 먼저 "당신의 뜻이 이루어지소서"라고 간구한다. 왜냐하면 구하기도 하고 감사하기도 하며, 불평하기도 하고 찬미하기도 하는 이 모든 것에 있어서 기도의 가장 내적인 심층에서 문제가 되는 것은 오직 하느님 한 분뿐이기 때문이다. 철학적으로 보면, 이런 종류의 기도는 하나의 불성실한 짓이요, 심지어는 파렴치한 짓이기도 하다: "사람이 가장 외롭고 위기에 처해 있을 때 감히 감추어진 것 속으로 침입해 보고자 하는 끈질김이지만, 일상적인 습관이나 정해진 관습으로서는 하나의 의심스러운 고착증으로서, 철학은 이것을 단념한다(야스퍼스). 그러나 바로 그럼에도, 철학의 가르침을 받지 않는 진정한 종교는 즉흥적이고 순간적인 기도에만 머물러 있을 수는 없다. 주님, 친구, 아버지와의 규칙적인 교제만이 진정한 종교를 만족시킬 수 있다.

이밖에 많은 "성스러운 말들" 가운데서 우리는 첫번째로 **신탁**(神託, oracle)을 꼽아야 할 것이다. 신탁에서는 인간 이외의 다른 힘이 행동을 위한 하나의 지침, 즉 어떤 "징표"를 준다. 이 징표는 반드시 말일 필요는 없다. 그것은 던져진 주사위〔**우림과 투밈**(urim & tummim)〕일 수도 있고, 참나무의 속삭임〔도도나(dodona)〕, 짐승 내장의 특별한 배열〔바빌로니아, 에트루리아, 로마; haruspex들; 간(肝)식별법〕 혹은 하늘의 성좌일 수도 있다. 징표는 복잡한 학문과 연결되어 있을 수도 있다. 예를 들어 중국의 **풍수가들**은 모든 행위에 있어서 적합한 시간과 장소를 결정해 주며, 로마 시대의 **새 점장이들**(augur들)은 하늘로부터 땅 위에 투영된 일정한 지역(templum) 내에서 새의 비상을 관찰한다. 징표는 탈아경에서 남녀 예언자가 내뱉는 이해할 수 없는 소리일 수도 있다. 그러나 이런 징표들은 모두 말로, 즉 신탁어로 번역되어야 한다. 그러므로 야훼는 예언자가 필요하고, 델피(Delphi)의 피티아(pythia)는 해석자들 혹은 "신학자들"이 필요했던 것이다. 그리고 신들린 사람들이 내뱉는 성스러운 소리들도 번역되어야 한다. 초대 그리스도 교회에서 방언이 번역되어야 했던 것이 그 예다.

  이스라엘의 **율법**(torah)도 본래는 신탁어들을 모은 것이다. 사실 율법 자체도 역시 신에 의한 지시인 것이다. 리쿠르구스(Lycurgus)의 법도 **레트라이**(rhetrai), 즉 신탁어라 불렀다. 그러나 고대 이스라엘에서만큼 율법에 그토록 많은 경건성과 내면성이 연결된 곳은 없었다. 이스라엘 사람들은 하느님의 율법을 지켰을 뿐만 아니라, 그것을 사랑하기까지 했다. 그러나 우리는 여기서 ― 그리고 제2의 율법종교를 가진 페르시아에서도 역시 ― 지극히 강한 율법주의를 찾아볼 수 있다. 예언자들과 예수가 그것에 대해서 분노한 것은 잘 알려진 사실이다. "우리에게는 율법이 있고, 그 율법에 의하면 그는 죽어야 한다"(유대인들이 빌라도에게 예수가 죽어야 한다는 것을 주장할 때에 한 말 ― 역자 주)는 말에서와 같은 율법의 숭상은 비극적이게도 그 율법을 완성한 참 생명을 십자가에 못박아야 했다. 이보다도 더 율법을 지나치게 따진 페르시아에서도 부정(不淨)에 관하여 마누(Manu) 법전에 규정된 삶을 희생하는 온갖 종류의 율법 찬양에 대한 항의가 쟁쟁하다: "소녀의 입과 노동자의 손은 항상 정결하다."

  종교적 **교리**도, 특히 **신앙고백**이라는 그 최초 형태에서는, 일종의 성스러운 말이다. 이것 역시 "힘의 말"이다: 개종한 한 반투 혹인을 그의 가족들이 구토제를 먹여서 새 "신앙"을 포기하도록 강요한 일이 있다. 초대 그리스도교의 세례 때에는 신앙이 간단한 문장 형식으로 세례받는 사람에게 넘겨졌고(traditio ― 전수함), 그것을 받은 사람은 한 번 외운 다음에 다시 돌려주었다(redditio symboli — 상징을 다시 돌려줌). 원시인이든 아니든, 신앙고백 속에는 하느님으로부터 받은 힘이 들어 있다. 이 힘은 페르시아인들에게 있어서는 심지어 일종의 천상의 존재, 인간의 어떤 "혼"이 되어, 그 사람이 죽은 뒤에 아름다운 소녀의 형태(daena)로 그를 맞이한다.

문서를 가진 민족들의 경우에는 씌어진 말은 힘을 갑절이나 가진 것으로 여겨진다. 쓴다는 것은 그 자체가 힘을 행사하는 것, 즉 주술을 거는 것이다. 고대 게르만의 문자체계(futhark, 일종의 상형문자로 24개의 글자가 있었으나 바이킹족이 가진 체계에서는 15개의 글자가 있었음 — 역자 주)에서는 글자 하나하나가 주술적 가치를 가지고 있었다. 씌어진 말의 성스러움은 신의 충고의 계시로 간주되는 성스러운 문서, 율법, 예언, 환상 등에 가장 강력하게 나타난다. 이들은 **성전**(聖典)인 것이다. 그리고 흔히 이들에는 구체적으로 이해된 성스러움이 부착되어 있다. 이스라엘 사람들은 정경(正經)으로 인정된 책들은 "손을 더럽힌다"라고 말하는 반면 전도서(구약성서의 한 책 — 역자 주)와 같이 의심스런 책은 그런 작용을 하지 못한다고 믿었다. **토라**는 의례적 절차에 따라 필사되었으며 아도나이(Adonai, 주라는 뜻 — 역자 주)라는 이름은 특별히 성별된 펜과 잉크로 씌어졌다. 그러나 이스라엘의 종교는 그 유대교적 형태에 이르러서야 비로소 책의 종교, 그리고 율법의 종교로 나타난다. 이슬람에서는 이것이 훨씬 더 강하게 나타나는데, 이슬람 신학에서는 『쿠란』(Quran)이 그리스도교의 교리에서 그리스도가 차지하는 위치를 차지한다. 쿠란은 창조되지 않은 것으로 취급된다(가장 거친 형태로는, "두 표지 사이에 있는 모든 것이 하느님의 말씀"이며 종이와 잉크도 포함된다). 이슬람의 전승도 이와 일치한다: "나는 알라의 사자가 말하는 것을 들었다. 알라가 창조한 첫번째의 것은 펜이다. 알라는 펜에게 말했다: 써라! 펜은 물었다: 주님, 무엇을 쓰리이까? 알라는 대답했다: 최후의 날이 이르기까지의 만물의 운명을 써라." 그리고 경전은 언제나 해석되어야 하므로, 사람들은 심지어 경전의 학식을 찬양하는 일까지 한다. 이런 현상은 유대교와 그리스도교에서도 없지 않으며 잉크를 순교자의 피보다 더 귀하게 여긴다(Ernst Psichari, 1883~1914; 프랑스의 작가 —

역자 주). 그러나 건전한 신학은 여기서 멈춘다: "『쿠란』을 우리가 입에 담고, 쓰고, 암송하는 것은 피조된 것임에 비하여, 『쿠란』 자체는 피조되지 않았다. 우리는 신체적 기관들과 글자들을 수단으로 하여 말하지만, 알라는 도구와 글자 없이 말씀하신다. 글자는 피조된 것이지만, 알라의 말씀은 피조된 것이 아니다"(Fikh Akbar). 그러나 그리스도교 신학은 이미 그 전에서 멈춘다. 왜냐하면 거기서는 하느님의 말씀은 그리스도요, 성서는 그의 계시의 문서일 뿐이기 때문이다. 그러므로 그리스도교는 "책의 종교"가 아니다. 마즈다교(Mazdaism. Ahura-mazda 신을 믿는 Zoroastrianism — 역자 주)는 세계의 시초부터 계시를 담고 있다는 구전으로 전승된 기록(Avesta)이 있는데, 이같은 사상이 아마도 무함마드의 경전신학에 영감을 주었을 것이다. 인도 종교 외의 다른 종교들은 확실한 규범을 제공하고 있는 책들 — 구전된 것 — 이 있기는 하나, 그들은 본래 책의 종교들이 아니다. 그러나 티베트 불교에서와 같이 종종 책의 종교가 되기도 한다. 티베트 불교는 성전에 대한 대단한 열정을 발전시켰다. 해마다 이루어지는 대 제사의식은 세 가지 종류로 나뉘어 거행되는데, 첫째는 정경(正經) 108권 모두를 승려들이 다 읽는 것이요, 둘째는 12권만 읽는 것이고, 셋째는 간단히 발췌해서 읽는 것이다. 농토를 위한 기도도 매우 특징적인데, 라마들이 108권 가운데 84권을 지고 다닌다. 남자들은 각각 책 3권 내지 4권씩을 매우 거북살스럽게 등에 지고서 농토 주위를 도는데, 조그마한 토지라도 빼놓지 않는다. 봄 축제 때는 108권을 모두 읽는데, 라마들은 더 빨리 읽어나가기 위하여 낱장으로 된 것들을 분담해서 읽는다. 장구의 연관에는 관심을 가지지 않는다. 말이 지니고 있는 성스러운 힘이 풍성한 수확을 실현해 주기 때문이다.

 씌어진 신의 말씀에 대한 이러한 질량적 생각과는 대조적으로 또 다른 입장이 있는데, 그것은 해석을 통해 말씀에 생명을 불어넣고자 하는 일이다. 그러는 가운데 많은 모순들이 해결되고 사람들이 이해하지 못하거나 믿지 못하는 것들이 해명된다. 그러는 가운데서 해석이 **설교가** 되고 죽은 글자가 하느님의 살아 있는 좌우에 날선 칼이 되는 기적이 언제곤 다시 일어나는 것이다. 그런 기적이 신자들을 항시 강단 주위로 몰리게 하는 것이다.

또 한 종류의 성스러운 말에 대해서 논해야 하겠는데, 이것은 가장 중요한 것 가운데 하나다. **신화**가 그것이다. 신화는 말이요 이야기다. 가장 적절하게 정의하자면, 신화는 태고적 힘들에 대한 이야기로서, 이야기의 행위를 통해서 그 힘들은 재생되어 현재적인 힘으로 되는 것이다. 따라서 신화와 의례 사이에는 밀접한 관계가 있다. 이집트의 신화에 의하면, 언젠가 태양신이 눈(Nun), 즉 혼돈의 물로부터 태고의 언덕 위로 떠올랐다. 매일 아침 사제는 그 태고적 언덕 — 창조의 — 을 상징하는 성소에 들어가 태고적 사건을 재현한다: 태양이 밤의 어두운 물로부터 떠오르고, 세계는 다시 태어나는 것이다. 따라서 신화는 단순한 환상이나 시가 아니다. 신화와 그것의 규칙적인 반복에 인간과 세계의 전 존재가 달려 있는 것이다. 이것은 특히 그리스인들이 **성스러운 말씀**(hieros logos)이라고 부르는 종류의 신화에 들어맞는 것으로서, 그 말씀 속에서 구원을 창조하는 강력한 태고적 사건이 이야기되고 현실화되는 것이다. 주기적으로 반복되어야 할 떠돌아다니는 아람 사람들의 이야기(신명 26)는 그러한 **성스러운 말씀**이다. 그러나 무엇보다도 밀의(密義)종교들에서 중심되는 존재들의 이야기, 그들의 수난과 죽음의 이야기는 구원을 가져다주는 이야기로서 서술된다.

제 30 절

터부, 명령, 관습

터부는 이름을 붙인다는 뜻을 지닌 **타푸**(tapu)와 연관되어 있는 폴리네시아 말로서 특별히 주목되는 것, 두드러진 것을 가리키는 말이다. 우리는 앞에서 (제3절) **마나**가 비범한 인물이나 사물에서처럼 특별한 정도로 현존하는 경우에 확인된다는 것을 지적했다. 그것은 "어떤 의미에서 초자연적인 것"이다. 그러한 물질과도 같은 힘(Kraftstoff)이 쌓여 있어 그 공포와 위험성이 극도로 강조될 때, **마나**를 소유한 사물이나 인간을 터부라고 한다. 사람들은 그들을 다른 것들과 구별하여 어떤 특별한 것으로 주목한다. 그래서 터부는 우리에게 "고압선, 생명의 위험이 있음"이라는 경고판에 비교할 수 있다. 그리하여 예를 들면 어떤 특정한 결정적인 시각에는 먹거나 말하거나 일하는 것이 금지된다. 일요일에 일하는 것은 이미 구약에서 윤리적·종교적 동기에서 금지되었는데도 불구하고 아직도 많은 사람들에게 하나의 터부가 되어 있다. 튀링겐에서는 삼위일체의 날인 이른바 "황금 일요일"은 특별히 엄수되는 안식일로서 일체의 노동이 금지되어 있다. 어느 농부 소년이 그날에 자기 바지에 단추를 달았는데, 다음날 아침 고기를 낚다가 악천후를 만나자 번개를 피하는 유일한 수단으로 즉시 바지를 벗어 물에 던져버렸다. 이 경솔하게 꿰맸던 바지는 즉시 벼락을 맞고 일부가 타버리고 말았다. 힘이 "작용하는 것이며" 이 부당하게 발산된 에너지는 잘못을 저지른 사람은 아니더라도 그로 하여금 죄를 짓게 한 도구에 명중한 것이다.

터부로 이끄는 체험은 **불안**이다. 이미 루크레티우스(Lucretius, 기원전 1세기 로마 시인 — 역자 주)는 "두려움이 지상에서 최초로 신들을 만들었다"는 것을 알았다. 이 불안은 어떤 특정한 대상에 대한 공포가 아니라, 우리를 세상에서 외롭게 만드는 원초적인 감정이다. 어린이는 개를 두려워하지만, 불안은 어둠 속에 혼자 있을 때 느낀다. 이 불안은 긍정적인 의의를 지니고 있고, 종교와 밀접한 관계를 가지고 있다. 그리스인들이 말하는 **귀신들에 대한 두려움**(deisidaimonia)이나 이스라엘 사람들이 말하는 "하느님에 대한 두려움"이 그것을 말해준다. 불안은 어떤 특정한 대상이 없다. 오직 삶의 경계선에 있는 것, 키에르케고르가 말한 바 무한한 "가능성"만이 대상이 될 뿐이다. 곧 죽음, 혹은 인류의 삶과 관계되는 모든 것, 즉 인간의 모든 경험을 초월하는 것, 곧 신이다.

그러므로 사람들은 그러한 가능성들이 있다고 의심이 가는 경우 그것들을 피한다. **터부**에는 투른발트(Thurnwalt, 1869~1954. 독일 민속학자 — 역자 주)가 **회피**(Meidung)라고 부르는 행동방식이 상응한다. 피해야 되는 것은 "성스러운" 것인 동시에 금지된 것이며, "순결"한 동시에 "불결"하다(바로 신적인 것이 종종 불결한 것으로 취급된다. 인간의 삶에 개입하고 방해하기 때문이다. 성스러운 책들이 "손을 더럽힌다"는 말을 생각해 보라). 그것은 힘으로 가득 채워져 있고, 따라서 위험한 것이다. 터부는 또한 특정한 성스러운 장소들이나 사람들과 연결되어 있다. 힘이 유출되는 위험한 곳에서는 치명적인 흐름과 접하지 않으려고 조심하고 주의해야 한다. 흙으로 된 솥을 깨는 것을 셀레베스에서는 **메아사**(measa)라 하는데, 어떤 일을 착수하기 전날 저녁에 그것이 일어나면 집에 있어야 한다. 그리고 솥이 저절로 깨지면 여 사제가 와서 하늘의 주로부터 영혼물질(Seelenstoff)을 가져오지 않으면 안된다. 마찬가지로 사람들은 어떤 특정한 "힘을 지닌" 단어도 "피한다". 키르기젠(Kirgisen) 여자들은 늑대, 새끼 양, 물 그리고 갈대라는 일상적인 단어도, 우연히 그녀가 결혼해서 관계를 맺게 된 사람들의 이름의 한 부분에 나타나면 사용하지 말아야 한다(자주 나오는 성적 터부임). 그래서 그녀가 남편에게 강건너 갈대 숲에서 늑대가 새끼 양을 잡아갔다는 것을 말해야 한다면, 그녀는 다음과 같이 고쳐 표현해야 한다: "저기 울어대는 놈이 배배거리는 녀석의 새끼를 반짝거리는 것 저쪽 바스락거리는 것 가운데로 끌고 갔습니다." 이런 "언어 터부"에서 은

유와 우리가 시(詩)라고 부르는 것의 상당 부분이 유래되었다. 어떤 특정한 기간에는 조심하는 것이 가장 안전하다. 그래야 나머지 시간에 더 많은 자유를 누릴 수 있는 것이다. 이러한 의미에서 우리는 주기적 금식 — 어떤 음식의 터부 — 등을 이해할 수 있다. 마니푸르(Manipur, 앗삼 지역)에서는 여러 경우에 소위 **겐나**(genna)란 공동체적 터부를 지킨다. 그때는 마을의 입구를 막아버려서 마을 바깥에 있는 친구는 들어올 수 없고, 마을 안에 와 있는 외부인은 나갈 수 없다. 이때 남자들은 여자들 없이 음식을 만들어 먹는다. 그리고 매우 세심하게 음식 터부를 지킨다. 모든 장사, 어로, 사냥, 벌초, 벌목이 금지된다.

터부에서 가장 눈에 띄는 것은 그것이 전적으로 비합리적이라는 사실이다. 그것은 법률 조항도 아니고, 처벌의 위협도 없다. 그것은 처벌과는 전혀 비교할 수 없다. 증인이 없어도 준수되고, 법률 조항에 의거해 접근을 금하는 경고판의 권위를 지니고 있되 누군가가 뒤에서 모든 것을 지켜보는 경찰이 있다는 생각도 필요없다. 중부 셀레베스에서는 근친상간을 한 자를 죽이는 것은 형벌이 아니라, 죄악의 나쁜 결과를 범인 한 사람에게만 국한시키는 수단에 불과하다. 나푸(Napu)에서는 악행 뒤에 온 마을 사람들이 정화의례에 참여한다. 벌은 벌이 아니고 자동적으로 따라오는 결과에 불과하다. 터부는 "자동적으로" "작용한다". 우리가 중력의 법칙을 의심하지 않듯, 원시인들은 터부의 작용에 대해서 의심하지 않는다. 호윗트(Howitt, 1830~1908. 영국의 민속학자 — 역자 주)가 오스트레일리아에서 들은 바에 의하면, 쿠르나이(Kurnai) 부족의 한 소년이 나이가 어려서 허락되지 않았는데도 불구하고 오포숨(opossum, 남미나 오스트레일리아에서 발견되는 쥐의 일종 — 역자 주) 한 마리를 훔쳐서 잡아먹었다. 음식 터부에 의하면 오포숨은 일정한 나이가 되어야 잡아먹을 수 있는 것이다. 그것을 보고 노인들은 그 소년이 결코 어른이 될 수 없을 것이라고 말했다. 그는 드러누워 3주가 못되어 죽었다.

물론 이 터부는 항상 살아 있는 힘을 지닌 것은 아니다. 비록 아직도 무시 못할 힘을 지니고 있다 해도 터부는 종종 죽은 형태뿐일 수도 있다. 궁중의 예절들은 왕을 둘러싼 터부의 잔재들이다. 아무도 왕을 건드리면 안된다. 성스러운 것과의 접촉은 위험하기 때문이다. 필립 4세(1285~1314)의 부인 마리아가 도주하는 말 안장에 걸려 있는 것을 한 장교가 구해내었는데, 그 장교는 나라 밖으로 도망치지 않으면 안되었다. 그것은 언약의 궤를 건드렸기 때문에 죽은 우짜의 역사(2사무 6장)에서 생동적으로 작용했던 것의 죽은 형태라 할 수 있다. 예를 들어 인도네시아에서는 터부가 그것을 지키는 사람에게 어떤 특정한 토지들의 소유를 보장해 주는 데에 사용된다. 어떤 선교사는 나에게 다음과 같은 이야기를 들려주었다: 교회에 가기 싫어하는 원주민 그리스도인이 자기에게 말하기를 교회에 가는 길이 터부라고 말했다는 것이다. 주중에는 그는 아무 일 없이 그 길로 일터에 다니는 것이다. 이 모든 것은 한때 성스러운 힘에 대한 살아 있고 즉흥적인 반응이었던 것이 화석화된 것이다. "상당수의 터부가 일상 관습의 하나가 되었다 하여 반드시 세속적인 차원으로 떨어지는 것은 아니다. 매일 하는 기도의 습관이 완전히 세속적인 것이라 할 수 없듯이"(Marett). 우리에게는 아무리 순진하고 어리석게 보이더라도, 모든 터부에는 "네 발의 신을 벗으라. 네가 선 땅은 거룩한 땅이니라"라는 기분이 얼마간은 들어 있다. 그러므로 터부는 종교사에 있어서 지극히 중요한 개념이다. 왜냐하면, 그것은 성스러운 것을 두려워해야 할 것으로, 신적인 것을 그 가공할 형태로 계시해 주기 때문이다. "Religio"(현재 종교를 뜻하는 — 역자 주)란 단어는 "relegere", 즉 주의하다(neglegere, 소홀히하다는 것과 정반대의 말)란 단어에서 파생되었다. 인간과 신 사이의 관계에 대한 가장 중요한 단어가 터부를 지키는 것을 뜻한다는 것은 실로 주목할 만하다. 로마인들은 성스러운 것에 대한 주의와 고려에서 종교의 본질을 찾은 것이다. 어떤 갑작스러운 불행, 예를 들어 공중집회에서 누가 죽는 것과 같은 일은 초자연적인 힘이 작용한다는 **징조**(portentum)로서, 그것이 **사람들의 조심스러움의 대상이 되고**(venite in religionem populo) 그들에게 터부를 만들어 주며 사람들을 불결하게 만든다. 티베리우스 그라쿠스(Tiberius Gracchus, 기원전 162~132. 로마의 정치가 — 역자 주)는 어떤 집회가 순서대로 완벽하게 진행되지 않자, 까탈을 부리고 짐짓 의례상의 실수를 고백하면서 오로지 어떤 "터부(religio)도 나라에 남아 있지 않게 하기 위하여" 새 집정관을 선출하게 했다. 이것을 형식주의라 부를 수도 있을 것이다. 그러나 불안한 마음으로 그런 것을 준수하는 배후에는 성스러운 것에 대한 살아 있는 두려움이 숨어 있는 것이다. 로마인들은 모든 인류 가운데 자신들이 가장 경건하다고 생각했다. 오늘날 대부분은 정반대로 생각한다. 둘 다 옳다고 할 수 없지만, 종교에 대한 가장 아름다운 정의가 로마인 마수리투스 사비누스(Masuritus Sabinus, 64년경 죽음. 로마의 법학자 — 역자주)에 의하여 주어진 것은 주목할 만한 일이다: "종교적인 것이란 어떤 성스러움으로 인해 우리로부터 멀리 떨어져 있고 격리되어 있는 것이다." 우리가 이미 알고 있었던 것이지만 옷토의 위대한 연구 이후에 분명히 알게 되고 다시는 잊어버릴 수 없게 된 바와같이, 성스러움이란 "우리들로부터 격리된 것", "먼 것"(sepositum), "전적으로 다른 것"(das ganz Andere)이다. 이것이 바로 이스라엘 사람들이 "kadosch"(거룩), 로마인들이 "sanctus"(거룩)란 말로 나타내고자 했던 것이다. 그것은 종교에 있어서 가장 원시적인 것으로서, 신비스러운 힘 앞에서의 조심스러움, 전적으로 다른 것 앞에서의 두려움이다. 그러나 그것은 동시에 가장 숭고한 것으로서, 그 어느 인간의 마음으로도 알 수 없었던 것에 대한 전율 속의 경배이고 매혹 속의 공포이며 떨리는 사랑이다. 이사야 6장은 그것에 대한 고전적 증언이다: **거룩, 거룩, 거룩, 만군의 주님**. 그리스도교의 예배의식에도 **3중 거룩**(trishagion)은 마음 속 가장 깊은 곳에서 우러나오는 찬양이다. 이 성스러움은 윤리적 완벽함도 아니요 이성적 완전성도 아니다. 그것은 모든 도덕과 이성으로부터 완전히 독립된 것이다. 그것은 우리들의 언어와 사고가 중단된 곳, 성전의 깊은 곳(adyton), 격리된 곳, 휘장 뒤의 어둠에서 시작되는 것이다.

원시적 터부는 그것이 종교의 본질의 맹아를 가지고 있기 때문에 중요하다. 쇠더블롬이 바로 지적했듯이, 종교의 가장 본질적인 것은 신에 대한 믿음이 아니라 — 원시적인 종교와 문화종교 가운데는 그런 믿음이 없는 것들이 있다 — 전혀 다른 영역에 대한 의식, 현실의 이원성에 대한 의식, 성스러운 것과 속된 것의 대립에 대한 의식이다. "성스러운 것에 대한 표상이 없는 경건은 경건이 아니다. 누구에게 어떤 것이 성스럽다고 느껴지면, 그 사람은 경건한 사람이다." 성스러운 것에 대한 이러한 의식에 더 가까운 것은 비합리적인 것, 즉 계산적인 것이 아니라 원시적 터부 관념에서 느끼고 발견할 수 있는 것이지, 하느님을 모든 선의 정점으로 보는 도덕주의나 신을 사유 가능성의 최고 위치에 두는 합리주의가 아니다.

원시인이나 모든 시대의 경건한 자들의 경험이 다 일치하는 바이지만, 성스러운 것은 양면성을 가지고 있다. 심리학적 용어를 빌리자면, 그것은 두 가지 상반되는 감정을 불러일으킨다. 그것은 일종의 **두려운 신비**(mysterium tremendum)이다: "주님, 나에게서 떠나소서"가 모세로부터 루터에 이르기까지, 수피 신비가인 만수르 할라즈(Mansur Hallaj, 약 858~922)로부터 칼뱅(Calvin)에 이르기까지 반복되는 경건성의 후렴이다. 칼뱅에게는 하느님을 만나는 것은 마치 태양을 정면으로 쳐다보는 것과 같다. 그것은 눈을 못보게 한다: "성도들이 하느님의 임재를 감지할 때마다 충격을 받아 쓰러진다고 성경 도처에서 말하고 있는 그 두려움과 놀라움은 여기서 오는 것이다." 그러나 성스러운 것은 동시에 매혹하는 것이다(fascinans). 그것은 무한한 매력으로 사람을 매료하고 묶으며 인간의 가장 깊은 사랑을 요구한다. 가장 높은 사랑과 가장 깊은 미움이 밀접하게 병존하는 것이다. 그런 것을 욥은 알았다. 그는 전능하기는 하나 정당하지는 않은 자에 대하여 불평을 토로했으나 결국 그의 압도적 현존 앞에 겸손과 경배로 머리를 조아렸다. 예수의 제자들, 특히 베드로도 그런 것을 알았다. 그는 엄하고 이해할 수 없는 분에 대한 놀라움과 부드럽고 겸비한 구세주에 대한 사랑을 "주는 그리스도시요 살아 계신 하느님의 아들이니이다"라는 저도 모르게 나온 절규 속에서만 합칠 수 있었다.

터부가 규칙적이 되면 성스러운 법이 되는데, 이에 대해서는 이미 앞에서 논의하였다. 터부는 어떤 관습으로 이끈다. 신을 만나는 사람은 특정한 행위로 반응한다. 그런 만남이 규칙적으로 반복되면 하나의 확고한 행동양식이 생긴다. 이 행동양식은 종종 단순히 전통의 권위, "오랜 관행"의 권위로 느껴지는 권위에 의한 것이다. 그러나 사실은 이 권위는 신적인 힘으로서 이것이 관습 형성의 계기를 제공하는 것이다. 이 관습이 그 힘과의 교제를 유지하는 데 충분하지 못하면 **금욕**(asceticism)을 통하여 강화된다. 금욕은 그 힘에 대한 특별한 방식의 행동으로서, 그 자체가 힘을 만들어 내고 그럼으로써 힘과의 교류가 위험하지 않게 될 뿐 아니라 나아가서 유익하게 되는 것이다. 이미 보았듯이 인도의 **타파스**(tapas, 금욕이라는 뜻과 열이라는 뜻을 함께 지니고 있음 — 역자 주)는 열을 발생시킨다.

성스러운 행위 II.

내적 행위

제 31 절

종교적 경험

서론에서 이미 우리는 내적 행위와 외적 행위가 상반되는 것이 아님을 지적하였다. 모든 가시적이고 가청적인 행위는 내적 본질을 가지고 있고, 반대로 모든 내적 경험은 이런저런 방법으로 바깥으로 나타난다. 그래서 외적 표현 없는 내적인 종교적 경험이 없고, 경험적 내용이 없는 종교의례도 없다. 다만 외적으로 지각될 수 있는 것에 결정적인 강조가 주어지는 경우에 우리는 그것을 외적 행위로 취급하며 ― 그리고 그 체험적 내용을 발견하려 노력했음 ― 그 반대로 내적 사건이 우리들에게 매우 분명히 나타나는 경우는 그것을 내적 행위로 논의할 뿐이다(그리고 역시 그 외적 표현을 찾으려 노력함).

종교적 경험은 또한 집단적 의례와 대조되는 순수히 개인적인 것이 아니다. 의례가 아무리 공동체적인 일이라 하지만, 개인에 의하여 경험되지 않으면 완전한 현상이 못되며, 반대로 종교적 경험도 다른 사람에 의하여 공유되지 않으면 완전하지 못하다. 다른 사람과 공유할 수 있어야만 이해될 수 있고 전달될 수 있는 것이다.

그리고 우리는 종교적 경험을 이미 낡은 것이 되고 만 기능심리학의 분류에 따라 감정에만 국한시켜서는 안된다. 물론 감정이 개입되지 않는 경험은 있을 수 없으나, 의지나 이해가 없는 경험도 없다. 경험은 전체 인격의 것이요, 인간과 힘의 만남이다.

종교적 경험의 연구는 우리가 결코 도달할 수 없는 한계에 대한 추구이다. 경험 그 자체는 우리에게 주어지지 않는다. 그것은 우리의 삶에 있어서 언제나 지각될 수 있는 현상으로서 등장한다. 즉, 비록 그것이 반드시 어떤 의례나 가시적 행위가 되어야 하는 것은 아니지만, 그것은 외적 형태로 등장한다. 그러나 모든 현상은 그것이 바로 경험인 한, 그리고 경험이기 때문에 파악될 수 있는 것이다. 내가 어떤 제단을 볼 때, 나는 그것을 내가 신을 만날 수 있는 성스러운 곳으로서 파악한다. 내가 그렇게 할 수 있는 것은 하느님을 찾은 수많은 세대의 인간들의 경험이 그 돌에 응고되어 있기 때문이다. 주님 자신을 내가 파악할 수는 없다. 마찬가지로 경험 그 자체를 파악할 수도 없다. 다만 양자가 둘이면서도 하나임을 파악할 수 있을 따름이다.

제 32 절

탈 아

우리는 샤머니즘과 관계해서 이미 탈아적 현상에 대해서 거론한 바 있다. 그러나 여기서는 탈아 그 자체에 대해서 몇 마디 언급해야 하겠다. 낱말 자체가 이미 탈인격화를 시사한다. 탈아경에서는 사람이 자기 자신을 잃는다. 자기가 자기 바깥으로 나가는 것이다. 이것은 다른 어떤 존재가 자기 속으로 들어온 결과로 생기는 것이다. 그것이 귀신일 수도 있고, 죽음의 영일 수도 있다. 그런 경우를 우리는 (**신**)**들림**이라 한다. 그러나 어떤 경우이든, 탈아란 자신의 삶이 다른 어떤 누멘적 삶을 위해 후퇴하는 것을 뜻한다.

  영이 임했을 때, 삼손이 나귀 턱뼈 하나로 일천 명을 죽이고 원수들 위에 신전이 무너지게 한 것은 그 좋은 예다. 구약의 예언자들에서 "야훼의 영"은 탈아를 전제로 한다. 엘리야(Elijah)가 비를 위해 야훼와 씨름한 후 "야훼의 손"이 그의 위에 임하자, 그는 갈멜 산에서 이즈르엘까지 왕의 수레를 앞질러 달린다(1열왕 18장). 고대 게르만족의 **웅전사**(熊戰士, berserker)들은 싸울 때 탈아의 상태로 들어가서 광기 속에서 적들을 무찔렀다. 그리고 난 다음 그들은 본래의 자신들로 돌아왔으며, 보통 때보다 더 약하게 되었다. 판 리어(Van Lier)가 말하는 바에 의하면, 수리남의 듀카족은 신이 들리면 고통을 느낄 수 없고, 보통 때의 지능이나 육체적인 힘을 10배나 쓸 수 있다 한다. 어느 듀카 여인은 말하기를 "**하느님**(Gadu)이 내 안에 있으면, 내 눈앞이 뱅뱅 돈다"고 한다. 그들은 몸을 떨며, 시선은 멍해지며, 음성은 달라지게 된다. 그리고 난 후에 그들은 신들렸을 때에 일어났던 일에 대해서 아무것도 기억하지 못한다.

  탈아상태에서는 항상 어떤 강압적인 것이 있으며 자신 속으로 어떤 낯선 힘이 세차게 들이닥친다. 그러기 때문에 탈아경과 더불어, 혹은 그것 없이도 온갖 종류의 현상이 나타날 수 있다. 예컨대 탈아적 신비주의가 있는가 하면 같은 신비주의적 현상이면서도 평화롭고 조화 속에서 진행되는 경우도 적지않다. 탈아적 예언도 있는가 하면 사려깊은 예언들도 있다. 그래서 플라톤도 탈아적 예언(divination)과 조용하고 사려깊은 예언을 구별하였다. 탈아에 빠지게 하기 위하여 흔히 인위적인 수단을 사용할 때 그 강압적 성격이 드러난다. 아편, 하쉬스(haschisch), 담배, 알코올과 여러 다른 약물들이 사람을 도취하게 만든다. 가령 고대 인도에서는 불멸의 생명을 선사한다는 **쏘마**(soma) 음료가 사용되었다.

그러나 도취는 즉흥적으로도 일어난다. 삶이 넓어지고 확장되면서 모든 경계가 사라지는 현상이 일어나는 것이다. 그때 사람은 공중에 붕 떠서 모든 중력이 사라지는 느낌을 받고, 일종의 진공상태가 생기는 기분을 느낀다. 그러나 이 진공은 충만과 상관관계를 지닌 진공이다. 탈아에는 **열광**(enthusiasm), 즉 신으로 충만하게 되는 현상이 상응하는 것이다. 이것이 종교적 현상을 정신병과 구별해 준다. 자신의 삶이 어떤 누멘적 힘에 자리를 내어주기 위하여 후퇴하는 것이다. 신이 인간 속에 있어서 그를 통하여 말하고 그를 통하여 행동한다. 인간은 신내재적(神內在的, entheos), 즉 신적 힘으로 가득 채워지는 것이다.

탈아적 도취는 원시적 샤머니즘에서 플라톤의 『향연』에 이르기까지, 인도의 **쏘마** 음주자로부터 이스라엘의 예언자들에 이르기까지 종교에서 차지하는 의의는 매우 크다. 우리가 이미 언급한 것과같이 비록 탈아가 종교적 현상들에 항상 따라다니는 것은 아니지만, 바로 강압적인 것에 진정한 종교가 빼놓을 수 없는 어떤 것이 있는 것이다. 신은 강압적이 아니면 들어오지 않고, 들어오면 사람을 집에서 몰아낸다:

> 그러나 그대들에게 도취는 적합하지 않나니 — 그것을 거부하는 자는
> 결코 지고(至高)의 하느님과 하나가 되지 못했도다.
> [스테판 게오르그(Stefan George), 1868~1933. 독일의 시인 — 역자 주]

제 33 절

회 심

우리는 앞에서 사춘기 등에서의 통과의례에 대하여 언급한 바 있다. 물론 이런 의례에는 내면적 통과가 전제되어 있다. 여기서도 역시 의례란 내면적 사건의 외적 형태인 것이다. 외적 사건은 물론 주기적이고 규칙적이며 사춘기나 결혼 등과 같이, 역시 하나의 규칙에 연결되어 있는 내적 통과들에 상응한다. 통과 하나하나는 모두 새로 태어남이요 다시 태어남이다. 이집트인들의 **홈 안흐** (whm anch)라는 표현이 그 전형적인 예로서 "삶을 반복한다"란 뜻을 가지고 있다. 산다는 것은 하나의 통과에서 또 다른 통과로 삶을 되풀이하는 것이다.

그런데 이러한 반복은 또 하나의 전혀 다른 계기에 의해 파괴될 수 있다. 즉, 삶이 예속하는 대상의 변화로서, 이 변화는 적어도 종극에 가서는 더 이상 반복되지 않는다. 여기서 우리는 삶에 대한 두 가지 원시적 관점, 즉 주기성과 **터부**가 만나는 것을 본다. 이 둘이 합쳐져서 함께 제3의 것으로 이어지는데 그것이 바로 **회심**이다.

터부에는 아무런 이유도 고려되지 않는 일종의 **당위**(du sollst)가 숨겨져 있다. 성스러움의 의식은 우리 영혼에 어떤 명령, 대체로 어떤 금지의 형태로 임한다. 이 명령은 어떠한 심사숙고에도 근거해 있지 않으며 직접적으로 주어지며 다른 어떤 것으로부터 도출될 수 없으며 아무런 숙고도 없는 복종을 요구한다. 우리가 오늘날에 이르러서야 비로소 터부가 최초의 정언명령(定言命令, categorical imperative)이란 사실을 발견한다는 것은 놀라운 일이다. 우리는 지극히 자명한 사실을 발견하기 위하여 정신분석학자들을 필요로 하는 것 같다. 그 대가로 그들이 우리에게 전혀 자명하지도 않은 많은 것들에 대한 믿음을 요구하고 있다는 사실은 지극히 당연한 일이라 하겠다. 칸트적 정언명령이 실로 쾨니히스버그의 철학자에 의해 비로소 철학에 도입된 것은 사실이나, 그렇다고 해서 인간의 삶에 처음으로 도입된 것은 아니다. 목적도 결과도 전혀 고려하지 않고 무조건적인 복종을 요구하는 내적 명령은 인류 자체만큼이나 오래된 것이다. **양심**이란 것은 가장 고상하게 이해하면 정언명령과 똑같은 절대성과 비합리성이라는 특징을 가지고 있다(루터는 양심을 거슬러 행동하는 것은 안전하지도 못하고 윤리적으로 정당화되지도 못한다고 한다). 터부란 따라서 제인 해리슨의 특징적 정의에 의하면 "최초의 정언명령이며 성스러움, 곧 신성(神性)에 선행하는 성스러움의 아버지이다". 이 마지막 말을 잊어서는 안된다. 성스러움이란 명령(혹은 금지), 법의 형태로 마음에 임한다. 복종은 인간이 성스러운 것 앞에서 보이는 반응이다. 이것은 심지어 칸트에게서도 나타난다. 그는 결코 도덕주의자가 아니었고, 그가 말하는 **실천이성의 수위성**(首位性)도 도덕적인 것보다는 오히려 직관적이고 "비합리적"인 것을 합리적인 것보다 선호하는 것이다.

따라서 우리가 터부나 양심을 거론한다 하여 종교의 영역으로부터 도덕의 영역으로 가는 것은 아니다. 왜냐하면 종교란 도덕적으로 완전한 것 이상이기 때문이다. 이미 고대 이집트인들도 양심을 "우리 마음 속에서 말하는 신의 목소리"라 불렀다. 이렇게 볼 때 종교가 도덕으로 해소되는 것이 아니라 오히려 도덕이 종교의 영역으로 고양되는 것이다. 선을 행한다는 것은 신의 뜻을 행하는 것이다. 물론 여기서 말하는 도덕이란 어떤 법전에 기록될 수 있을 정도의 구체적인 것을 말하는 것이 아니다. 그런 것은 사람들이 선한 길을 걷고 다른 사람으로 하여금 선한 길을 걷도록 하기 위한 선의의 인간들의 성실한 시도이다. 그러나 신에게는 그런 법이 존재하지 않는다. 이런 점에서 신은 물론 전능하지만 정의롭지는 않다. 욥보다 훨씬 이전에 이미 바빌론의 시인은 말하기를 우리가 선이라고 하는 것이 신에게는 악이고, 우리가 악이라 하는 것이 신의 눈에는 선으로 보이는 것 같다 하였다. 그가 "전적으로 다른 것"인 한 그의 길은 결코 우리의 길이 아니다. 다른 한편, 여기서 문제가 되는 것은 내용이 없는 단지 형식적인 정언명령이 아니다. 그런 것은 철학에서는 통할지 모르나 구체적인 삶에는 아무 의미가 없다. 성스러운 것에 대한 의식은 양심의 발언들 속에서 현실화되는데, 이러한 발언들은 시기와 상황에 따라서 변하지만 모두 영감으로 다가오고 직접적인 필연성으로 다가온다. 여기서 우리는 도덕적 삶의 현상학에 접하게 된다. 종교와 삶의 궁극적인 통일성은 어떤 특정한 도덕 법전이 어떤 종교 — 그것이 무엇이겠는가? — 와 연결되는 데서 오는 것이 아니다. 오히려 나와 다른 사람들에게 이 순간 혹은 저 순간에 항시 달리 주어지는 명령이 명령, 그것도 절대적인 명령이 되는 것은 그것이 오로지 성스러운 것의 현존 앞에서 거부할 수 없는 요구로 다가오기 때문이다. 우리가 양심을 이야기할 때, 우리는 항상 정신적 삶에 우리가 어떤 방향을 제시하는 듯한 순간을 의미한다. 그러나 사실 그것은 우리의 의식은 뒤로 물러가고 신이 우리의 삶에 방향을 제시하고 우리를 인도하는 순간인 것이다.

종교적인 삶에서는 종교적인 것과 윤리적인 것이 각각 자체의 요구를 가지고 등장하여 긴장을 초래한다. 미적·윤리적·종교적 요소들이 서로 섞여 있었던 원시적 단계가 지나가자, 종교적 방향 혹은 윤리적 방향으로의 단순화가 시작되었다. 종교적 방향으로의 분화는 신비주의에서 가장 강하게 나타나는데, 흔히 윤리적인 것을 전적으로 소홀히하는 경우가 있다. 율법의 행위에 대해서 반대하는 사도 바울로의 입장도 도덕주의에 대한 순수 종교적 반동으로 이해될 수 있다. 율법이 죄, 따라서 은혜가 커지도록 하기 위하여 주어졌다는 생각과 같은 것은 끊임없이 무도덕의 경계에 근접하며, 도덕이 결여된 종교를 거부하기 위하여 그가 반복해서 사용하는 **그럴 수 없느니라**는 말은 그가 이러한 위험을 의식했다는 것을 짐작하게 한다. 다른 한편으로는 신비주의와 맹신에 대해서 도덕적 의식도 매우 강하게 반동한다. 예를 들어 **계몽주의**(Lessing, Kant) 시대가 그러했고, 우리 시대에는 소위 도덕적 현대주의가 그러하다. 그 대표자들 가운데 어떤 사람들은(Hooykaas) 신에 대한 믿음을 선의 가장 고귀한 권리에 대한 도덕적 확신으로 해석하고, 윤리적 진지성을 강조한 나머지 신의 인격성과 위엄성을 단지 이성적인 것으로서 포기해 버렸다. 이러한 진지성은, 의도는 선했지만 종교적으로는 피상적이었던 자유주의의 오랜 특징이었다.

여기서 우리는 종교와 윤리의 갈등에 대해서 더 깊이 논의하고 싶은 유혹이 없지 않다. 그것은 정신적 삶의 영역에서 가장 두드러진 긴장 가운데 하나가 되는 것으로서, 변신론(theodicy)의 문제로 신의 본성 문제에까지 침투했으며, 욥(Job)과 그리스 비극작가들, 그리고 키에르케고르와 입센 등도 심각하게 다루었다. 이 긴장은 그리스도교에서도 결코 해소되지 않고 오히려 감내해야 할 것으로 남아 있다. 왜냐하면 그리스도의 인격에서 윤리적인 요구와 신적인 위엄, 윤리적인 것의 유한성과 종교적인 것의 무한성이 동시에 우리에게 다가오기 때문이다. 이성적 방법으로 이 긴장이 해소될 수는 결코 없다. 다만 한 윤리적·비합리적 인격에서 체험적으로 해소될 뿐이다.

회심도 어떤 의지의 변혁을 수반하며 옛것으로부터 떠나 새로운 삶의 자세로 의식적인 전향을 한다는 의미에서 종교-윤리적 성격을 강하게 지니고 있다. 여기서도 역시 회심에 대한 우리의 이해에 아직도 꾸준히 인격적·윤리적 요소를 강조하고 있는 것은 성서이다. 회심이 비록 다른 예언자적 종교에서도 발견되며 이미 헬레니즘에서도 부주의로부터 경건으로의 **전환**(epistrophe)이 회심의 일종의 준비 형태로 나타나며, 아풀레이우스(Apuleius)가 서술한 바와같이 이시스(Isis) 밀의종교에서는 개별적으로 진정한 회심의 형태가 등장하는 것도 사실이지만, 노크(Nock, 1902~1963. 미국의 그리스 종교사가 — 역자 주)가 보여준 대로 회심은 주로 그리스도교적 개념이다. 구약에서는 하나의 의식적인 "전회"로서 민족이 하느님께로 회심하며(히브리어 단어에 이미 이 뜻이 포함되어 있음), 복음서는 "회개하라. 하느님 나라가 가까웠느니라"라는 회심의 부름으로 시작하고 있다. 이 두 경우 모두 윤리-종교적 인격체를 향하고 있다. 그러나 여기서 윤리적인 것이 우세하다거나 독자적으로 등장한다는 것은 아니다. 악으로부터 선으로의 "전회"는 물론 매우 유익한 것이다. 그러나 그것은 종교와는 아무 관계가 없다. 회심은 어디까지나 종교적 사건이다.

여러 나라와 종교들에서 회심에 대해서 이야기할 때 사용하는 말들, 즉 옛 사람과 새 사람, 거듭남, 죽음과 다시 살아남, 새로운 시작 등은 개념적으로는 원시인들의 성별의례, 특히 성인식을 생각나게 한다. 심지어 이름을 바꾸는 것

— 사울에서 바울로 — 까지도 비슷하다. 사춘기는 역시 자아 인식이 어떤 때는 급작스럽게, 어떤 때는 서서히 변하며 어떤 때는 하나의 새로운 인격체로 성장하거나 급변하기도 하는 시기로서, 회심의 심리적 과정이 일어나는 최적의 기회이다. 원시인들의 의례와 회심의 심리적 배경은 실로 동일한 것이다. 우리는 이것을 다음과 같이 말할 수 있다: 삶의 교의(教義)적 구분은 현실적인 심리적 사실에 근거해 있고, 의례라는 상층구조는 심리적 사실이라는 하층구조에 근거해 있다고. 물론 어떤 학자들처럼 회심을 전적으로 사춘기 현상으로 특징지어 버리고 그것을 성적 성장 과정으로만 설명하는 것도 어리석은 일이다. 이것은 어떤 현상의 근원, 심지어 심리적 근원이라 해도 역사적 현상으로서의 그 성격을 전적으로 결정할 수 없음을 간과하는 일이다. 많은 것들이 사춘기와 성에 관계되어 있는 것이 사실이며 미적 영역도 그러하다. 그러나 그렇다고 해서 그것들이 전부 사춘기와 성적인 것으로 환원될 수 있는 것은 아니다. 더군다나 역사적 현상으로서의 회심은 전혀 사춘기에 묶여 있지 않다. 회심은 어떤 연령층에서도 나타난다. 그리고 제임스(James, William)가 아주 멋지게 제시한 바와 같은 매우 단순한 심리학적 서술을 따른다 하더라도, 회심은 결코 특별한 연령이나 성적 성숙 과정과 필연적으로 연결되어 있는 것은 아니다. 오히려 심리학적으로, 회심의 과정은 무의식 혹은 전의식의 경험체계가 의식으로 옮기는 현상으로 가장 잘 설명될 수 있는 것으로 보인다. 무의식적인 것이 의식적인 것으로 바뀌는 과정은 천천히 일어날 수도 있지만, 어떤 돌파와도 같이 갑자기 일어날 수도 있어서 그 주체는 그것을 신의 직접적인 개입으로밖에는 이해할 수 없는 어떤 기적으로 체험한다. 배태기라고도 할 수 있는 길거나 짧은 기간 동안, 무의식 속에 무엇이 쌓여 있다가 어떤 조그마한 원인에 의하여 의식적 삶으로 뚫고 들어오는 것이다. 무의식 속에 자신이 소유한 것이 무엇인지 몰랐던 사람으로서는 자기가 새로 태어났고 새 사람이 되었다고 느끼는 것이다. 회심과 더불어 전혀 새로운 삶을 시작하며 그리스도인들은 그것을 하느님의 새로운 창조, 혹은 성령으로 말미암은 거듭남으로 평가하지만, 그 인간학적 기초는 의식 내용의 전이에서 찾을 수 있다.

회심으로 이끄는 계기는 상대적으로 그렇게 중요하지 않다. 예를 들어 성서 — 아우구스티누스나 그외 수많은 사람들 — 나 『쿠란』의 구절을 읽거나 듣다가 회심하는 경우 같은 것이다. 평소에 늘 들었던 말이나 갑자기 전혀 새로운 의미를 지니게 된 것처럼 나타나는 것이다. 회심은 흔히 매우 갑자기 일어나서 정확한 날짜와 시간까지 댈 수 있다. 유명한 『파스칼의 회고록』은 "은혜의 해 1654년, 11월 23일 월요일, 교황 성 클레멘트의 날, 성 크리스토퍼 제일의 전야, 열시 반부터 12시 반까지"로 정확한 시간을 제시하면서 시작한다.

회심에 대한 이런 일반 심리학적 서술은 왜 여러 종교들의 차이에도 불구하고 회심의 현상이 놀랍게도 비슷한가를 잘 설명해 준다. 물론 뉘앙스의 차이는 있지만, 이슬람 신학자요 신비주의자인 알 가잘리(Al-Ghazali, 1059~1111)와 아우구스티누스의 회심이 중요한 점에 있어서는 서로 크게 다르지 않다. 그리고 그것은 역회심, 즉 신앙에서 무신앙으로 넘어가는 과정도 회심과 똑같은 과정으로 체험되는 이유를 잘 설명해 준다. 바뀌는 질료의 내용은 우선 아무래도 좋다. 제임스는 그런 역회심에 대해서도 매우 적절하게 서술하고 있다. 이에 대한 좋은 예는 로망 롤랑의 전기적 소설 『장 크리스토프』의 제3부에서도 찾아볼 수 있다. 전혀 다른 영역에서도 우리는 회심을 발견한다. 그리하여 중국의 철학자 왕양명(王陽明)도 "회심"했다. 그는 잠 못 이루는 어느 날 밤에 갑자기 인간의 "본성"이 모든 것을 설명한다는 통찰에 도달한 것이다. 이 철학적 통찰과 함께 그는 고함을 치고 벌떡 일어나 모든 체면을 다 잊은 가운데 돌아다니면서 춤을 추었다 한다.

일반 심리학에서는 회심에서 이동하는 표상의 내용이 일단 중요하지 않다고 하더라도, 체험하는 주체에게는 그것이 물론 가장 중요한 사항이다. 그는 심리적인 과정 속에서 자신의 삶을 새롭게 하는 하느님의 행위를 체험하는 것이다. 제임스의 이론이 초월적인 힘이 개입할 수 있는 공간을 허용하고 있다는 것은 매우 주목할 만하다. 무의식 속에 누가 새 생명을 불어넣는지, 왜 어떤 특정한 시간에 그러한 변혁이 일어나는지는 결국 심리학적으로는 설명될 수 없는 일이다.

이런 형태의 갑작스러운 회심과 더불어 특히 현대 그리스도교에서는 또 다른 종류의 회심을 말하고 있다. 그것은 하나로부터 다른 것으로의 다소 급격한 전이가 아니라 하나의 긴장이다. 어느 하나가 먼저고 다른 것이 나중이 아니라, **전적으로** 서로 다른 의식의 내용이 동시에 존재하는 것이다. 어쩌면 이것은 회심으로 논의될 수 없을지도 모른다. 다만 그러한 체험이 회심과 근본적으로 연결되는 요소란, 예전의 삶과 새로운 삶이 전혀 조화될 수 없다는 의식이다. "옛 사람"과 "새 사람"이 계속해서 한 삶 속에 나란히 존재하나, 새 사람은 항상 다시 완전히 "새롭게" 체험되며 체험의 "자연적인" 재고로는 설명될 수가 없다.

적어도 위에 제시된 의미들 가운데 어느 것이든 회심은 인간의 대부분의 종교적 경험에서 중요한 역할을 한다. 그럼에도 우리는 회심이 종교적 경험에서 불가결한 것이라고 주장해서는 안된다. 이 점에 대해서는 제임스도 **한 번 태어난 자**(once-born)와 **두 번 태어난 자**(twice-born)의 구별을 통해 경고한 바 있다. 투쟁 없이는 하느님께 나아가지 못하는 사람들이 있으며, 의심의 여지 없이 이런 사람들이 압도적 다수를 이루고 있다. 그러나 갑작스런 변혁이나 서서히 이루어지는 변이조차 없이도, 마치 꽃이 태양을 향해 자라듯 하느님께로 자라는 사람들이 있다. 이런 **건강한 마음을 가진**(healthy-minded) **자**들의 신앙에 대해서는 아직도 마지막 말이 남아 있다. 그러나 그러한 신앙이 아마도 우리들에게는 불가능하거나 혹은 생각조차 할 수 없다는 사실이 그런 것의 존재를 부정하는 충분한 근거가 되지는 못한다. 위의 구별은 우리가 이미 여러 번 접한 바 있는 또 하나의 구별과 교차한다: 회심이란 삶의 주기 가운데 한 단계, 원시적·신비주의적 의미에서의 한 "통과"일 수 있으며, 혹은 무조건적인 의미에서의 신의 행위로 체험될 수 있다. 즉, 하나의 철저한 종말이자 전적으로 새로운 시작, 곧 하나의 새로운 창조로 체험될 수 있다.

제 34 절

신 비 주 의

우리는 신과 인간간의 관계에 대해서 그것이 어떻게 외적으로는 제의를 통하여, 그리고 내적으로는 영적인 삶의 과정을 통하여 인식될 수 있는가를 논의했다. 그런데 신비주의는 하나의 보편적인 흐름으로서 최종적으로는 신과 인간간의 관계를 지양해 버린다. 우리가 출발점으로 삼은 주체와 객체의 관계가 신비주의의 가장 높은 단계에서는 존재하지 않는 것이다. 거기서는 소위 **주체-객체의 분열**이 사라지고 만다(야스퍼스). 신과 인간, 나중에는 인간과 세계가 하나로 되어버리는 것이다.

신비주의는 세계적이다. 우리는 신비주의의 특징을 세세한 부분에 이르기까지 모든 지역, 모든 시대, 모든 종교에서 확인할 수 있다. 가장 완벽하고 확실한 형태로는 소위 **수피즘**(Sufism)에서 나타나는데, 이슬람교 신자들간에 나타난 영적 흐름으로서 주로 이슬람교도가 된 페르시아인들 사이에 왕성하고 서기 10세기에 시작된 것이다. 만수르 할라즈(Mansur Hallaj, 922년 사망)에게서 우리는 힘이 넘치고 일관된 신비주의를 볼 수 있다. 그는 순교했는데, 그가 처형당한 것은 그가 "나는 진리다"라고 선언했기 때문이다. 이슬람 용어에서는 진리는 신과 동일한 것이다. 모세든 무함마드든 셈족의 신 개념에서는 신과 인간 사이에는 엄청난 거리가 존재하므로, 양자를 동일시하는 것은 끔찍한 이단이 아닐 수 없다. 수피는 실로 나쁜 무슬림인 것이다. 우리가 여기서 조심해야 할 것은 이같은 주객 분열의 지양이 단순히 인간의 교만 때문이라고 해석하지는 말아야 한다는 사실이다. 나중에 우리가 보겠지만, 사람들은 이러한 결론에 쉽게 도달하며 아마도 불가피한 결론인지도 모른다. 그러나 이미 수피 자신들이 말하듯, 스스로를 진리라고 말하는 것은 만수르 자신이 아니라 만수르의 입을 통해서 말하는 하느님 자신이다. 만수르는 자기 자신을 상실해 버린 지 이미 오래이기 때문이다. 모든 정체성이 지양되면, 하느님과 인간은 서로를 서로 안에서 발견하는 것이다. 수피즘은 이런 생각으로 가득 차 있고, 인용문을 열거하자면 한도 끝도 없을 것이다. 그러나 바야제트 바스타미(Bajazet Bastami)의 아주 특징적인 말 몇을 인용함으로써 만족하려 한다: "나는 하느님으로부터 하느님께로 나가던 바 마침내 누군가가 내 안에서 나로부터 부르는 소리가 들렸다: '오 나인 그대여, 오 나인 그대여'." 여기서 이 신비주의자는 표현 때문에 애를 먹고 있다. 말과 개념들과 씨름하고 있는 것이다. 어떤 개념을 사용하든 그것이 다른 개념으로 넘어가 버리며 하나도 충분한 것이 없다. 모든 단어가 역설적이다. 왜냐하면 말할 수 없는 것에 대해서 말해야 하며, 형상을 떠난 것에 형상을 부여해야 하며, 도달할 수 없는 깊이를 측량해야 하기 때문이다.

주객 분열을 지양하는 신비주의의 심리학적 전제를 찾기 위해서는 우리는 인간의 정신 역사의 아주 오랜 과거로 거슬러올라가야 한다. 원시인들은 그들의 정신생활에 있어서 오늘날 우리들만큼 주체와 객체의 기본적인 대립에 의존하지 않는다. 우리가 오늘날 뚜렷한 경계와 윤곽이 분명한 상들을 보는 반면에 원시인들은 사물들간의 이행(移行)과 상호유입을 본다. 하나를 다른 것 속에서 발견하는 것이다. 우리는 어떤 사물을 그 주위를 둘러싼 다른 것과의 올바른 관계 속에 놓고 그것을 분석하고 정의하는 가운데 **인식**하지만, 원시인들은 우리가 합리적으로 이해할 수 없는 방식으로 그 사물에 동참함으로써, 즉 스스로가 그 사물이 "됨"으로써 "인식"한다. **인식**은 그들에게 있어서 그대로 **존재**인 것이다. 여기서 신비주의적 인식론이라 부를 수 있는 것이 시작되는데, 그것은 인도에서나 플로티누스에서나 동일하며 괴테나 근대인들에게 있어서도 영원한 것이다:

눈이 해 같지 않다면,
눈은 해를 결코 볼 수 없는 것;
우리 안에 신 자신의 힘이 살고 있지 않다면
신적인 것이 어떻게 우리를 매혹할 수 있겠는가?

여기서 우리는 신비주의의 감추어진 뿌리를 찾을 수 있을 뿐 아니라, 이와는 전혀 다른 것들의 근원도 발견할 수 있다. 즉, 우리의 정신적 삶이 분석이 아니라 직관, 직접적인 파악과 감동, 감입과 동참, 곧 객체와 하나됨에 근거하는 한 이 모든 정신적 삶이 궁극적으로는 이와 같은 사고방식으로부터 출발하는 것이다. 다시 말해 학문의 일부 — 그것도 덜 중요한 부분이 아닌 — 그리고 예술과 종교의 커다란 부분이 그것으로부터 나오는 것이다. 신비주의는 필요하다면 이런 사고를 끝까지 밀고 나가 **우스꽝스러운 결과**(ad absurdum)에까지 이른다. 왜냐하면 "너"와 "나"가 하나로 융합된다면, 인도적 사유에서처럼 최고의 지혜가 **타트 트밤 아시**(tat tvam asi), 즉 그대가 그것이라는 것이라면, 그리고 어떤 종류의 질문이든지 그 질문에 대한 대답이 그대가 그것 — 혹은 그대가 신이다라고 해도 별 차이가 없다 — 이다라는 것이라면, 하우징가의 비유를 빌리자면 우리는 어떤 인간도 살 수 없는 수목 경계선 위에(즉, 하늘에 — 역자 주) 처할 것이다. 모든 특수한 것은 보편적인 공(空), 거대한 무(無)에 자리를 내어주어야 할 것이다. **전체인 하나** 앞에는 도덕적인 판단도, 미적인 판단도, 종교적인 판단도 불가능하다. 왜냐하면 이 셋은 본질상 이원적 대립을 필요로 하기 때문이다. 즉, 판단하는 주체 외에 고작 부분적으로밖에는 인식될 수 없는 객체, 즉 악에 대하여 선, 추에 미, 속에 대하여 성을 구별할 수 있는 어떤 규범의 이원성이 있어야 하는 것이다.

자신의 목적을 달성하기 위하여 신비주의는 어떤 **방법 혹은 길** — 신비주의에 항상 나타나는 용어 — 이 필요하다. 불교이든 그리스도교 신비주의이든 명상, 관조, 계획적인 자기 침잠과 같은 일정한 영적 훈련이 중요한 역할을 하는 것이다. 이러한 방법들은 또한 한 종교의 종교적 삶을 내면화시키는 정도로 만족하면서 그 마지막 결론을 내리기를 거부하는(즉, 그 종교의 기본적 교리를 부인하는 데까진 이르기를 거부하는 — 역자 주) 신비주의에서도 빼놓을 수 없다. 그렇게 되면 **영성 훈련**(exercitia spiritualia)은 하나의 보조수단이 된다. 그러나 신비주의에서는 그것은 길이다. 신비주의란 본래 방법 이외에 아무것도 아니다. 그러나 그 길은 탈아(ecstasy)를 통해서 한층 빨리 갈 수 있다(32절을 보라).

많은 좀더 원시적인 문화에서는 여러 가지 도취 수단들을 사용하여 이런 탈아 상태에 도달한다. 광기어린 춤(이슬람의 구걸승, 바코스교의 광기), 포도주(수피즘), 흥분시키는 음악(디오니소스적 도취, 원시 샤머니즘) 등이 사용된다. 덜 원시적인 문화에서는 이런 외적 수단은 사라지거나 혹은 기껏해야 상징으로만 남아 있을 뿐이며 — 춤이나 도취가 그러하다 — 대신 다소 정신적인 훈련들 — 명상, 정신집중 — 이 탈아를 불러일으키게 된다. 이것은 우선 의식이 확장되고 확대되는 감정을 초래하며 모든 제약적 경계를 사라지게 하고, 인격성이 완전히 상실되는 듯한 결과를 초래한다. 탈아 — "자기 자신 바깥에 있음" — 상태에서는 사람은 차례로 모든 능력을 잃어버리며 마침내는 분명한 의식조차 잃어버린다. 남아 있는 반쯤 수면 상태와 같이 희미한 꿈의 의식 속에서 합일의 행복을 맛보는 것이다. 누구 혹은 무엇과 합일한다는 것인가? 이것은 그렇게 중요하지 않다. 대개는 그 신비주의자가 속한 종교에서 섬기는 신과의 합일을 말하는데, 디오니소스 혹은 그리스도가 될 수 있다. 심리학적으로 보면, 신비주의자는 **전체**와 합일한다. 그의 인격이 거대한 전체 속에 흘러들어가는 것이다. 모든 나라, 모든 시대의 신비주의자들이 거대한 대양에 들어가서 행복을 찾는 물방울의 비유를 계속해서 사용하는 것은 우연이 아니다.

"방을 밝히기 위해 창문을 닫아라"는 이슬람 신비주의자들의 사랑받는 구호다. 이 역설 속에 모든 신비주의가 다 들어 있다. 부정은 긍정을 가져오게 되어 있고, 어둠은 광명을 가져오게 되어 있다. 신비적 침잠 속에서는 "모든 상상이 사라진다"(Huizinga). 인간의 모든 기능, 심지어 언어마저도 침묵이 요구된다. 상(像)과 비유들은 형상화될 수 없는 하느님의 영광을 모독하는 것이다. 하느님의 면전에 서면 **우리는 우리의 상들을 뒤로 물리친다** (praetermittantur simulacra nostra). 그러나 이 상 없음도 이미 또 하나의 상이므로 신에 대해서 말하고자 하는 자는 입을 다물어야 한다. 신 안에서 인도적 지혜는 위대한 아니-아니(neti-neti, 인도 고전『우파니샤드』의 표현으로서 절대적 실재를 부정적 언사를 통해 가리키는 말 — 역자 주)를 엿들으며,

단테는 텅 빈 원을 보며, 앙겔루스 실레시우스(Angelus Silesius. 17세기 독일의 신비주의자 — 역자 주)는 정신적 광야로 들어간다. 그리고 17세기 네덜란드의 안뜨와네뜨 부리뇽(Antoinette Bourignon)은 "영혼이 모든 상으로부터 완전히 해방되고 모든 피조물들을 완전히 잊어버릴 때 신에 대한 통찰들은 완전해진다"라고 하였다.

신비적 침잠은 인간의 삶의 경계를 초월하여 신적인 높이로 이끈다. 그러나 그것은 다만 한 순간일 뿐 그것으로부터의 추락은 깊을 수밖에 없다. 여기서 우리는 신비주의의 비극에 부딪친다. 즉, 인내심이 좀더 강한 형태의 신앙에게는 한없는 동경의 대상인 것, 미래에 있을 행복의 내용을 선취하는 비극이다. 만년의 톨룩(Tholuck. 19세기 독일의 개신교 신학자 — 역자 주)은 좀더 차분했다. 그는 말하기를 도취는 어디까지나 도취이며 도취 후에는 항상 두통이 따른다는 것이다. 그가 옳다. 에밀리 브론테(Emily Bronte)는 신비적 행복으로부터 의식적인 삶으로의 귀환을 톨룩보다는 덜 차분하게, 그러나 그에 못지않게 진실되고 가슴 저미는 슬픔으로 묘사하였다:

아! 얼마나 두려운 방해 — 얼마나 진한 아픔인가 —
귀가 듣기 시작하고, 눈이 보기 시작하며
맥박이 뛰기 시작하고, 두뇌가 다시 생각할 때,
영혼이 육신을 느끼고 육신이 질고를 느끼기 시작할 때.

탈아의 목적은 자기 부정이요 신으로의 함몰이다. 그러므로 최후의 단계에서 열반(nirvāṇa)을 말하는 불교는 가장 완전한 형태의 신비주의다. 그러나 그밖에도 완전한 자기 부정은 알려져 있다. 수피즘에서 말하는 **파나**(fana), 즉 "사라짐"이라든가, 중세 신비주의자들이 말하는 **영혼의 근저**(Seelengrund) — 그것에 대해서 아무것도 언급될 수 없는 — 와 역시 아무런 속성도 생각할 수 없는 신과의 하나됨이 그런 예들이다.

네덜란드의 수녀 하데바이흐(Hadewijsch)는 노래하기를:

고귀한 빛이 우리 속에 아름답게 비치며
우리가 그를 향해 비어 있기를 원하네.
그 순결한 불꽃, 조그마한 빛,
영원히 하느님과 함께 있어야 할
나의 영혼의 생명.
거기서 신은 그의 영원한 빛 가운데 비추도다.

괴테의 **죽어서 되어라**(stirb und werde)라는 말도 이에 해당되며, 출신이 서로 다른 신비주의자들은 괴테의 같은 시에 나오는 상(像), 곧 빛을 사랑하는 나비가 빛 속에서 죽는다는 상을 알고 있다. 여기서 신비주의는 성스러운 것에 대한 의식의 가장 심오한 면을 건드리고 있으며, 여기서 신비주의는 가장 심오한 소리를 발하고 있는 것이다. 순교자 만수르는 죽음의 길을 향해 가면서 다음과 같이 노래한다: "나는 나의 친구에게 잔인하다는 죄가 돌아가기 원치 않는다. 마치 주인이 손님에게 하듯, 그는 자기가 마시는 것을 나에게 내어주었다. 그러나 술잔이 돌자 그는 몽둥이와 칼을 달라고 외쳤다: 여름날 용(신)과 함께 포도주를 마시는 자는 이렇게 되는 것이다."

합일이 가져다주는 최고의 황홀감은 하나의 꿈, 아니 그보다도 꿈도 없는 잠으로 묘사된다. 언설이 정지된다. 비록 신비주의가 항상 말이 많아 온 것이 사실이라 해도, 신비주의는 야스퍼스가 "표현의 역설"(Paradoxie des Ausdrucks)이라고 한 것을 통하여만 말을 할 수 있을 뿐이다. 신비주의의 본래 언어는 침묵이다. 테르스테겐(Tersteegen)은 그것을 다음과 같이 말한다:

하느님이 마음에 간직한 것은
침묵을 통하여 알려진다.

신비주의에서는 모든 것이 "방법 없는 방법"을 통하여 도달된다 하여도, 합일을 위한 준비는 용의주도하게 심사숙고되며 셋, 일곱 혹은 더 많은 단계들로 체계적으로 세밀하게 구분된다. 예를 들어 라바디(Labadie, 1610~1674. 프랑스의 신학자 — 역자 주)는 "신과의 접촉, 조명, 고양, 신과의 합일, 정적(靜寂), 수면"의 단계로 나누면서 수면을 마지막 단계로 놓았다. 그리스도인인 그는 『우파니샤드』의 시인과 마찬가지로 그의 최대의 소원을 "어린아이, 혹은 위대한 왕의 것과 같은" 꿈 없는 잠이라 하였으며, 이 잠은 "마치 사랑하는 여인에게 안긴 것같이 안에 있는 것도, 바깥에 있는 것도 모르는" 상태인 것이다. 로마 가톨릭 교회의 교리 발전에 아주 광범위한 영향을 미친 아레오파기타(Areopagita. Pseudo-Dionysius)의 체계에서는 이 구원의 단계가 전 우주적인 의의를 가지게 된다: 신으로 올라가는 단계 단계마다 위계질서에 따라 신성의 하강과 일치한다. 신으로부터 시작하여 세라핌(seraphim), 권세들, 천사를 거쳐 인간에 이르는 것이다.

신비주의의 정반대쪽은 인격적인 것과 특수한 것을 강조하면서 모든 것이 모든 것과 합일하는 것에 대항하여 물방울이 물방울로서 남아 있기를 원하는 흐름들이다. 따라서 신비주의는 종교의 역사적 성격을 관조의 더 높은 단계에서는 사라져 버릴 일시적 방해로 간주한다: 진정한 **카아바**(Kaaba, 이슬람 신자들이 항상 향하여 기도하는 검은 돌이 안치되어 있는 성소. 메카에 있음 — 역자 주)는 알라(Allah)에게 바쳐진 마음이요, 진정한 성경은 인간의 영혼에 울리는 사랑스러운 곡조(Suso)이다. 조지 팍스(George Fox, 1624~1691. 퀘이커교의 창립자 — 역자 주)는 "성경이 아니라 성령입니다"라는 말로 한 설교자의 설교를 중단시켰고, 재세례파 한스 덴크(Hans Denck)는 모든 신비주의자들이 즐겨 쓰는 오래된 비유, 즉 편지와 편지 쓴 사람의 비유를 성경에 적용시켜 말하기를, "하느님의 집에 거하지 않는 사람에게는 편지가 아무 소용이 없고, 하느님의 집에 거하는 사람은 편지로부터 주님이 얼마나 거룩하신지를 안다"고 했다. 진정한 성례전은 하느님이 영혼을 발견하도록 하는 고요한 예배이다(퀘이커들). 인격성(신 관념에 있어서 — 역자 주)이란 따라서 선이 아니라 당분간 아직 필요한 악인 것이다. 신의 명령이란 합일을 성취한 사람에게는 해당되지 않는다. 신으로부터 나온 사람들은 죄를 지을 수 없다. 왜냐하면 자신을 완전히 비운 자에게 있어서 죄를 짓는다면 곧 신이 죄를 짓는 셈이 되기 때문이다. 그리스도교와 이슬람의 신비주의에는 하나의 놀라운 의견의 일치가 있는데, 그것은 그리스도가 단지 주체와 객체의 분리, 즉 하느님과 인간의 분리를 지양하는 상징으로서만 자리를 차지한다는 것이다. 그리스도는 현재 성취된 **신비적 합일**(unio mystica)의 표지인 것이다: 그리스도는 각 인간 안에 태어난 하느님이요, 각 인간은 모두 신인(神人)인 것이다.

  신비주의는 비록 그것을 받아들이지 않는 사람에게도 이미 하느님의 인격 안에 있는(17절 참조) 비합리적인 것을 끊임없이 상기해 주는 것으로 남아 있다. 그러나 이 비합리적인 것이란 인격을 초월하여 초인격적으로 오직 더듬거리는 예배 속에서만 접근될 수 있는 것이다 — 일체로부터 해방된 영혼 속으로 "신적 어둠의 광채"가 침투할 때(Dionysius Areopagita).

제 35 절

신 앙

훌륭하지만 여기저기 논란거리가 없지 않은 그의 저서에서 토르 안드래(Tor Andrae, 1885~1947. 스웨덴의 개신교 신학자, 종교사학자 — 역자 주)는 신앙과 불신앙의 대립은 종교 자체만큼이나 오래된 것이라고 주장한다. "신앙"이란 단어를 매우 넓은 의미로 이해한다면, 이 주장은 물론 옳다. 모든 종교적 표상, 모든 종교적 관습은 다른 현상을 이해하는 방법으로는 이해할 수 없는 어떤 힘에 대한 "신앙"을 전제로 한다. 그것은 믿어야 하는 것이다.

그러나 "신앙"이란 개념을 좀더 좁은 의미로 이해하는 것이 더 큰 도움이 될 것이다. 우선 이것이 바람직스러운 이유는 원시인이나 고대인들의 종교에 있어서는 신앙과 대조되는 불신앙이라는 것이 안드래가 시사한 것처럼 그리 흔한 것이 아니라는 사실 때문이다. 물론 원시인들이나 고대인들 가운데에도 그 시대에 일반적인 종교적 표상들로부터 떠난 사람들이 없지 않았다. 그러나 그런 사람들은 우선 매우 희귀했고 — 적어도 소크라테스 이전 고대인의 경우에 — 그보다 더 나아가서 그들의 불신앙은 어떤 비판적인 확신이라기보다는 실제적인 태도였다. 한 게르만족의 무사는 오딘(Odin) 신을 자기의 **친구**(fulltrui)로 삼았는데, 전투에 오딘이 그를 도와 주지 않았다고 해서 절교했다. 그리고 그 이후로는 오직 자신의 힘에만 의존했다. 그러나 그는 오딘의 존재에 대해서는 의심하지 않았다. 즉, 그는 무신론자가 아니었다. 그가 의지하기로 한 자신의 힘도 그는 전에 믿었던 오딘의 힘과 마찬가지로 종교적·주술적으로 이해한 것이다. 그러므로 우리는 "신앙"을 종교적 경험, 종교적 삶 등으로부터 현상학적으로 구별하는 것이 좋을 것이다. 신앙이란 다만 특수한 종교들에서만 나타나는 현상이요, 원시종교나 고대종교에서는 전혀 발견할 수 없는 것이다. 이

현상의 가장 눈에 띄는 점은, 그것이 그것을 아는 사람들의 경험이나 평가에 의하면 전혀 하나의 "현상"이 아니란 점이다. 즉, 스스로를 나타내는 하나의 현상이 아니라 하느님의 숨겨진 선물이라는 것이다.

  신앙은 종교적 삶의 요소들 가운데 하나가 아니라 그러한 삶의 전제이다. 그러므로 그것은 스스로를 나타낼 수 없다. 그것은 현상이 아니다. 왜냐하면 삶이란 우리에게 속한 것이 아니라 하느님께 속한 것이기 때문이다. 만약 우리에게 신앙의 가능성이 존재한다면, 그것은 우리가 경험하고 성취할 수 있는 어떤 것에 있는 것이 아니라, 하느님으로부터 받은 것에 있다. 다른 말로 말해서 신앙은 하나의 선물이다. 이 말은 물론 신앙이 인간과 아무런 관계가 없다는 뜻은 아니다. 신앙은 우리가 이제까지 논의해 온 여러 현상들에서 표현된다. 그것은 인간의 신앙이기는 하나 인간의 속성은 아니다. 키에르케고르는 이것을 분명하게 말한다: "신앙이란 자아가 자아이며 또 자아이기를 원하면서도 하느님 안에 투명하게 정초되는 것이다." 그렇다면 하느님은 신앙의 대상이 아니다. "그는 나 자신보다도 더 깊이 나의 영혼 속에 거한다." 신앙이란 하느님이 인간을 먼저 찾았기 때문에 인간이 하느님을 찾는 태도인 것이다: "당신이 나를 발견하시지 않았다면 당신은 나를 찾으시지 않았을 것입니다." 혹은 파스칼이 의존하고 있는 성 버나드(St. Bernard, 1090~1153. 프랑스의 그리스도교 신비주의자 — 역자 주)의 말로는, "먼저 당신을 만나지 않은 자는 당신을 찾을 수 없나이다"가 된다. 신앙은 일차적으로 하느님의 일이요, 다만 부차적으로 우리의 일이다.

  신앙이 우리의 일이라는 사실은 신앙과 불신앙, 신앙과 의심의 상관관계에서 분명하게 나타난다. 불신앙에는 신앙이 긍정의 잔여(殘餘)로서, 공격적인 부정으로서 살아 있으며, 신앙에는 불신앙이 존속한다. 신앙이란 불신앙을 알고 경험하고 인내할 때 비로소 진정한 것이다. 칼 야스퍼스의 생각이자 복음서에 나타난 기도, 즉 "주여, 내가 믿나이다. 나의 믿음 없음을 도와 주소서"를 달리 표현한 것뿐이다. 믿음은 스스로를 보여주지 않지만 우리들의 의심 속에서, "긍정"과 "부정" 속에서 자신의 현존을 드러낸다.

이런 의미에서의 신앙은 다만 우리가 흔히 예언자적 종교라 부르는 특수한 종교에서만 나타난다: 이스라엘 종교, 그리스도교, 이슬람 그리고 아마도 이란 종교(조로아스터교 — 역자 주) 등. 이스라엘 사람들은 신앙을 주술의 거부로서 배웠다. 인간은 주문으로 신을 부르고 그의 이름을 이용하여 그를 마음대로 부릴 수 있는 것이다. 그러나 출애굽기 3장에는 야훼가 이 모든 것을 무의미하게 만드는 새 이름으로 나타난다. 그의 이름 "나는 있을 것이다"에서 그는 그의 백성과 함께 있기 때문이다 — 그리고 그 자신이 유일한 행위자이다 (Buber). 그리고 그리스도교에서는 **신앙**(pistis)이 하나의 새로운 일에 대한 새로운 개념으로 나타난다. 그 일은 바울로에 의하여 전파되었고 루터에 의하여 가장 잘 이해되었다: "왜냐하면 신앙은 그리스도인의 생명, 의(義) 그리고 행복으로서, 그의 인격 자체를 보존해 주며 편안하게 하며, 위에서 얘기한 것처럼 그리스도가 가진 모든 것을 주는 것이기 때문이다. 바울로도 갈라디아서 2장에서 이것을 확인해 주고 있다: '내가 육신 가운데 사는 것은 하느님의 아들을 믿는 믿음 가운데서 사는 것이다'"(『그리스도인의 자유에 대해서』).

신과 세계

제 36 절

주술과 제의

우리가 이제까지 논의한 모든 성스러운 행위들은 **제의**(祭儀 = cult)라 부르는 인간의 가장 위대한 행위의 부분들이다. 제의에서 사람은 자신을 조정하여 힘 앞에 선다. 사람은 자기 자신 및 자신과 관계되어 있는 다른 사람들의 경험에 하나의 고정된 형태를 부여하고자 하며, 나아가서 그 힘의 자세와 본질에도 고정된 형태를 제공하려 한다. 제의에서는 인간이 말하고 행동하나 신도 역시 말하고 행동한다.

  이것은 신의 행위와 인간의 행위가 하나의 형태를 취하게 될 때, 즉 그것이 볼 수 있고, 들을 수 있고, 만질 수 있는 형태를 취할 때 일어날 수 있다. 그리고 이것은 제3의 것, 즉 세상에 속한 것이지만 제의에 의하여 성화되어 세상으로부터 분리된 것을 수단으로 해서만 가능해진다. 우리는 이 제3자를 상징이라 부르며, 이 단어가 맥빠진 현대적 의미가 아니라 진정한 고대적 의미로 이해되는 경우에 한해서이다: 상징 안에서 두 가지 현실이 합쳐지고, 신과 인간이 서로 만난다. 이 만남은 어떤 소리, 말, 몸짓 혹은 형상 속에서 발생할 수 있는 것이다. 제의는 상징이다. 제의를 통하여 인간은 그 **힘**을 붙들고 그 **힘**은 어떤 말, 몸짓, 형상을 매개로 하여 사람을 붙잡는 것이다.

  제의를 통하여 이루어지는 신적인 것들과 속된 것들 혹은 세상적인 것들 사이의 관계는 따라서 결코 "비유적"이거나 "우화적"(allegorical)인 것이 아니다. 그 관계는 본질을 건드리는 것으로서, "참여"이다. 만약 제의에서 "이것은 나의 몸이다"라고 하면, 이것은 빵이 그리스도의 **몸의 비유**라는 것도 아니고, 빵이 그리스도의 **몸과** 동일하다는 뜻에서 빵이 그리스도의 몸**이다**라는 뜻도 아니라 빵과 몸이 서로서로의 부분을 이루고 참여하며, 본질상 서로 연결된다는 뜻이다. 그리스도교적 개념들만을 예로 든다면, 이것은 "하느님의 말씀", "주님의 축복"과 같은 제의적 개념에도 마찬가지로 해당된다.

이것은 사물들이 단지 서로 옆에 놓여 있다거나 인과관계를 통해서 연결되는 것이 아니라 서로 접촉하고 침투해서 "참여하고" 있다는 일반적인 원시-고대적 사고방식과 연관되어 있다. 그리고 비단 우리의 인과 개념만이 아니라, 로마 가톨릭 신학에서 특히 좋아하는 자연-초자연의 대립도 이 참여 개념과 비교해 볼 때는 현대적이고 합리주의적이며 피상적이다. 더욱이 그것은 서유럽에만 국한된 개념이다. 인류의 다수는 신, 세계, 인간에 대해서 전혀 다른, 그리고 더 심오한 견해를 가지고 살고 있다.

이제 우리는 제의와 주술을 구별해야 한다. 주술에서도 사람은 스스로를 조정하며 **힘**과 대치한다. 그리고 주술에서도 상징과 참여를 수단으로 하여 인간과 **힘** 사이에 교통이 이루어진다. 그러나 주술에서는 이 교통이 전적으로 인간의 지배하에 일어난다. 그러나 제의에서는 양자가 같이 말한다. 주술에서는 궁극적으로 인간만이 말하고, 인간이 **힘**을 이용하여 세상을 지배한다. 그가 신을 수단으로 하여 지배하는 것이다. 즉, 본질적으로 신 없이 다스리는 것이다.

가장 간단한 예가 동시에 가장 분명한 예이다. 몇몇 원시 부족들에서는 누워 있는 사람을 넘어가지 못하게 되어 있다. 착오로 넘어갔다면 그 사람을 다시 한번, 그러나 이번에는 정반대 방향으로 넘음으로써 자신의 행위를 시정해야 한다. 레비브뤼(Lèvy-Bruhl)은 이것을 "행위의 뒤집기"(renverser un acte)라 불렀다. 이 단순한 행동에 세상에 대한 일종의 지배가 있다; 사람은 이미 일어난 것을 바꿀 수 있다. 아니, 무효화시킬 수 있는 것이다.

제의에 대해서 논의하면서, 나는 흔히 하는 것처럼 주술적 행위와 종교적 행위를 그렇게 분명하게 구별하려 하지는 않는다. 그런 정확한 구별이 가능하다고 믿지 않기 때문이다. 옳게 지적된 바와같이, 원시인들은 주술적 행위를 일상의 보통 행위와 다른 특별한 차원에 속한 행위로 생각하지 않는다. 만약 어떤 사람이 20미터 떨어진 곳에 보이는 적에게 화살을 쏘았다면, 그것은 **우리들에게는** 50킬로미터 떨어진 다른 마을에 사는 적에게 화살을 쏘는 것과는 전혀 다른 행위일 것이다. 첫번째 행위는 비록 우호적 행위는 아니지만 그래도 이해가 되는 행위이며, 두번째 행위는 "주술적"이라고 부르면서 원시인은 역시 우리가 이해할 수 없는 방법으로 사고한다는 입장을 취할 것이다. 그러나 원시인들은 이 두 행위의 차이를 전혀 느끼지 못한다. 그들은 다만 이 두 경우에 다른 기술을 필요로 한 뿐이다. "주술을 건다"는 용어도 많은 언어에서 그저 "행한다"는 뜻으로 사용된다. 원시인들의 이런 행위의 동질성으로부터 사람들이 내리는 결론은 "주술"이란 종교와 전혀 다른 무엇이라는 것이다. 주로 영국 학자들의 주장이지만, 종교는 원시인의 철학이요, 주술은 그들의 기술 혹은 원시과학이라고 본다. 과학은 과학이지만 그들의 철학과 마찬가지로 착각에 근거한 것이며, 그래도 그 속에는 이미 인과론적 설명에 대한 경향이 엿보인다는 것이다. 그러나 이 모든 생각은 사실과 거리가 멀다. 만약 주술이 원시인들의 과학이라면, 베트(Beth, 1892~. 독일의 개신교 신학자 — 역자 주)가 바로 지적한 것처럼, 우리의 의술도 처방이 어떠한 임의의 경우에도 아주 확실한 효과를 가져와야 한다는 철칙에서 출발해야 할 것이며, 만약 약효가 없다면 그것은 어떤 적대감을 가진 의사의 활동 때문이라는 가정에서 출발해야 할 것이다. 왜냐하면 주술은 이와 같은 방식으로 생각하기 때문이다. 주술은 우리가 생각하는 자연의 힘들과는 그 성격이나 용도에 있어서 전혀 다른, 어떤 마나적인 것을 지니고 있는 힘들과 관계한다. 종교와 주술은 서로 밀접하게 연결되어 있다. 양자 모두 항상 종교적으로 파악되는 생명력, "힘"을 얻고자 한다. 물론 여기서 우리는 우리의 통상적인 신관은 전혀 고려하지 말아야 한다. 주술은 그런 신관과는 아무 상관이 없다. 그러나 주술의 전 존재는 이 세계에 작용하고 있는 신비로운 힘에 근거해 있다. 이런 관점에서 우리는 주술과 종교, 주술적인 행위와 종교적인 행위를 "차이 가운데서의 일치"(Marett)로 간주할 수 있을 것이다. 일치점은 양자가 다 힘에 관한 것이란 점이다. 그러나 또한 차이가 있다. 그 차이란 종교적 제의는 합법적인 방법을, 주술은 비합법적인 방법을 따른다는 데 있지 않다. 그 차이란 또한 요즘 자주 주장되는 것처럼 제의는 사회적이고 주술은 비사회적이라는 데 있지도 않다. 도대체 학자들이 어떻게 하다가 이렇게 이상한 가설들을 세우게 되었는지 이해하기 어렵다. 아마 종교란 "사회적 실체"라는 선입견에서 시작했기 때문이 아닌가 한다. 합법과 비합법을 나누는 선은, 우선 그것이 현상들의 본질에 대해서는 아무것도 말해주지 않는다는 것은 차치하고라도, 주술과 제의를 구분하는 선과 일치하지 않는다. 모든 시대에 합법적인 제의와 더불어 불법적인 제의가 많이 있었고, 보통 불법적인 흑색 주술 외에 합법적인 백색 주술 또한 있었다. 그리하여 중세에, 그리고 이슬람에서도 천사나 기타 선한 힘의 도움을 받아 영위되는 "영적인" 주술이 있었고, 이러한 주술은 귀신들의 도움을 필요로 하는 "자연적인" 주술과 구별되었다. 만약 주술적 요소를 제거해 버리면, 가령 『베다』의 제사, 미사, 성별과 세례에 무엇이 남겠는가? 주술과 종교는 깨끗하게 구별될 수 없다. 양자의 차이는 주로 정신적인 자세에 있다. 힘, 신, 생명에 주술적으로 접근하는 사람은 그들에 대해서 우월적인 자세를 취한다. 그는 자신의 가치를 느끼고, 강요하며 명령한다. 그러나 종교적인 태도를 취하는 사람은 힘들에 복종하고 자기가 아무것도 아님을 느끼고, 숙이고 기도하며 탄원한다. 양자 다 동일한 목적에 관계한다. 차이는 흔히 양식과 방법뿐이고, 언제나 강조점과 악센트의 차이가 있다. 전체적 **태도**, 삶에 대한 자세가 다른 것이다. 주술은 인과론적으로나 논리적으로나 우리가 잘못되었다고 부를 수밖에 없는 방법에 따라 힘이나 신들을 움직인다. 그리하여 같은 것이 같은 것을 낳는다는 아주 오래된 방법에 의하면, 담배 연기는 구름을 일으키며, 부어진 물은 비를 가져온다.

  왁스로 된 손을 제물로 바치는 자는 손에 상처가 낫고
  왁스로 된 발을 제물로 바치는 자는 발이 건강해진다.

그러나 이와 같은 방법은 종교적 제의에서도 사용된다. 주술을 종교로부터 구별하는 것은 전자의 명령적 태도다. 라이나흐(Reinach, 1883~1917. 독일 철학자 — 역자 주)가 잘 꼬집어 말하듯, 사람이 세계의 사물에 공격적이 되고, 거대한 영적 합주단에 지휘자의 역할을 담당한다. 그리고 프로이스가 올바로 본 것처럼, 주술에서 우리는 사람이 자신의 가치를 의식하는 첫 징표를 본다: "우리들에게는 비합리적으로 보이는 것이 실제로는 종교나 과학에 있어서 모든 위대하고 영광스러운 것의 싹이다. 그것은 세계를 정복하려는 이상, 스스로를 뛰어넘으려는 인간의 갈망의 첫 싹인 것이다." 사실, 주술에서 인간은 자기가 무엇을 할 수 있고 무엇을 할 수 없는지를 아는 동물의 본능을 초월한다. 그리고 그가 실수할 수 있다는 것 또한 주술에 있어서의 인간의 자랑인 것이다.

그래서 주술에서나 종교에서나 문제가 되는 것은 힘을 인간의 영역 안으로 끌어들이는 일이다. 주술은 강하게 끌어들인다. 종교에서는 반대로 사람이 힘에 의하여 끌려간다고 말할 수 있다. 종교에서는 만나가 하늘로부터 떨어진다. 그러나 주술에서는 프로메테우스가 하늘에서 불을 끌어내려 온다. 그러나 이것은 종교에서 주술적 요소가 완전히 사라졌다는 것을 뜻하지 않는다. 종교 역사상, 특히 신비주의의 역사 속에는, 인간이 허리를 굽히는 것 못지않게, 주술적으로 힘을 굽히려는 일이 번번이 나타난다. 모든 시대의 경건한 자들이 하느님에게 압력을 가할 줄 알았고, "당신이 나를 축복하기 전에 놓아줄 수 없나이다"를 체험했으며, 이 체험은 대단한 겸손과 함께 나타날 수 있는 것이다. 그리고 거듭거듭 "합주 지휘자"의 태도를 종교에서도 찾아볼 수 있다. 이러한 의미에서 우리는 아미엘 슐라이어마허(Amiel Schleiermacher, 1821~1881. 스위스의 문학자 — 역자 주)의 『독백』(*Monologe*)을 주술적이라 부를 수 있다. 거기서 우리는 자유에 대한 독특한 의식을 엿볼 수 있는데, 곧 "자신을 확장하여 그 바깥에는 아무것도 없게 되고 어떠한 한계도 모르며, 세계를 새로이 창조할 정도까지 스스로를 강화하는 개인의 신격화"이다. 이와 똑같은 주술적 자존감은 노발리스(Novalis)의 **자아철학**(Ich-philosophie)에서도 찾아볼 수 있으며, 괴테의 **바칼라우레우스**(Baccalaureus)에서 멋지게 풍자된 것을 본다:

  세계, 그것은 내가 창조하기 전에는 없었다.
  저 첫날 밤, 나의 윙크에 의해
  이 모든 별들의 찬란함이 펼쳐지기 시작했다.

그리고 자기가 태양을 뜨게 한다고 상상한 샹뜨끌레르(Chanteclers) 왕의 망상에서도 발견된다.

   제의와 주술은 구별할 수는 있으나 분리할 수는 없다. 제의에서 주술적 요소가 완전히 배제되는 일은 드물다. 물론 어떤 종교에서는 주술적인 태도를 축출하려는 강한 경향을 보이는 것이 사실이다:

     나의 길에서 주술을 멀리할 수 있었으면,
     모든 주사(呪辭)를 아주 잊어버렸으면!

하고 파우스트가 탄식한다. 그리스인들은 이를 시도했다. 호머의 종교에는 주술적인 요소가 비교적 적다. 그것은 물론 인간적인 면을 강하게 전면에 내세웠기 때문이다. 인간성의 약함과 더불어 힘들에 대한 인간의 느슨하고 의무감이 덜한 관계를 내세웠기 때문이다. 이와는 반대로 이스라엘의 종교는 다만 하느님의 권능만을 내세웠기 때문에 주술을 추방했다. 완전히 정반대의 입장에 있는 두 종교, 즉 호머-그리스 종교와 야훼 종교가 서로 아주 다른 길을 거쳐서 같은 결과에 이른 것이다.

제 37 절

이 론

가장 원시적인 종교라 할지라도, 사유가 전적으로 결여된 종교는 없다. 처음 태어날 때는 비합리적인 것, 사유되지 않은 것, 직접적으로 포착되는 것이 지배적일지는 모르나, 직관적으로 파악된 것이 어느 정도 합리화되지 않고서는 이런 것들은 그 자체의 형태를 갖출 수 없다. 종교는 언표되어야 하고, 말한다는 것은 생각한다는 것을 뜻한다.

사유한다는 것은 원칙적으로 세계로부터 스스로를 가능한 한 분리시키고 우리가 참여하고 있는 상황으로부터 떨어져 나가서 뒤에 남겨놓은 세상을 가능한 한 객관적으로 관조하는 행위이다. 이러한 사유는 종국적으로 이론을 낳는다. 물론 사유란 결단코, 그리고 아무데서도, 그 자체로 존재하지 않는다. 사유는 항상 스스로를 세계로부터 분리시키려는 목적을 지닌다. 그러나 만약 사유가 세계로부터 완전히 분리된다면 사유 자체가 없어질 것이다. 왜냐하면 그렇게 된다면 육체와 영혼을 지니고 이 세계에 속해 있는 사유의 주체인 사람이 더 이상 존재할 수 없을 것이기 때문이다.

그리고 삶에 대하여 충분한 거리를 유지하면서 삶에 직접 매인 상태를 상당히 뒤로 한 이론적 사고를, 아직도 그 동기와 방법에 있어서 삶에 매여 있는 사고보다 더 높이 평가할 이유는 전혀 없다. "현대적" 사고가 그렇게도 이론적이고 특히 덜 종교적이기 때문에 원시적 혹은 고대 사고보다 더 "나은 것"은 아니다. 여기서 우리는 철학의 현상학을 건드리고 있다. 철학은 대부분 이론적 사고를 통하여 밀려난 종교다. 우리 시대에 와서 철학은 다시 그 근원으로 돌아가고 있다. 니체와 같이 신을 죽이려고 하든 — 신은 죽었다! — 아니면 키에르케고르와 같이 그를 섬기기 위해서든 철학은 그 근원으로 돌아가고 있다.

모든 종교, 특히 원시 종교에서는 생각한다는 것이 현대 이론적 사유와는 전혀 다른 성격을 가지고 있다. 우리는 이미 신비주의와 신비주의적 사변에서는 오늘날 우리들 사고의 가장 중요한 원칙을 지양하는 데 모든 노력을 기울였다는 점을 지적하였다. 그 원칙이란 동일률과 주체-객체의 분리다. 신비주의는 원시적 사고를 단순히 일관성있게 계속하고 있을 뿐이다.

우리들의 논리와 원시적인 논리 — 최근 흔히 **논리 이전**(prelogic)이라 부르는 — 간의 차이는 정령숭배 이론 학파가 주장하는 것처럼 원시인들의 생각은 오류를 지녔다는 데에 있는 것이 아니다. 그들의 사고는 전혀 다른 구조를 지니고 있다. 그것은 우리들의 사고보다 경계선들을 훨씬 덜 가지고 있다. 우리가 이것 아니면 저것이라고 말해야 하는 곳에 원시인들은 보통 이것도 저것도라고 말한다. … **이든지 아니든지**(aut-aut)로 이루어지는 우리들의 분석적 사고가 원시인들에게는 **그리고, 와**(et-et)의 사고로 되는 것이다. 레비브륄은 **융합**(participation)의 법칙을 말하는데, 이에 의하면 우리가 엄격하게 구별하는 것들이 서로서로 참여하고, 서로 함께, 그리고 서로 안에 있는 것으로 생각되는 것이다. 브라질의 보로로(Bororo)족은 자신들이 **아라라**(arara)들이라고 한다. **아라라**는 붉은 파파가이 새다. 이것은 그들이 죽으면 아라라 새가 된다는 뜻도 아니고, 그들이 본래 사람으로 변신한 파파가이 새란 뜻도 아니다. 그들은 자신들이 **바로 아라라들**이라는 것이다. 모든 것은 모든 것이 될 수 있다. 인간은 인간이지만 상황에 따라서는 늑대이고 늑대로 변한 사람이다. 어린이들의 생각에 이런 논리적 구조가 되살아난다: 한 살 반짜리 남자 아이가 말 그림이 그려진 그림책을 본다. 그러고는 이제부터 모든 책, 모든 그림을 다 "말"이라 부른다. 그러나 동시에 그 녀석은 말이 무엇인지 정확히 알며, 길에서 만나면 그 짐승을 알아낸다. 그는 모든 것을 "말"의 표상에 참여시키는 것이다. 인도에서는 대제사는 해(year)**이며** 말(word)**이다**. 이집트에서는 제사는 호루스 신의 눈**이며** 동시에 호루스의 원수의 정강이**이다**. 미사에서는 빵과 포도주가 분배된다. 그것들은 물론 빵과 포도주**이다**. 그러나 동시에 그들은 그리스도의 살과 피**이다**. 이 모든 것은 은유나 상징과는 아무 상관이 없다.

게다가, 이미 앞에서 언급했지만, "상징" 또는 "상징적"이라는 개념에 대한 우리의 천박한 용법은 원시적 혹은 종교적 사고 전반에 잘 들어맞지 않는다. 우리가 "이것은 무엇, 무엇을 의미한다"고 표현할 것을 원시적 사고나 종교적 사고에서는 "이것은 무엇, 무엇이다"가 된다. 프로이스가 코로(Coro) 인디언들의 사고방식에 대해서 상세히 연구한 바대로, 그들에 의하면 사슴, 선인장, 새벽별은 **동일한** 표상의 군(群)을 형성한다. 우리들의 감정으로는 서로 매우 다른 것들이 이와같이 동일한 것으로 나타나는 이유는 정감적인 것이다. 심리학에서는 수감성(隨感性, Katathymie)이라는 것을 말하는데, 의식의 내용이 자극, 욕망, 느낌의 영향 때문에 변하는 것을 뜻한다. 우리들의 과학적 사고방식에서는 표상들이 인과적으로 연결되지만, 원시적 사고는 같은 자극을 불러일으키면 함께 묶어 취급한다. 그러한 자극에 의해 요구되는 일정한 상들을 주어진 현실 속으로 "집어넣어 보는 것"(hineinsehen)이다.

여기서 "원시적"이란 말은 미개인들의 삶에서와 같은 정도는 아니지만 오늘날 아직도 우리들의 삶과 관련이 있는 하나의 사고 유형을 뜻한다. 농부들은 그들의 느낌에 어떤 영향을 주는 표징에 따라 기후를 예측하나, 우리들은 기상대의 통계에 의존한다. 그러나 우리의 사고방식 전체가 "과학적"이라는 것은 결코 아니다. 다행히도 그렇지 않고, 앞으로도 결코 그렇게 되지 않을 것이다 (물론 실증주의자들은 우리가 전적으로 과학적이 되지 못한 것을 안타깝게 여기며 곧 그렇게 될 것으로 기대한다).

"원시적"·"수감적" 그리고 "논리 이전" 사고의 순수한 형태는 동화에서 찾아볼 수 있다. 동화에서는 아무것도 정체성이 고정되어 있지 않다. 모든 늑대, 여우, 곰은 언제든지 왕자로 나타날 준비가 되어 있고, 주술로 무장된 영웅들은 놀라운 변신의 묘기를 가지고 있다. 우리들의 일상생활에서 철칙과도 같은 인과관계가 거기서는 완전히 무용지물이 된다. 가장 중요하고 결정적인 원인도 아무런 심각한 결과를 가져오지 않고, "기분"만 내키면 가장 반가운 결과가 아주 미미한 원인도 없이 일어난다. 마술 방망이는 무한한 능력을 가지고 있고, 시간과 공간은 극복된다. 동화는 한계를 모르고 자유로이 떠다닌다. 동화의 사건은 오늘, 어제, 옛날 옛적 "어느 날" 일어난다. 주인공들은 이름도 나이도 없다. 그들은 영원히 젊고, 영원히 노인이다. 그들이 젊은 왕자나 공주이면 하는 수 없이 영원히 살아야 하고, 시기심 많은 계모이거나 마술사이면 반드시 죽어야 한다. 가시장미 마술성의 이야기에서와 같이 시간은 정지해 버린다. 공간도 마찬가지로 존재하지 않는다. 알라딘의 성은 오늘에는 중국에, 내일에는 알제리아에 서 있게 된다. 사람들은 결코 여기서 저기로 여행하는 법이 없고 다만 한 "왕국"에서 다른 왕국으로 여행할 뿐이다. 이 무시간적 세계 속에서 모든 것을 연결하는 유일한 끈은 소원과 욕망이며, 소원 혹은 두려움이 현실을 창조한다. 우리는 아직도 이런 것을 우리의 꿈에서, 반쯤 깨어 있는 의식의 가장자리에서, 어떤 정신병 — 분열증 — 환자의 상상 세계에서, 예술가들의 시에서, 그리고 종교들의 신화와 상징들에서 발견한다. 이런 유형들에서 똑같은 원시적·비문법적·수감적 사고가 다시 나타나는데, 우리들의 깨어 있는 과학적 의식은 이런 것들을 경계한다. 어쨌든 이런 것들을 단지 이미 지나가 버린, 혹은 지나가고 있는 병적, 혹은 유아기적 단계로 퇴행해 버린 사고라고 말할 수는 없다. 그 이유는, 그러한 사고가 종교와 예술과 불가분의 관계를 맺고 있다는 사실, 그리고 우리의 삶에서 "신비적" 관계들을 제거하려는 사람은 종교와 예술 없이 살아야 할 것이며 과학은 한갓 통계학적 뼈다귀로 남을 만큼 빈약해질 것이라는 사실을 생각해 보면 금방 알 수 있다. 이런 현상을 우리는 매우 자주 관찰할 수 있다.

그렇다면, 성격상 원시적 사고의 특성을 지닌 종교가 칸트의 유산과 자연과학, 그리고 현대인의 논리적·과학적 사고와 맞닥뜨린다면 어떻게 될 것인가? 종교는 서서히라도 자동적으로 사라지고, 우리는 일종의 **미래의 무종교**(irreligion de l'avenir)를 믿어야 할 것인가? 혹은 삶의 다른 영역과 절망적인 대항을 하면서 자기 주장을 할 것인가?

다시 동화로 돌아가 보자. 동화는 마치 가을 하늘의 거미줄처럼 — 비유는 베테(Bethe)로부터 빌린 것이다 — 공중에 둥둥 떠돌다가 어떤 나무, 역사의 나무에 걸린다. 그러면 그 주인공들은 이름과 과거를 얻게 되고, 그들의 행위는 어떤 특정한 시기에 자리를 얻게 된다. 그러면 동화는 **전설**(saga)이 된다. 용을 죽인 무명의 용사는 지그프리트가 되고, 그의 모험은 라인 강, 네덜란드, 부르군트 등에서 일어나는 것이 되며, 그의 무시간적 시간은 훈(Hun)족에 의하여 멸망하는 부르군트 사람들과 연결되어 역사적인 것이 된다. 이제 전설은 **역사**가 되며, 그러고는 하나의 학문이 발생하는 것이다. 정감적인 요소들, 즉 꿈의 구성요소들은 점점 추방되고, 사람들은 "있었던 그대로를" 알려고 한다. 그러나 전설은 또한 종교적 역사, 혹은 **구원사**가 될 수도 있다. 그 이야기의 내용이 반드시 비역사적일 필요는 없다. 그러나 그것은 정감적으로 결정된다. 즉, 사람들은 우선 "있었던 그대로"를 알려고 하는 것이 아니라, 그것이 사람에게 무슨 의미가 있으며, 시간적인 사건이 영원한 것들과 어떤 관계에 있는가를 알려고 하는 것이다. 이 구원사, 즉 어떻게 구원이 인간 영혼들에게 임하게 되었는가를 말하는 역사는 신학의 전형적인 대상이 된다. 신학이란 본질적으로 그 시대의 학문을 종교적 경험에다 적용시키는 것이다.

"과학"이란 본래 그렇게 오래된 것이 아니다. 적어도 양적으로 보아 과학의 역사는 상당 부분 "**전과학적 과학**"으로 이루어져 있다. 중국의 "풍수가"들은 종교적 사실들을 "과학적인" 방법으로 삶에다 적용한 것이다. 그러나 그들의 과학이란 전적으로 정감의 지배를 받는다. 의심의 여지 없이 그것에도 방법론이 있기는 하나, 그것은 주지하다시피 "광기 가운데서의 방법"(method in madness)일 수도 있다. 점성술도 그렇다. 그 나름대로의 사고방식으로는 현대 자연과학과 비슷하게 세계를 통일성있게 파악한다. 그러나 그것은 현대의 분석적·과학적 인과법칙에 따라 진행되지 않고 순전히 정감적인 기준을 적용한다. 예를 들어 일곱 행성들을 일곱 가지 죽을 죄와 연결시킨다든가, 어떤 사람의 여러 성품들을 어떤 특징을 가진 별과의 관계를 통하여 이해한다든가 하는 것이다. 이 모든 것이 어떤 방법을 따르는 것이 사실이지만 이 방법은 오늘날 우리들의 분석적·인과론적 방법으로는 이해할 수 없는 것이다. 우리들이 이해하기에는 전혀 관계가 없는 사실들을 하나의 통일된 복합체로 간주한다. 그리하여 원시인들은 자신들이 아는 모든 것, 사람, 동물, 사물들을 우리와는 전혀 다른 기준에 의하여 구분한다. 예를 들어 어떤 짐승과 어떤 사람을 같이 분류하는데, 그 짐승이 그 사람의 **토템**이기 때문이다. 그런가 하면 그것과 연관된 종류의 짐승이나 다른 사람을 전혀 다른 부류로 분류하기도 한다. **신화**에 있어서도 마찬가지다. 신화는 일정한 방법에 따라 꿈의 체험으로부터 하나의 "학"(學)을 만든다. 오늘날 우리들의 사고가 가능한 한 가장 보편적인 것으로 만들어 사용하는 추상적 "요소들" 대신에, 신화에서는 형상(인물)들이 지배적이다. 제우스는 번개를 다루고, 헬리오스는 사두마차로 궁창을 달린다. 그리스 시대와 그후에도 상당히 오랫동안 과학은 신화로 남아 있었다. 물론 때때로 형식뿐이기는 하지만. "끌림"(사랑)과 "밀어냄"(미움)이 엠페도클레스(Empedocles)에 있어서는 신들이었다. 이 점에 있어서는 우리들의 과학도 별로 변한 게 없다는 인상을 우리는 종종 지울 수 없다. 현대세계에서는 순수한 신화적 개념들이 실로 그 아름다운 형상들을 잃어버리기는 했지만, 그만큼 더 번성하고 있는 것 같다.

　이 "형상화하는 사고" — 정령숭배와 연관되어 있음 — 는 직관적이고 수감적인 사고 못지않게 불가결하다. 사람에게 그런 사고가 필요하다는 것을 알아야 하고, 소위 말하는 정확한 무편견성이라는 것으로 자신을 속이지 말아야 한다. 이 무편견성이란 통상 하나의 강한 편견에 지나지 않으며 암묵적 자명성으로써 단단히 전제된 사고방식일 뿐이다. 여기서 철학 자체, 그리고 여러 과학이 이 "전논리적" 사고를 얼마만큼 무시할 수 있는지에 대해서 논하려는 것은 아니다. 그러나 적어도 종교에 대한 반성은 이 문제를 결코 무시할 수 없다. 종교적 표상과 개념들은 결코 순수 이론적 이성의 법칙에 따라 형성될 수 없다. 이미 우리는 위에서 가장 단순한 판단, 가장 하찮은 언표되지 않은 생각이라도 곧 그 직접성을 상실하고 합리적인 인식으로 진전된다는 것을 보았다. 트뢸취(Troeltsch, Ernst, 1865~1923. 독일의 개신교 신학자 — 역자 주)의 말대로, 종교에서는 이성적인 것(logos)과 신화적인 것(mythos) 양자가 다 불가결하다. 모든 종교에는 반성적인 요소가 있다. 그러나 그 사고는 항상 "형상화하는 사고"이다. 여기서 우리는, 특히 칸트가 우리 인식의 한계를 확실히하려

시도한 이후에, 일종의 긴장을 접하게 된다. 이 긴장을 트뢸취는 이성적인 것과 신화적인 것 사이의 긴장이라 불렀다. 한 걸음 더 나아가서 이 긴장을 전논리적인 것과 논리적인 것, 정감적·형상적인 것과 인과론적·추상적인 것 사이의 긴장이라 할 수도 있을 것이다.

 이러한 긴장은 정신활동의 모든 영역을 지배하고 있다고 나는 확신한다. 그러나 그것은 종교적 영역에서 가장 분명하게 드러난다. 특히 분명한 것은 신학이 과학이 되기는 매우 어렵다는 것이다. 그러면서도 못지않게 분명한 것은 그것이 과학이 되어야 할 필요가 있다는 것이다. 이 긴장을 일방적으로 깨서는 안된다. "신앙적인 과학"은 "과학적인 종교"와 마찬가지로 말도 되지 않는다. 긴장은 참고 견뎌야 한다. 신학 가운데 가장 신학적인 분야, 즉 교의학(dogmatics)에서 이 긴장이 가장 첨예하게 나타난다. 교의학에서 주어진 자료는 완전히 비합리적인 것들이다: 우리에게 하나의 인식으로 선사된 계시, 직관이다. 그것은 흔히 꿈속의 비문법적 형상들 — 이적, 삼위일체, 무한하면서도 **동시에** 인격체이신 하느님, 신이자 인간 등 순수이성에게는 끔찍한 것들! — 로 변장한다. 이제 현대인들은 이 모든 것을 칸트 이후의 학문적 방법에 의하여 처리할 것을 요구받고 있다. 현대인은 자기의 양심을 걸고 정감적인 것에 대한 어떠한 양보도 경계해야 한다. 그렇지 않을 때, 그의 탐구는 고작해야 증명되지 않는 전제들 — 그 직관적 성격은 한번도 인식 못한 채 — 위에 전개되는 날카로운 논리일 뿐이다. 그리하여 많은 교의학 책들이 일종의 방법론적으로 뛰어난 꿈 해석서나 점성술 교본과 놀랍게도 닮았다: 꿈이 우위를 점하고 있어서 고통스러울 정도로 "학문적인" 것들 속에 둘러싸여 매우 특이하게 보인다. 다른 한편으로는, 현대인은 직관적으로 주어진 것을 그의 참된 학문으로써 합리화시켜 버리거나 분석하여 제거해 버려서는 안된다. 만약 그렇게 한다면, 그가 얻을 수 있는 것은 어떤 이성적 체계이거나 사회학적 구성물에 불과할 것이고, 본래적인 것, 즉 종교적인 것은 빠져 버리고 말 것이다. 어떤 종교철학은 학자들 자신의 고도의 사색 능력만 과시하고 만다. 그것이 대단한 것 같지만, 그들 학문이 취급해야 하는 문제에 비하면 아무것도 아니다. 어느 솔직한 독일 교수가 언젠가 나에게 표현해 준 것처럼 "예수에 대해서 자신의 멍청한 머리 속으로 들어가는 것만 인정하고자 하는" 것이다. 우리가 첫번째 언급한 교의학은 이미 칸트 이후로 존재할 수 없고, 다음으로 언급한 철학은 슐라이어마허 이후, 특히 누구보다도 옷토 이후 더 이상 존재할 수 없다. 그럼에도 그런 교의학은 꽤 오래 성장하고 번창할 것이다. 논리와 전논리 양자에게 다 충분히 그 권리를 인정하고 일종의 조화로운 종합으로 이끄는 것이 오늘날 신학자의 바람직한 과제이다. 이것이 불가능하게 보이는가? 그래도 낙심하지 말아야 한다. 모든 다른 사고와 마찬가지로, 종교에 대한 사고도 종결을 짓는 데 그 의의가 있는 것이 아니라 **계속해서 생각하는 데** 그 의의가 있다는 생각이 위로가 될 것이다.

제 38 절

신 학

권력에 대한 의지는 인간에게 고유한 것이다. 인간은 세계를 정복하려 하고, 그 과정에서 직면하는 힘들도 세계를 정복하는 데 도움이 되는 한 인정하려 한다. 그래서 인간은 과학, 기술 그리고 종교를 개발한다. 즉, 문화를 창조하는 것이다.

그러나 그 관계가 역전될 수도 있다. 인간이 만나는 힘이 인간을 사로잡고 인간을 복종하도록 할 수 있다. 이런 관계의 결과는 신앙이다. 그것은 더 이상 주술이나 혹은 이론으로 이끌지 않는다. 그리고 신, 인간, 세계에 대하여 숙고가 생길 때, 이것은 신학의 형태를 취한다.

신학이 무엇인가 하는 것은 우선 신학이 아닌 것을 먼저 알고 나면 쉽게 정의될 수 있다. 신학은 과학, 철학, 예술 등 인간의 자기 실현의 여러 형태들과 상당히 오랫동안 동행한다. 그러나 끝에 가서는 이 모든 것들을 떠나 독자적인 길을 걷는다.

여기서는 신학을 **우주론**(cosmologie)이라 하자. 우주론에서는 무엇보다도 세계의 발생에 대해서 다룬다. 두 가지 주된 갈래를 구별할 수 있다. 그 하나에 의하면 "태초에 하느님이 천지를 **창조하셨다**". 즉, 태초에 인격적인 신의 행위가 있었다는 것이다. 그리고 그 나머지는 이와 일치하여 이루어진다: 하느님은 자기의 피조물과 함께 대대로 역사에 참여하신다. 모세 오경에서는 이 세계관이 매우 완전하고 강력하게 전개되어 있다.

이와는 대조적으로, 모든 것이 신으로부터 **생성된다는** 이론이 있다. 극적으로 움직이는 역사 대신 힘들이 작용하는 과정이 등장하는 것이다. 원시적 형태의 신화에서는 이 과정이 세계가 그 여러 부분들과 함께 한 거인의 몸으로부터 생긴다는 식으로 전개된다[스칸디나비아에서는 이밀(Ymir), 인도에서는 푸루샤(Purusha), 바빌로니아에서는 티아마트(Tiamat)]. 세계의 형성을 일자(一者)로부터 다(多)의 자기 전개로 간주하는 후대의 사색의 근거가 여기에 이미 놓여 있는 것이다. 이집트에서는 존재하는 힘들이 원초적 신 아툼(Atum)의 사지라고 보는 소박한 생각조차도 범신론적인 뜻으로 해석되었다: 여럿으로 보이는 것이 전체 신 — 아툼은 전체 — 안에서 하나라는 것이다. 이런 사고의 발전 과정에서 신화 대신 여러 종류의 유출설(emanation)들이 등장하게 된다.

인간이 스스로 만들어 내는 세계관도 역시 인간의 종교적 경험의 직접적인 영향 아래 있다. 칠층천(七層天)의 표상도 그런 것이다. 이에 의하면 영혼이 **최고천**(empyreum)으로 승천해야 하는 것으로 되어 있는데, 이런 표상은 페르시아, 바빌로니아로부터 로마 제국에 이르기까지, 피타고라스로부터 바울로, 디오니시우스 아레오파기타와 단테에 이르기까지 그 흔적을 찾을 수 있다. 이것은 매우 분명하게 종교적·정감적인 영향을 받은 것이다: 영혼의 종교적 욕구가 세계관을 형성하며 영혼의 두려움과 희망이 하늘로 향한 어려운 길을 제시하는 것이다.

그것은 **피안**(彼岸)의 세계에 대한 표상에서도 마찬가지다. 이 표상들 속에는 영혼이 자신의 고향, 신들의 나라로 알고 있는 **전혀 다른 것**(das ganz Andere)이 멀리 떨어진 곳(極西), 외로운 곳(대양 가운데 섬), 어둡고 **으스스한 곳**(거인들이 사는 곳), 깊이 숨어 있는 곳(지하세계), 그리고 높이 올라가 있는 곳(하늘) 등으로 표현된다.

태초에 하느님의 행위에 대한 표상에는 종말에 하느님의 행위에 대한 표상이 상응하고, 일자로부터 다자의 유출이라는 표상에는 다자가 다시 일자, 신으로 회귀한다는 표상이 상응한다. 이 두 표상은 모두 종말론적 성격을 띠고 있다. 양자 다 시초에 평행하는 종말을 추구하고 있다. 양자 모두 지상적 존재의 경계 밖에다 행복과 조화의 이상, 신과의 교제의 이상을 옮겨놓는다. 처음에는 **좋았고**(낙원, 황금시대), 언젠가는 역시 **좋을 것이다**(영원한 복락, 메시아 왕국). 그리고 지상의 삶은 **과도기**이다. 양자는 종말을 서로 다르게 표상하고 있다. 하나는 종결의 행위로 심판과 선고를 제시하고, 다른 하나는 주기가 완성되어 마지막 상황이 시작의 상황과 같이 되는 것으로 표상한다. 즉, 신으로부터 나와서 신으로 돌아가는 것이다. 물론 두 세계관을 완전히 구별할 수는 없다. 살아 계신 하느님의 자기 피조물과의 역사 속에서 실로 자기 생명의 근원을 발견한 바울로도 그럼에도 불구하고 하느님이 모든 것 안에 모든 것이 되는 날에 대해서 말하고 있다. 여기서도 역시 인격적인 상으로 표현된 것이 표상될 수 없고 표현될 수 없는 것의 현존을 가장 확실히 보장해 주고 있다. 물론 이 두 방향의 입장 사이에는 엄청난 차이가 있다. 세계가 신적 과정이라고 보는 두번째 견해는 모든 것이 흐르는 연속성 속에 산다. "원시적인" 삶의 순환도 이러한 연속성 속에서 이루어진다: 일정한 기간들이 어김없이 왔다가는 사라지며, 모든 것은 동일한 가치를 가지고 있고 마찬가지로 불가결하다. 여기서는 신 개념이 비록 위대한 종교적, 특히 신비적 가치들을 지닐 수 있지만, 질적으로보다는 양적으로 생각된다. 첫번째 사고 방향에서는 연속성이 사라진다. 여기서는 삶에 긴장이 지배하고, 이 긴장은 이행에 의해 극복할 수 있는 것이 아니라, 하나의 비약, 인과적으로나 진화적으로 설명될 수 없는 하나의 충격으로써만 제거될 수 있는 것이다. 여기서는 한 세계가 다른 세계를 이어 따르거나 그것으로부터 나오는 것이 아니라, 종말에 하느님이 "전혀 다른" 영역, 그 이전의 영역에 의하여 설명될 수 없는 영역으로 옮겨주는 것이다. 회심에 있어서 "옛" 사람과 "새" 사람의 관계와 같이, 두 세계는 전후관계가 아니라, 서로 옆에 있는 것으로 생각된다. 그러므로 긴장은 더욱 커지고 고통스럽게 된다. 여기서도 우주론은 역시 종교적 경험의 반영이다. 두번째 사고 방향에서는 더 큰 전체로의 소멸의 경험이고, 첫번째 방향에서는 이해할 수 없고 공로 없이 받는 선물을 받는 경험이다. 그러나 두 유형이 모두 순수한 형태로 나타나는 것은 아님을 잊지 말아야 한다. 모든 차이는 강조점의 차이다. 비록 일반화가 더 어렵게 되었다 할지라도 그렇다고 해서 차이가 좁혀지는 것은 아니다.

　물론 이런 것들은 세계에 대한 일반적인 종교적 직관과 연결되어 있다. **범신론**과 다양한 종류의 **일원론**은 세계를 신 안에서 계속해서 전개되는 것으로 본다. 그러나 **유일신론**은 세계와 하느님을 결코 상호 내재적인 것으로 보지 않고, 세계의 역사를 하나의 과정으로 보기보다는 생동적이고 예측할 수 없는 사건으로 본다. 첫째 종류의 흐름에서는 도덕적인 악을 단지 우리에게 아직 선하지 않게 보이는 것 정도로, 그러나 커다란 전체 속에서는 "선"과 꼭 마찬가지로 필연적인 것으로 받아들인다. "신의 눈에는 모든 것이 선하다"고 브라우닝(Browning, Robert, 1812~1889. 영국의 시인 — 역자 주)은 말했다. 그는 말한다:

> 모형은 반(反)모형이 필요하다:
> 밤은 낮이 필요하고, 밝음은 그늘이 필요하듯,
> 선도 악이 필요하다: 고통이 없었더라면
> 어떻게 동정이 이해될 수 있었으리요?

이와는 다른 흐름에서는 악은 어떤 과정 속으로도 용해될 수 없으며, 비록 그것이 가장 아름답고 가장 규칙적인 전개에 들어맞는 것이라 할지라도 존재해서는 안되는 것이다. 이 두 세계관의 원초적이고 근본적인 유형은 오늘날에 다른 어느 때보다 더 날카롭게 대립하고 있다. 생동적 힘의 종교 — 원시적 힘의 숭배 — 가 괴테 이후에 매우 강력하게 대두되고 있다. 유행을 탄다고까지 할 정도다. 최근에 새로 나타난 별로 인상적이지 못한 예언자들은 무시하고라도, 월트 휘트만(Walt Whitman), 에머슨(Emerson), 브라우닝 같은 시인들이 아주 오래된 복음을 하나의 **새로운 차안의 종교**(neue Diesseitsreligion, Wendland의 표현)로서 전파하고 있다. 그들은 괴테가 이미 말한 것, 그리고 벤드란트가 지적하듯 괴테가 더 잘 표현한 것 외에 별 새로운 것을 내놓지는 못한다. 이런 유의 사고의 가장 멋지고 매력적인 표본은 페흐너(Fechner, G. Th., 1801~1887. 독일의 철학자이며 과학자 — 역자 주)의 철학이다. 거기서는 모든 것이 점진적이다. 모든 것, 심지어 가장 하급의 것이라도 가장 높은 것으로부터 빛을 받는다. 아무 구멍도 발견되지 않으며 비교할 수 없는 것들(특이하고 예외적이고 놀라운 것들 — 역자 주)도 마찬가지로 존재하지 않는다. "무한한, 그리고 무한히 높은 정신은 그 높이와 넓이에 있어서 모든 유한한 정신들과는 비교될 수 없지만, 그럼에도 불구하고 완전히 비교될 수 있다. 아니, 모든 정신을 정신으로 만드는 한 완전히 같다." 신은 더 높고 더 넓으나 **다르지**는 않다. 사람들은 가능한 한 더 큰 **보편화**와 **확장**과 **상승**을 통하여 신에게 갈 수 있다. 깊이 내려가는 것은 필요없는 모양이다. 우리는 "우리 자신 속을 들여다보고 작은 신으로부터 큰 신으로 추리해 간다". 이런 직관들이 지닌 가장 큰 매력은 그 시적 성격 외에도 그 기분좋은 단순성이다. 사랑스러운 철학자에게는 모든 것이 투명하다. "이해될 수 없는 것이 어디 있는가? 모든 것이 친숙한 개념들로 대두되지는 않더라도 전적으로 분명하거나, 아니면 친숙한 것을 매개로 하여 명료하게 하는 표상들과 개념들로서 대두된다." 그러나 유감스럽게도 그럼에도 불구하고 계속 이해되지 않는 — "친숙한 것을 매개로" 해도 이해할 수 없는 — 것에서 가장 큰 행복을 발견하는 사람들이 언제나 존재한다. 페흐너와 같은 유형의 사람들은 — 보통 이상으로 매력적인 사람들임에 틀림없지만! — 그런 것에 대해서는 전혀 관심이 없다. "신의 성스러움에 대한 개념을 인간적인 것과는 비교할 수 없는 것으로 높이는 사람들은 자기의 개념 내용을 개념화할 수 없는 것에서 찾는 잘못을 저지르며, 인간 자신의 성스러움의 본보기를 더 이상 성스러운 신에게서 찾을 수 없는 잘못을 저지른다." 그러나 사람들 가운데는 본보기로서의 신, 전형으로서의 신이라면 차라리 신을 가지지 않으려는 자들이 항시 존재한다. 그런 사람들은 자신들이 어찌할 바 모르는 그러한 하느님 안에 숨어서만 안전함을 느낀다. 이미 욥이 그러했고 바울로, 루터 그리고 오늘날에도 그런 사람들은 많다. 그리고 구태여 인격체적-유일신을 믿는 사람들 가운데만 있는 것도 아니다. 비인격체적인 것을 "일반적인 것"을 숭배하는 논리적 편의성 때문이 아니라 너무나도 인격적인 것에 대한 두려움 때문에 찾는다면, 신비주의자 혹은 범신론자라도 숨겨진, "전적으로 다른" 신의 비밀을 발견할 수 있다.

그러나 이 비밀 — 종교 그 자체의 비밀 — 은 거듭거듭 손상되곤 한다. 한편으로는 모든 "형상"들을 지극히 보편타당하나 핏기 없고 죽어버린 개념들로 만들어 버리기 전에는 안심하지 못하는 보편화의 경향에 의하여 손상되고, 다른 한편으로는 합리주의적 인간화로 인해 손상된다. 이러한 인간화는 하느님의 인격성에서, 확대된 — 종종 축소된 — 인간 외에 아무 다른 것도 보지 못하고, 하느님과 인간과의 관계를 판사와 피고와의 관계, 혹은 지나치게 마음씨 좋은 아버지 — 차라리 할아버지가 더 좋을 것이겠지만 — 와 꽤나 버릇없는 아이의 관계로 본다.

이 두 가지 위험들로부터 다시금 벗어나는 사람들이 있다. 그들은 예수 그리스도의 인격에서 말로 표현할 수 없는 것, 전적으로 다른 것, 필요한 유일한 것을 인간의 자의(恣意)로부터 가장 확실하게 떨어져서, 그리고 가장 행복하게 인간적 겸손에 가까이 가는 자들이다. 곧 참 인간이며 하나의 "형상", "동정녀 마리아에게서 나신", 참 하느님이요, 성스럽고 모든 피조물과는 전적으로 다른, "되기는 했으나 만들어지지는 않은" 분이다.

그러나, 이렇게 말함으로써 우리는 이미 신학의 한가운데 서 있다.

세계에 대해 말하는 것은 본질적으로 하느님에 대해 말하는 것이라는 것이 신학의 출발점이다. 하느님에 대해 말하는 것은 곧 그의 **말씀**을 선포하는 것이다. 왜냐하면 하느님에 대해서는 하느님 자신만이 말할 수 있고, 하느님께 말씀을 받은 예언자 혹은 사제만이 말씀할 수 있기 때문이다. 이미 고대 이교도의 세계에서도 신학자들은 신들의 행위들을 전달하는 축제 설교자들이었다. 그러므로 신학은 하느님에 대해 말하는 것이지만, 동시에 하느님 이름으로 말하는 것이다. 신학은 항상 위임을 받아서 하는 것이다. 순종은 신학의 가장 큰 덕이다. 그때문에 그리스도교에서는 신학이 교회와 불가분의 관계를 맺고 있다. 교회에서 전파되는 신앙은 어린이들에게나 지혜로운 자에게도 전파되고, 교리문답이나 교의학 연구를 통해서도 전파된다. 교회에서 우리는 종국적으로 세상과의 관계에 이르게 되는데, "세계관"이라는 구속력없는 방식으로가 아니라 하느님을 섬기는 자로서 이르게 된다. 그러나 우리는 어디까지나 하느님을 통과해서 세상에 이른다. 그리스도교 신앙고백이 말하듯, 하느님만이 세상으로 가는 길을 발견한 유일한 분이기 때문이다. 즉, 그가 인간이 되었을 때.

역사적 형태들과 사람들

제 39 절

뚜렷한 고유의 형태가 없는 종교들

종교 그 자체란 이 세상 어디서도 찾아볼 수 없다. 우리는 다만 어떤 하나의 특정한 종교만 대할 수 있을 뿐이다. "종교는 사실 종교들에만 있을 뿐이다"라고 하인리히 프리크(Heinrich Frick, 1893~1952. 독일의 종교학자 — 역자주)가 바로 지적했다. 우리는 앞에서 살펴본 여러 가지 종교적 요소들을 여러 다른 종교들에서 발견하게 된다. 그 요소들은 항상 일정하게 혼합되어 특정한 구조에 첨부되어 있다. 혼합 형태 하나 하나를 우리는 하나의 종교라 부른다. 그 특징에 따라 이 혼합체들을 분류하는 것을 **종교유형학**(typology of religions)이라 부른다.

  종교들 가운데는 그 자체의 뚜렷한 성격을 가진 것들이 있다. 그러나 대부분의 종교들은 그렇지 않다. 이들을 우리는 통틀어 **원시종교**라 부른다. 전체적으로 보아 이들은 세계 어느 곳에나 어떤 시대를 막론하고 동일한 구조를 보이고 있다. 그들은 종교라는 현상의 공통적 기초를 형성하고 있다. 그래서 아프리카의 반투 종교를 연구하든지, 말레이-폴리네시아 종교 혹은 남미 인디언 종교를 연구하든지 별 차이가 없다. "별 차이가 없다"는 말을 물론 너무 문자적으로 이해해서는 안된다. 실제로는 온갖 크고 작은 차이가 있다. 그러나 구조 그 자체는 거의 같다. 그 가장 좋은 증거는 "원시종교"들을 통틀어 서술하는 것이 가능하다는 사실이다. 샹뜨삐 드 라 쏘쌔이의 『종교사 교본』이나 틸레 - 쐬더블롬(Tiele - Söderblom)의 『종교사 강요』와 같은 크고 작은 종교사들이 그렇게 하고 있다. 물론 민속학자나 역사가 같은 전문가들은 그보다는 더 깊이 연구하여 원시종교들에서도 서로간의 차이를 찾으려 할 것이다. 이런 연구가 물론 유용하고 필요하지만, 근본적인 통일성에는 아무런 변화가 있을 수 없다.

사실 근본적인 통일성은 위에서 말한 것보다 훨씬 더 분명하다. 모든 종교에서, 심지어 "고등종교"라는 혐오스러운 용어로 표현되는 것들, 다시 말해 두드러진 독자적 특성을 지닌 종교들 속에서조차도 우리는 어디서나 동일한 하나의 공통적 기초를 만난다. 우리가 그리스 종교의 바탕을 연구하든지, 게르만족 혹은 중국 종교의 기초를 연구하든지, 이 근본적인 유사성은 거듭거듭 우리를 놀라게 한다. 게르만 종교에 대한 그륀베흐(Grönbech)의 연구와 이스라엘 종교에 대한 페더슨(Pedersen)의 연구를 한번 비교해 보면 그 일치는 인상적이다. 그외에 그리스 종교에 대한 닐손(Nilsson)의 연구나 중국에 대한 그라네(Granet)의 연구를 비교해도 마찬가지다.

이러한 공통적인 기초 위에서, 자체의 두드러진 특징을 가진 종교들이 더욱 더 분명하고 뚜렷한 윤곽을 가진 것으로 나타나는 것이다.

제 40 절

종교의 역동성

분명한 특징을 가진 종교들도 결코 혼자서 외따로 존재하지는 않는다. 그들은 독존하는 체계가 아니라, 살아 있고, 자라며, 사멸하는 존재들로서, 다른 종교들과 계속되는 교류를 통해서만 생존할 수 있는 것이다. 우리는 이것을 종교의 역동성이라 부르고, 그것으로써 우선 **종교혼합**(syncretism)을 의미한다.

 종교혼합이란 말은 플루타르코스(Plutarch)에서 처음 나타나고(synkrètizein), 후에 에라스무스(Erasmus)의 글에 발견되는데, 어원을 오인하여 "혼합"(synkerannymi)이란 뜻으로 사용한다. 여하튼 이 개념은, 한 종교는 결코 혼자서 존재하지 않고 항상 다른 종교와의 혼합의 결과이며, 혼합된 것은 또 새로운 혼합으로 이어진다는 보편적인 현상을 간단하게 요약한 것이다. 그리스나 이집트의 종교는 둘 다 매우 다양한 지방신 숭배들이 함께 합쳐짐으로써 이루어진 것들이다. 지역이나 국가의 정치적 혹은 문화적 통일은 증가하는 종교혼합의 결과들이다. 그런 식으로 하부 이집트의 지방신이었던 오시리스가 보편적인 이집트의 신이 되었고, 칠레네(Cyllene)의 주신이었던 헤르메스가 헬라의 신이 된 것이다. 이와같이 역사적으로 존재하는 종교 하나 하나는 하나의 종교가 아니라 여러 종교인 것이다. 한 종교가 자신의 특성을 발전시키면 스스로를 강력하게 내세워 다른 종교들과 분명한 경계를 그을 수 있게 된다. 예를 들어 이슬람, 이스라엘("우상들을 경계함!"), 그리고 그리스도교가 그러하다. 그러나 혼합 과정이 계속되기도 한다. 제정 로마 시대에는 여러 기원을 가진 수많은 종교가 계속 혼합되었다. 그 결과는 일종의 혼융으로서, 신 하나 하나가 다른 모든 신들과 동일시될 수도 있고 동일한 개인이나 종교 집단이 여러 종교를 신봉하게 되기도 한다. 그리하여 이시스(Isis)는 데메테르, 아프로디테, 이쉬타르(Ishtar) 등과 동일시된 것이다. 이러한 과정은 일종의 유일신교로 이끌 수 있는데, 이러한 유일신교는 한 종교가 다른 종교에 대항하여 엄격하게 자신을 지킴으로써 성립하는 유일신교와 다른 종류의 유일신교라 할 수 있다. 전자는 **포괄에 의한**(per inclusionem), 후자는 **배제에 의한**(per exclusionem) 유일신교다. 일반적으로 종교혼합 그 자체에 상응하는 것은 **다신숭배**이다.

두번째 역동적 현상은 **의미변화**이다. 한 현상이 그 형태는 그대로 유지하나 그 뜻이 바뀌는 것을 말한다. 예를 들자면, 창세기 28장에 언급되는 베델(Bethel)에 대한 이야기는 본래 일종의 돌숭배라는 주물숭배의 경험을 보여준다. 그 돌은 그대로 남아 있으나, 종교의 역동적인 발전 과정에서 그것이 신현(神顯, theophany)의 이야기로, 다음에는 하느님이 가까이 계실 것에 대한 약속으로, 그리고 마지막으로 그리스도교의 설교에서는 위로와 건덕의 뜻으로 이해되는 것이다. 십계명은 동일하나, 그 의미는 베두인(Bedouin)의 율법에서부터 복음서, 루터, 하이델베르그 교리문답서에 이르기까지 의미가 다양한 것이다.

세번째 역동적 현상은 **선교**이다. 일반적으로 말해서 모든 종교는 선교를 한다고 할 수 있는데, 모든 종교가 영향력을 행사하기 때문이다. 그러나 선교가 종교적 경험 자체에 내재한 과제로서 이해되면 문제가 달라진다. "가서 모든 민족들에게 가르치라!" 이런 점에서 불교, 이슬람, 그리스도교는 3대 선교적 종교이다.

마지막으로 **각성**과 **개혁**을 지적해야겠다. 각성이란 종교적 경험의 강력한 파동을 의미하는데, 그것은 종교에 있어서 많은 죽어가는 요소들을 제거해 버리거나 새롭게 생명을 불어넣는다. 그런 각성은 모든 종교에서 다 찾아볼 수 있으며, 그 특징은 각각이다. 그리스에서 오르페우스의 종교나 디오니소스교, 그리스도교에 있어서 재세례파, 경건주의, 감리교, 오순절 운동 등이 그런 것이다. 종교개혁 또한 모든 의식있는 종교에서 불가결한 것이다. 어떤 "대 종교"는 그 자체가 다른 종교를 개혁한 것이라 할 수 있다. 불교는 바라문교를 개혁한 것이고, 바라문교는 베다의 다신숭배를 개혁한 것이다. 이슬람은 아라비아인들의 정령숭배를 개혁한 것이고, 그리스도교는 유대교를 개혁한 것이며, 유대교는 가나안 정령숭배를 개혁한 것이다. 개혁이라 해서 한 종교의 본질이 물론 다해지는 것은 아니다. 그러나 개혁은 그 종교의 한 돌출적 사건이 아니라 하나의 생명 형태이다.

이와같이 종교는 여러 가지 방식으로 움직인다.

제 41 절

뚜렷한 고유의 성격을 지닌 종교들

모든 종교들은 물론 각기 자체의 고유한 성격을 가지고 있다. 그러나 종교유형학의 입장에서 고유한 성격을 가진 것으로 취급할 수 있는 종교란 다음과 같은 것들에 국한된다. 즉, 그들의 고유한 성격이 상당히 뚜렷해서, 이에 비하면 그 종교가 다른 종교들과 공유하고 있는 원시적 기초가 별로 중요하지 않은 경우들만이다. 예를 들어 유대인들의 종교와 게르만인들의 종교를 비교해 보면 많은 것을 알 수 있다. 양자는 거의 동일한 원시적 표상과 습관을 가지고 있다. 그러나 게르만의 종교에서는 그 공통적인 것을 넘어서는 것이 너무 미약해서 독특하다고 말하기는 곤란하다. 그러나 이스라엘의 종교에 있어서는 그 독특한 점이 너무 두드러져서 얼마 전까지만 해도 학자들이 원시적인 공통요소들에 대해서는 전혀 관심을 쓰지 않을 정도였다(옳지 않은 일!).

중국과 **일본**의 종교들이 뚜렷하게 독특한 성격을 가지고 있는가 하는 것은 문제가 될 수 있다. 아주 확실한 것은 이들 종교에 있어서 공통적인 요소는 매우 광범위하다. 중국에서 나타나는 신비주의는 근본적으로 다른 곳, 특히 인도에서 나타나는 신비주의와 다르지 않다. 그러나 우리가 거리감을 가지고 있는 중국 종교의 다른 특징들, 특히 유교에서 나타나는 특징들에서는 차이라는 것을 말할 수 있다: "선생은 괴력난신(怪力亂神)을 말씀하시지 않았다." 사람들은 다만 덕에 관심을 기울여야 하며, "사람에게 의를 다하려고 진지하게 힘써야 하며, 귀신과 신에 대해서는 경외하나 멀리해야 한다". 힘들에 대한 이런 태도는 자기 확신에 찬 전통적 인본주의로 발전한다.

일본은 이와 전혀 다르다. 중국 문화의 영향 밑에서 살고, 종교도 많은 점에서 중국의 것과 비슷하게 보이지만, 인본주의가 인간을 향한 것이 아니라 민족

을 향한 것이다: "신도(神道)는 일본 민족의 자신에 대한 믿음으로서, 원시적 자연종교의 형태로 행해진다"(Gundert). 여기서 인본주의가 제국주의로 된다: "신들의 나라에서 전세계는 사라져야만 한다." 심지어 불교조차도 일본적 형태에서는 그런 제국주의에 봉사하도록 변형되었다: 선(禪) 종파의 신비주의적 몰입도 자기도 모르는 사이에 열렬한 애국심으로 변하는 것이다. 선 종교는 사무라이, 즉 무사의 종교이다.

전혀 다른 종류의 것으로는 **이란**의 종교들, 특히 조로아스터의 종교가 있다. 한 진정한 **창립자**(Urheber)의 모습을 한 신에 대한 숭배로부터 짜라투스트라의 예언자적 체험을 통해 하나의 진정한 신앙이 생겨난 것이다: 배후에 머물러 있던 신 아후라 마즈다(Ahura Mazda)가 능동적인 신이 되어 싸우며 투쟁을 촉구한다. 마즈다교는 온 세상을 투쟁으로 간주한다. 심지어 노동조차도 악한 영에 대항하여 선한 영을 위해 싸우는 투쟁으로 본다. 이원성이 세계의 본질이나, 궁극적인 목표는 **신의 나라**, 즉 **바르가**(Varga)이며, 이것이 사람들이 선택해야 하는 것이다.

그리스 종교는 온갖 원시종교들의 복합체다. 그것은 창시된 것이 아니라 자라났다는 점에서 이란의 종교나 다른 종교와 구별된다. 원시적인 바탕 위에서 무엇보다도 두 형태가 나타나는데, 에로스와 형상이다. 겉으로는 서로 반대되면서, 그러나 실제로는 대조 가운데 조화를 이룸으로써 그리스 종교를 놀랍게도 풍부한 시의 종교로 만들었다. 에로스, 곧 충동의 형태를 우리는 밀의종교, 비극, 플라톤의 『파이돈』(Phaidon)이나 『향연』(Symposion), 그리고 특히 디오니소스의 신비종교, 그 광란에서 발견한다: "에로스여, 그대가 불을 붙인 자는 광란한다"(Sophokles). 이와 대조적인 것이 이 세상의 모든 현상들을 영원한 신적 형상으로 볼 수 있는 그리스인들의 능력이다. 이것은 신비주의와 반대다: 인간과 맞서 있는 불멸하는 신들의 세계, 존재하는 모든 것의 신적 형상. 무엇보다도 호머에서, 그러나 조각 예술에서도 역시 우리는 그리스 종교의 이러한 면이 가장 아름답고 강력하게 표현된 것을 본다.

인도의 종교는 또 다른 그림을 보여주는데, 우리는 역시 무한성과 금욕이란 두 단어로 서술할 수밖에 없다. 인도의 종교는 — 불교를 제쳐두고 — 무한히 풍부하고 변화무쌍한 세계를 형성하고 있으나, 역시 앞에 말한 두 단어로 특징지어질 수 있다. 무한성의 추구는 그 유명한 **타트 트밤 아시**(tat tvam asi), 즉 내(ātman)가 세계요 신(brahman)이다는 말에서 그 절정을 이룬다. 이 무한한 갱신을 성취하기 위해서는 『베다』의 대 제사가 드려져야 한다. 그러나 나중에는 이러한 의례가 금욕주의, 즉 육체적·정신적 존재를 비우는 **요가**로 대체된다. 바라문교의 한 종파로 시작된 불교에서는 금욕주의가 다시 무(無)에 대한 통찰로 자리를 내어준다. 불교는 무의 종교인데, 물론 긍정적인 의미로 이해된 무다. 모든 고통과 모든 감각적인 것, 모든 제한된 것의 종말을 뜻한다. 심지어 머물러 있는 것도 "머물러 있지 않다는 뜻"에서 머물러 있음이다. 신과 세계를 모두 부인하는 것이 길을 찾는 수단이다. 모든 것을 비우는 것이 완성에 이르는 길이다. 불교에서 다만 세상에 대한 거부만 보는 것은 잘못이다: 세계 부정은 자주 세계 정복으로 나타난다. 인도, 인도네시아, 일본 등에서 볼 수 있는 불교의 위대한 역사적 문화 유물들에서 그런 것을 볼 수 있다. 자바(Java)의 보로보두르(Borobodur)와 앙코르 와트(Angkor Wat) 사원은 일본의 사무라이와 마찬가지로 그것을 증언하고 있다.

전혀 다른 유형을 우리는 의지와 순종의 종교인 **이스라엘**의 종교에서 만난다. 야훼를 섬기는 것은 그의 뜻을 이루는 것이다. 야훼는 자기 백성들의 인도자로서 그들에 앞서 가고 그들과 함께 가며, 오기도 하고 가기도 하며, 찾기도 하고 떠나기도 하며, 말하기도 하며 침묵하기도 하는 신이다. 그의 백성은 그의 신적인 의지를 성취해야 한다. 그는 질투심을 가지고 그의 권능을 주장하나, 동시에 사랑과 용서를 선사한다. 그의 신적 의지의 힘이 너무 강력해서, 이스라엘 사람들은 그 밖에 있는 모든 힘을 아무것도 아닌 것으로 취급했다: 야훼 안에 모든 힘, 심지어는 악까지 집중되어 있다. 이것은 하나의 모험으로서, 다신론자들과 이원론자들에게는 어리석게 보인다. 이 모험은 다만 **믿음** 안에서만 감행될 수 있다. 이와 관계되어, 여기서는 모든 형상이 사라진다: "너는 나의 얼굴을 볼 수 없다; 나를 본 사람은 아무도 살아남을 수 없기 때문이다"(출애 33,20)라고 하느님은 모세에게 말한다. 다만 그를 섬김으로써만 사람은 그와 교제할 수 있다: 율법이 그의 계시다.

이슬람은 유대적·예언자적 종교의 한 파다. 이슬람은 유대교보다 더 신의 존엄성을 강조하고 그에 대한 인간의 태도로서 겸손을 강조한다. 역설적으로 말해, 이슬람이야말로 본래적으로 신의 종교라 할 수 있다. 인간이 설 자리는 거의 없다. 이슬람 신학에서는 신의 계시라는 것이 본래 가능한가에 대해서 계속 논란이 제기된다. 유대교 랍비 아키바(Akiba)는 순교자로 죽으면서 **에하드**(echad), 즉 하나뿐이라고 말했는데, 이슬람 교인들에게는 신의 의지 외에는 아무것도 있을 수 없다: 알라 외에는 아무 힘도, 아무 존귀도 없다는 것이 거듭 반복되는 후렴이다. 쿠란의 여섯째 장(surah)에서는 "하느님이 인도하기로 작정한 자는 하느님이 그의 가슴을 이슬람을 향해 넓게 열게 하며, 그가 곁길로 가게 하기로 작정한 자는 마치 그가 하늘에라도 올라가야 하는 것처럼 그의 가슴을 좁고 두렵게 만든다. 하느님은 그를 믿지 않는 자에게 공포를 준다"라고 되어 있다.

그리스도교는 그것이 유래된 이스라엘의 종교와 불가분의 관계로 연결되어 있다. 신약은 구약에 숨겨져 있고, 구약은 신약에 열려져 있다(Novum testamentum in vetere latet, vetus in novo patet). 그러나 그리스도교에서는 하느님이 다시 한 형상을 가지는데, 곧 사람이 되고 십자가에 못박힌 자의 형상이다. 그것은 깨어지고 상처난 형상이지만, 그렇다고 해서 덜 가시적이고 덜 현실적인 것은 아니다. 그리스도 안에서 우리는 하느님을 본다. 그러나 권능으로서의 하느님이 아니라, 오히려 그리스도 안에서 하느님의 힘은 사랑으로 나타난다. 야훼의 정열적 의지는 우리를 먼저 사랑한 사랑으로 나타난다. 그리고 하느님의 종의 순종은 이제 용서받고 용납받은 자녀의 사랑으로 나타나야 하는 것이다.

제 42 절

창시자와 개혁자

우리는 앞서 성스러운 인간을 통한 힘의 현존화에 대해서 언급하였다. 이제 마지막 절에 와서 우리는 신과 인간의 규칙적인 관계가 아니라 특별한 행위나 혹은 인격의 특성을 통하여 부각되는 사람들에 대하여 잠깐 살펴보아야 하겠다.

우선 **창시자**를 생각해 보자. 물론 합창단 창단자나 주식회사 창업자와 같은 종교의 창시자란 존재하지 않는다. 그러나 역시 신에 대한 독특한 체험을 하고 그것이 수많은 사람들에게 출발점과 모범이 될 수 있도록 그것을 증언하는 사람들이 있다. 어떤 의미에서는 모든 종교적 체험은 그것이 참되고 근원적인 한 일종의 창시라 할 수 있다. 그런 의미에서는 하느님만이 유일한 참된 종교 창시자이다. 그러나, 마치 화약고에 불을 붙이는 것과 같은 종교적 체험들이 있다. 우리는 그런 것을 "창시"라 부른다.

이에 근거하여 우리는 창시된 종교와 자연발생적 종교를 구분할 수 있다. 자연발생적 종교는 그리스나 게르만의 종교에서와 같이 주로 일반적인 경험으로부터 나온 것이다. 만약 굳이 창시를 말한다면, 무수한 창시자가 있었다고 말해야 할 것이다. 이름도 없고 알려지지도 않은 무수한 사람들이 그들의 경험을 통하여 함께 종교 전체를 창립했다고 할 수 있는 것이다. 이와 반대로, 창시된 종교에서는 신에 대한 하나의 특별한 경험이 지배적이고 모범적인 역할을 한다. 누구나 붇다와 불교, 짜라투스트라와 그의 종교, 무함마드와 이슬람, 예수와 그리스도교를 생각할 것이고, 적게는 모세와 이스라엘의 종교를 — 물론 사소한 것이 아니지만 — 생각할 것이다. 창시자는 스승, 예언자 심지어 주술사일 수도 있다. 사람들은 원시종교들에서 특정한 인물들이 수행한 창시자로서의 역할에 대해서 너무 과소평가해 왔다. 사실 원시종교도 피상적으로 생각하는 것보다는 덜 자연발생적이고 더 창시된 종교이다. 그러나 어떤 경우에 있어서도 창시자는 **증인**이라야 한다. 창시자는 예언자, 스승, 신학자가 아닐 수는 있으나, 그가 경험한 것을 증언하는 증인이 아닐 수는 없다. 그의 증언이 다른 사람의 마음을 사로잡아 종교의 창시로 이어지는 것이다.

창시의 영역과 개혁의 영역 사이에 분명한 경계선을 그을 수는 없다. 어떤 창시도 전적으로 새로운 창조는 아니다. 가장 위대한 창시자들도 이미 주어진 바탕 위에 세운다. 이러한 사실은 붓다, 무함마드 그리고 예수에 있어서 매우 분명하다. 역으로 개혁자는 주어진 진리에 대한 일종의 단순한 시정이 아니라, 무엇보다도 신에 대한 경험의 증언자다. 프란치스코는 하나의 창시자요, 마니(Mani)와 루터도 그러하다. 반대로 붓다, 무함마드, 예수도 개혁자인 것이다. 그들의 모습에서 가장 눈에 띄는 것에 따라 우리는 그들을 창시자 혹은 개혁자라 부를 따름이다.

창시의 성격은 물론 다양하다. 그 가능한 종류 가운데 가장 중요한 것을 프리크(Frick)는 이슬람, 불교 그리고 그리스도교에 있어서 "세 밤"의 이야기로 명쾌하게 요약하였다. 이슬람 창시의 경험은 거룩한 책이 **"권능의 밤"**(lailat al kadr)에 땅으로 내려온 것이었다. 여기서 중요한 것은 신의 뜻의 전달이다. 네란자나(Neranjana) 강가 보리수 밑에서 지낸 밤에 붓다는 깨달음에 이르렀다. 즉, 세상의 전적인 허무함에 대한 갑작스럽고 직관적인 통찰이었다. 따라서 창시 경험에는 인간의 직관이 문제가 된다. 프리크는 여기에 성탄의 밤을 같이 언급하는데, 전적으로 옳다고는 할 수 없다. 성탄의 밤에는 창시자의 경험이 중요하지 않기 때문이다. 그런 것은 오히려 요르단 강에서의 세례나 변화산에서의 변용에서 찾아야 할 것이다. 그러나 어떤 의미에서는 프리크가 옳다고 할 수 있다: 그리스도교에서는 비록 예수가 창시자라 할지라도 그것이 가장 중요한 것은 아니다. 거기서는 창시자가 무엇을 창시했느냐가 중요한 것이 아니라 그분 자신이 중요한 것이다. 그가 땅 위에 내려오신 것은 그와 그의 제자들이 증언하고 있는 하느님의 위대한 행위이다.

제 43 절

교사와 중보자

창시자 가운데는 한 특정한 종류가 있는데, 우리가 교사라 부르는 사람들이다. 그들의 창시에 있어서 독특한 것은, 창시가 **전파되는 교설**의 형식으로 체험으로부터 분리된다는 점이다. 어느 정도까지는 모든 창시자가 다 교사들이다. 그들의 경험을 전달해야 하기 때문이다. 그러나 어떤 경우에는 교사의 역할이 더 중요하게 된다. 인도에서는 붇다가 무엇보다도 하나의 교사, 즉 길을 보여주는 **구루**(guru)이다. 그의 가르침에 비하면 그 자신은 아무것도 아니다. 이 점은 그가 세상을 떠나면서 아난다에게 한 위로의 말씀에 잘 나타난다: "아난다야, 가르침이 이제 스승을 잃었다. 더 이상 스승이 없다는 생각이 너에게 들는지 모르겠다. 그러나 아난다야, 그렇게 보아서는 안된다. 내가 전파한 가르침이 내가 죽은 뒤에 너의 스승이다."

그리스도교의 창시자도 교사이다. 그도 하느님의 말씀을 설명하는 "율법학자들" 가운데 하나였다. 그러나 그의 형상에는 교사가 중보자(mediator)에 의하여 파묻힌다. 그의 전 일생이 하나의 "현존화"(하느님의 현존화 — 역자 주)였고, 그의 창시는 단지 하나의 종교적 경험 정도가 아니라 자신의 생명을 바치는 것이었으며, 그의 생명은 전적으로 수단(중보의 수단 — 역자 주)인 것이다. 그러므로 여기서는 창시와 창시자가 전적으로 하나다. 그의 교설이나 그의 말씀이 아무리 중요하다 해도 그것들이 구원이 아니라, 많은 사람들을 위해 자신의 생명을 속전으로 내준 그 자신이 곧 구원인 것이다.

인명 색인

Abraham 168
Achnaton 70-1
Aeschylus 45 149 150 163
Agilmund 105
Akbar, F. 218
Akiba, B. J. 282
Alacoque, M-M. 215
Alexander 55 106
Al-Ghazali 237
Alphonsus 56
Ananda 285
Anaximenes 58
Andrae, T. 247
Anselmus 198
Antiochus IV. 202
Antonius 70 119
Apuleius, L. 235
Areopagita. Pseudo-Dionysius 245
Aristophanes 68
Arthur 53
Augustinus 119 187 200 237
Augustus 107 131
Bajazet Bastami 240
Balak 150
Barbarossa 99
Bedier 19
Benedict, R. 143
Bernard 248
Beth 254
Bethe 261
Bileam 150
Binswanger, L. 10
Bleeker 32
Boll 71

Bourignon, A. 243
Bronte, E. 243
Brooke, J. 105
Browning, R. 269
Bruno, G. 136
Buber, M. 30 249
Buck, P. S. 163
Buddha 56 100 146 184 194 283-4
Buonaiuti 93
Caesar 107 198
Caillois 202
Calvin, J. 95 225
Catharina 63
Chanteclers 257
Chantepie de la Saussaye 9-10 18 32 274
Charles I. 210
Charles II. 106
Chesterton, G. K. 67 191
Chlotar 105
Chrysippos 46
Cicero 69 104
Claudius, M. 67 136
Clement 237
Clement of Alexandria 69
Cleopatra 70
Codrington 36 213
Comte, A. 158 172
Constant, B. 31
Dante 70 112 142 243 267
De Brosses, Ch. 31 52
Demetrios Poliorketes 106
Demokritos 151
Denck, H. 245
Dieterich 53

Dilthey, W. 10 28
Dionysius Areopagita 246 267
Durkheim, E. 81
Eleusis 167
Elijah 230
Emerson, R. W. 269
Empedokles 263
Epicurus 104
Epimenides 116
Erasmus, D. 276
Euripides 46 76 126-7 136
Eurystheus 180
Fechner, G. Th. 269 270
Feuerbach, L. A. 76 158
Florian 119
Fox, G. 245
Francesco 71 284
Frazer, J. G. 73
Fredegunde 105
Freud. S. 182
Frick, H. 274 284
Friedrich I. 99
Friedrich II. 142
Gandhi 172
George, S. 231
Gerhardt, P. 197
Gezelle 87
Goethe, J. W. von 23 58 123 135-6 209 212 240 244 256 269
Granet 275
Grönbech, V. 146 162 275
Gundert 171 280
Guyon 214
Hadewijsch 243
Hannibal 118
Harrison, J. E. 200 233
Hebel 59
Heiler, F. J. 10 32 213

Heracleitus 46 58 65-6 88 134
Herodotus 92 125 127
Hesiod 125
Hölderlin, J. C. F. 128
Homer 52 104 111 125 127 257 280
Hooykaas 234
Horatius, F. Q. 51 107
Horn, T. 159
Howit 222
Hubert-Mauss 39
Hugo, V. 88 172
Huizinga, J. 119 210 241-2
Husserl, E. 10 22
Ibn Saud 208
Ibsen, H. 104 107 110
Innocent III. 142
Ion of Chios 68
Isaac 210
James, W. 236-8
Jaspers, K. 10 22 110 215 239 248
Jeanne d'Arc 63
Jesus 48 100-1 134 149 156 168 216 225 265 271 283-4
Jevons 195
Job 225 233 235 270
John 65 97 209
Judas Maccabeus 202
Juliana 62
Julianus 132
Kant, I. 89 232-4 265
Kierkegaard, S. A. 221 235 248 258
Kipling, R. 64
Kristensen, W. B. 9-10
Kruyt, A. Ch. 105 173
Labadie, J. de 245
Lang, A. 120-1
Lawrence, D. H. 159
Lehmann, J. E. 32

Lenin 156
Leo III. 210
Lessing, G. E. 234
Lévy-Bruhl, L. 145 253 259
Livius 56
Long, J. 73
Longfellow, H. W. 122
Lucia 119
Lucretius, T. C. 220
Luther, M. 194 225 233 249 270 277 284
Maeterlink, M. 185
Mani 284
Mannhardt, W. 58 192
Mansur Hallaj 225 239 244
Marett 223 254
Maria 93 213 223 271
Masuritus Sabinus 224
Meiners, Ch. 31 237
Meister Eckhart 178
Meyer, C. F. 102 186
Moses 192 225 239 266 282-3
Muhammad 26 93 131 192 214 218 239 283-4
Müller, M. 36 57
Napoléon 27
Nietzsche, F. 128 172 258
Nieuwenhuis 81
Nikolaus 156
Nilsson 275
Nock 235
Novalis 256
Numa 54 148
Obbink 32
Octavianus 198
Oldenberg, H. 41
Otto, R. 10 11 32 35 42 110 224 265
Otto, W. F. 127
Ovid 193

Pascal, B. 248
Paulus 48 69 102 112 186 199 234 249 267-8 270
Pedersen 179 275
Pepys, S. 106
Petronius 73
Petrus 112 225
Pettazoni, R. 32
Philippe IV. 106 223
Piaget 82
Pilatus 216
Pindar 155
Platon 81 89 126 136 151 178 183 231 280
Plinius 211
Plutarchos 55 65 107 276
Praxiteles 62
Presuss, K. Th. 80 88 123 255 260
Psichari, E. 217
Pythagoras 68 267
Ranke 54
Reinach, A. 255
Richard II. 107
Rilke, R. M. 51 55
Rolland, R. 237
Romuald 156
Saintyves, P. 41
Sallustius 132
Saul 105 148
Schebesta 121
Scheler, M. 22 28
Schleiermacher, A. 256
Schleiermacher, F. 10 28 119 265
Schmidt, W. 120
Schmitt, C. 172
Segond 197 214
Shakespeare, W. 106-7
Siegfried 53 262
Silesius, A. 243

Söderblom, N. 10 35 49 89 122 133 224 274
Sokrates 46 101 247
Sophokles 56 71 160 167 280
Spranger, E. 10
Sunday, B. 56
Tagore, R. 185
Tauler, J. 214
Tennyson, A. 107
Tersteegen, G. 179 244
Thales 58
Themistokles 205
Theseus of Skyros 56 156
Tholuck 243
Thurnwalt 221
Tiberius Gracchus 223
Tiele, C. P. 32 274
Trine, R. W. 49
Troeltsch, E. 263-4
Tylor, E. B. 78-80 82
Unamuno 93
Unset, S. 91
Usener, H. 25 114-6 118-9
Valentinus 119
Van der Leeuw, G. 9-12 32
Van Eeden, F. 102
Van Gennep, A. 141
Van Lier 230
Virgil 151
Voltaire 97 104 122
Vondel, J. van den 112
Wagner 177 206
Wendland 269
Wetter, G. P. 48
Whitman, W. 269
Wieland 53
Wilamowitz 127 162 170 180
Will, R. 32

Wundt, W. 32 174
Xenophanes 75 126